出 版 留 痕

出版留痕

陈昕 著

上海人民出版社

陈　昕

1952 年 6 月生，浙江鄞县人，编审。从事出版工作 40 年。曾任上海三联书店总编辑、三联书店（香港）有限公司总编辑、上海人民出版社社长兼总编辑、上海市新闻出版局副局长、上海新汇光盘（集团）有限公司总经理、上海世纪出版集团总裁、上海世纪出版股份有限公司董事长兼总裁等职。曾当选为中国出版协会副主席、中国图书评论学会副会长、上海社会科学联合会副主席。曾兼任上海交通大学、武汉大学、同济大学、华东师范大学、上海师范大学教授，博士生导师。主持、策划、编辑了 30 多套丛书，共计 3000 多种图书。著有《中国图书业经济分析》《中国出版产业论稿》《出版经济学文稿》《WTO 与中国出版》《中国图书定价制度研究》《数字网络环境下传统出版社的转型发展》《高擎火把的人》《书之重，评之轻》《出版忆往》等 15 部著作，发表学术论文及文章近 200 篇。著作、论文及编辑的图书数十次获得国家一级的奖励。2007 年获首届中国出版政府奖优秀出版人物奖，2009 年被评为新中国 60 年百名优秀出版人物、中国百名优秀出版企业家。是中央组织部专家库成员、首批全国文化名家暨"四个一批"人才、首批全国新闻出版行业领军人才，享受国务院颁发的政府特殊津贴。

序　一

陈昕：改革开放时代的出版家

吴尚之

1978 年 12 月召开的党的十一届三中全会，不仅开启了中国社会发展新的历史进程，而且也开启了中国出版业发展新的历史篇章。改革开放 40 年，是中国出版业繁荣发展的 40 年，也是中国出版人砥砺奋进的 40 年，涌现了一批具有崇高理想和文化精神，敢于担当作为、勇于开拓创新的出版家。陈昕就是他们其中的一位。

　　我与陈昕相识 20 多年，因为工作上的关系，双方有过广泛的沟通接触，相互之间有很深入的了解。近日，又拜读了他的新著《出版留痕》，书中有多处地方引起我强烈的共鸣。从 1977 年起，他选择出版作为他的终身职业。在他看来，出版是人类最神圣、最美好的职业。出版是历史长河与时代风云的镜子和明灯，映照着人类精神生活的波澜壮阔。出版人就是一批高擎火把的人，他们引领着社会精神生活的走向和品质。他矢志不移地坚守出版的理想和追求。

　　陈昕着力出精品、用心抓规划的做法给我留下了深刻的印象。多出精品力作是出版工作的中心环节。以出版规划引导精品出版，以精品出版促进质量提升。陈昕在长达 16 年的上海世纪出版集团总裁任上，先后抓了四个"五年出版规划"和一个"十年长远出版规划"。他在制订规划时，既将集团的发展与国家对文化建设的总体要求紧密结合，又特别注重规划的结构与布局，有着向全社会提供较为全面和完整的知识体系的雄心壮志。他很在意集成性的文化、文献资源的整理出版，但更关注规划对文化创新的引领与推动，强调出版企业作为内容提供者，应该成为内容创新的主导者，尤其是在教材出版、工具书编纂和畅销书组织这三个领域。在制订规划时，他还特别注意处理好两个效益的关系，从不好高骛远、贪大求全，而是实事求是、稳步推进、持续发展、久久为功。他始终注重将社会效益放在首位，高标准，严要求，并将这一点提升到出版价值观的高度来强调；同时，他又极其注重规划的经济效益，从产业发展的层面精心研判项目的长远市场需求，从而使得各个规划具有很强的操作性，可以实实在在落地。他主持的这些规划实施后，集团在两个效益上取得了双丰收，其间曾在新闻出版总署和新闻出版广电总局召开的有关专题会议上做过总结交流，在行业中发挥了重要示范作用。

规划既定，项目为本。陈昕在抓出版规划的同时，还将规划的原则和要求贯彻落实到具体的出版项目上，从"十五"出版规划起，上海世纪出版集团列选全国重点图书出版规划的项目数一直名列全国出版集团首位，可以说是硕果累累，其中的《中华文化通志》（101卷）、"世纪人文系列丛书"（600种）、"当代经济学系列丛书"（近300种）等是国家重大精品出版工程。2014年4月28日，我在国家图书馆参加了上海世纪出版集团下属上海科技教育出版社召开的《竺可桢全集》（24卷）出版座谈会。这部皇皇巨著，是连续列入"十五"、"十一五"、"十二五"国家重点图书出版规划项目，也是其时国内最大规模的自然科学家全集出版工程。自2001年正式启动编纂出版工作，在20多名编辑的接力奋斗下终于成功出版，可以说是中国科学界的一件大事。会上陈昕介绍了这部全集的成书过程和重大价值，说道："这项历时长久的'马拉松'出版工程，穿越了三个出版五年规划，上海科技教育出版社也变更了三任社长，考验的是编纂者与出版者的定力与耐力。十三年来，全集的规划者、整理者、编辑出版人员丝毫都不曾懈怠，依然风华如初，编纂整理者与出版者之间相互砥砺、相互支撑、无缝合作，以严谨的态度、从容的姿态、超高的标准铸造了一套精致、精美的大师文集。从中我们这一代出版人再一次续接了上海出版界追求高雅、铸造丰碑的宏大气象和传统气脉。"他的激动与喜悦感染了我，而他的感慨也令人动容。可喜可贺的是，这部大书，2017年摘得了第四届中国出版政府奖图书奖。

举此一例，略述因缘，而这仅是陈昕任上所抓数以百计的重大出版项目之一。

陈昕高度重视出版物的质量，在集团内建立了一整套长效管理制度，形成了健全完善的内容质量保障机制。2014 年，新闻出版广电总局为了提高出版物质量，将这一年定为出版质量年，为此我曾带队到上海世纪出版集团调研出版物质量管理的经验，听取汇报，召开座谈会，查阅文档，了解集团和下属各出版社在质量管理方面的具体做法，深切感受到上海世纪出版集团在质量管理上的严谨和周密。多年来，他们一直严格控制出版物的品种数量，没有单纯追求数量规模的增长，始终强调质量是出版社的生命线，严格履行三审三校和通读程序，严把导向关、质量关，始终把出版的文化价值放在第一位。在那年 4 月份总局召开的出版物质量管理座谈会上，陈昕从三个方面做了总结："抓规划，从源头确保出版物的高水平；抓管理，从体制机制上确保出版物的高质量；抓培训，从队伍建设上打牢出版物质量的基础。"陈昕的经验介绍获得了大家的好评，《新闻出版报》后来刊发了他的发言稿，并号召全国的出版单位向上海世纪出版集团学习。

陈昕始终高度关注出版业的技术变革，在倡导推动数字出版、出版业的数字化改造和融合发展方面，他得风气之先，并做出了卓有成效的探索。早在 20 世纪 90 年代初，他在香港工作期间，对电子书的发展及其对出版业的影响就有深刻的认识。2000 年上海人民出版社出版的《文渊阁四库全书》电子版荣获在巴黎举行的第八届莫比斯多媒体国际大奖赛大奖。这是国际上关于电子出版的最高奖项。2008 年他率团赴美考察数字出版，归来后主编的《美国数字出版考察》一书，讨论了数字出版的一系列重大问题，引起全国出版业的重视。他认为，信息技术自诞生后，先后历经三个阶段，分别是以系统为中心、以个人电脑为中心、以网络为中心的阶段，目前尽管总体上仍处于以网络为中心的阶段，但随着全球信息基础结构安排就绪，以服务内容为中心的新阶段已初露端倪，内容产业脱颖而出，数字出版蓬勃发展，数字融合、业务融合和产业融合蔚为潮流。对数字出版的发展，他所做的深入的经济学分析是学界和业界都少有的，其结论是：与传统出版相比，数字出版具有竞争优势，进而呈现替代趋势，这是因为传统出版的边际成本是一个大于零的固定值，而数字出版的边际成本趋向于零值。2010 年，陈昕带领上海世纪出版集团试水电子书阅读器市场，推出全国第一款由出版社自主研发的电子阅读器——"辞海"阅读器，一时间业界反响热烈。在数字出版波澜壮阔的发展大潮中，它当然只是一个小小的、阶段性的、短暂的浪花，但却有其重要价值和意义。

作为改革开放时代的出版家，陈昕的贡献更多地体现在推动出版改革上。1999 年 2 月他受命组建了全国第一家出版集团，大刀阔斧地推进了业务重组、资源重组、管理重组、体制重构等一系列改革举措。新华社《国内动态清样》在 2002 年曾连续刊发三篇报道，详细介绍了上海世纪出版集团向现代化出版集团转型发展的经验和做法。2003 年 6 月，上海世纪出版集团被列为全国文化体制改革试点单位之一后，他们于 2005 年又率先在全国完成转企改制工作，改组成为全国第一家出版股份有限公司。为此，新闻出版总署曾多次请陈昕在全国性的出版会议上介绍转企改制的经验和做法。陈昕还作为中宣部文化体制改革宣讲团成员，赴有关省区介绍集团转企改制的经验和做法。2008 年和 2012 年上海世纪出版集团两次被中央宣传部、文化部、广电总局、新闻出版总署等四部委评为全国文化体制改革先进企业和先进单位，成为全国出版改革的领军者和排头兵。

在陈昕新著面世之际，谈一些读后感并略述我与其在出版征程中的因缘，是为序。

2018 年 12 月 8 日

序　二

改革开放出版家的思想结构

李　频

在中国近现代出版家群体中，近 40 年崛起了一个改革开放出版家群体。最早思考出版家的代际区分及称名的当属袁亮和刘硕良。1999 年 8 月，袁亮致信刘硕良说："老一辈出版家叫出版家，中青年出版家则叫出版改革家。"[1] 近 200 年急剧的社会变迁尽管亦接近于普泛意义上的改革开放，但作为社会总体的思想自觉与行为纲领，改革开放是近 40 年才有的社会思潮。基于此，如何联系 40 年改革开放的社会背景以认识该时段出版家的群体特征及其个体品格，是回顾总结改革开放的题中应有之义。

中国改革开放的经济成就举世瞩目，多获赞誉。如何在经济与政治、文化成就的差异格局或者说非同步改革中认识中国出版业及出版家？

这一问题的提出是致敬、评析改革开放出版家的理论前提。出版及出版业历来属于社会中政治、经济、文化的矛盾焦点，脱离这三方面矛盾的纠结、交织以及引致的出版行业影

---

[1] 参见刘硕良编注：《春潮漫卷书香永——开放声中书人书事书信选》下卷，漓江出版社 2018 年版，第 662 页。

响与出版产业绩效，就无从理解改革开放出版业，也无从理解矛盾焦点灼照下的改革开放出版家。灼照程度依出版家由社会责任感驱使的改革开放前沿程度而定，灼照还是灼伤则取决于出版家个人及团队的理性高度及平衡力。

陈昕先生 1977 年入职上海市出版局，2015 年卸任上海世纪出版集团总裁，职业时段契合出版业改革开放 40 年，属于改革开放出版家群体。改革开放出版史由这一代出版家和他们的前辈共同书写，他们思想的视野、方式、品格及结晶不仅关联、影响其行为，而且决定了改革开放出版史的开掘深度与思想高度。陈昕这一代出版家写就的改革开放出版史，更具有出版思想与行为继往开来的样本意义。

退休后的陈昕开始耕耘"自家花园"，较密集地推出著述，公布了自己的思想底稿，这使他人后人分析评价其服务出版业、谋求公共利益的绩效和动因等有了更系统的文本依据。其价值应予以充分肯定。

陈昕长期沉潜出版，融通出版领域的方方面面，因而雕刻了立体多面的思想侧影。读陈昕著作，不难领会他思想的丰沛而饱满。他经济学编辑出身，主编"当代经济学系列丛书"30多年，长期接受经济学理论熏陶，鲜明突出的知识结构奠定了他思想结构的基本样态，砥砺而成他特有的出版专业逻辑理性。

他的《出版经济学研究》率先拓疆经济学与出版学的交会地带，卓成一家。陈昕的书评选是他作为编辑专家，尤其是经济学编辑专家的思想精粹，热情洋溢而又理性沉炼；正如书名"书之重，评之轻"，那种敬畏知识、敬重知识生产的境界，真不是当下用滥而又呼唤难回的"工匠精神"可以概括的。陈昕的出版演讲录汩汩流淌着他出版家的理性，书名"高擎火把的人"是自励更是自况，与其说是价值判断，不如说是事实陈述。演讲的场域、话语方式不同于专著、书评，陈昕作为出版家的身姿及其思想也更自然地表达于公众，更充分地交汇于出版改革的洪流之中。只有联系40年来中国出版改革的艰难复杂性，才可以体会他冷静简明话语的思想激越。正如只有跨入21世纪之后，历来稳健自持的陈昕才偶尔让自己的思想奔放而不如此前那样深水静流。为了出版社会的公共利益，他作为先行觉悟者开始呐喊，以出版经济学家、经济学编辑专家、改革开放出版实践的参与者和见证者为思想基础，而又不受这身份局限大声疾呼，把改革开放出版史反思的沉痛消解于内心，以求思想的纯粹。这就是我倾向于把他的《高擎火把的人》等著作看作40年改革开放出版史思想底稿的由来，也希望他人后人对此予以更广泛的认同。眼前的《出版留痕》未必是陈昕最重要的著作，但它无疑构成了陈昕已出重要著作的重要补充：他伴随改革开放历史进程的个人思想演进的重要节点和路径更显清晰，如《出版竞争与创新》记录了他对市场经济体制下香港出版业市场竞争的观察，《我的出版观》集中凝练地表达了他的出版价值观，其核心观点、主张在"补遗"和"复述"中更易为他人把握，他作为改革开放出版理论家的思想结构特征亦隐现书中。

一、在机制与体制之间

体制与机制之间是出版家的行动空间。改革开放出版家因为改革开放而比他们的前辈更充分感知感受到体制与机制之间的内在张力。这张力成就了陈昕这一代出版家，又制约了他们，成为这一代出版家的专业宿命。他们在中国出版史上的群体特征与此深重关联。

陈昕出版思想、理论的显著特征和重要发展可以也应该追溯到出版运行机制。1986年初，他在《上海出版》发表了《开展社会主义出版运行机制研究》。该文篇幅不长，在中国出版理论发展史上拔头功甚多。该文首句就说"上海出版发展战略研究的帷幕已经拉开"，首次提出"出版战略"、"出版发展战略"概念者或另有高人，映现了1983年全国出版年会后上海出版理论研究的盛景。陈昕的头功在于（1）率先提出了出版业"事业型、事业单位企业化管理型、企业型三种基本模式"[1]；（2）国内首创出版运行机制概念："出版运行机制指的是在一定的出版体制下，为使出版活动能够正常运转而对其各个部分、各个要素、各个方面进行调节的方式"[2]；（3）提出出版机制和出版体制关联研究的重要理论命题："对出版运行机制的研究离不开对出版主体行为的研究，从而必须以既定的出版体制为前提。"[3]陈昕此前已在包括《中国社会科学》在内的报刊上发表多篇经济学文章，他初涉出版研究就觉察到出版理论的制高点。出版机制、主体行为、出版体制以及三者之间内在的结构关系并未为后来诸多的出版理论工作者所理解、深悟，至今依然是出版理论研究的重点和难点。

在体制与机制之间，陈昕立足企业，理性审视20世纪90年代以来中国出版产业的结构变迁。立足企业是他作为出版家的本能，立足企业看产业是他思想的自然延展。关于出版业的结构变迁，陈昕是清醒的："传统出版的巅峰时代早已逝去，我们这一代人正面临前所未有的大变局。"[4]为应对结构变迁，他提出理性审视出版产业的方法论命题：内容、资本、技

---

[1][2][3] 参见本书第39—40页。
[4] 参见陈昕：《高擎火把的人——陈昕出版演讲录》，上海人民出版社2017年版，第23页。

术是影响全球出版产业发展进程的三股力量[1]，"从产业的角度来观察出版有三个维度：内容、技术和资本，哪一个都不能轻视"。[2]针对内容产业，又自觉地观察、解析其信息、知识、智慧三个层次，他对出版业及其转型的系统性观察、结构性思考就愈加清晰、明确。

出版理论研究从运行机制起步，且结合出版体制进行系统性观察思考，使陈昕察他人所未察，并形成鲜明突出的出版理论个性特征。如他认为沉重打击实体书店的是出版业"劣币驱逐良币"的恶性竞争，而其联动机制则是"发端于实体书店，恶战于网络书店，越演越烈的折扣战"[3]，如此定性判断结合机制分析或者说关联分析，是陈昕言说中常见的话语方式，其背后坚实存在的是娴熟的方法和理论自觉，这种自觉增强了他话语的解释力和言说的有效性。

从目前收集到的文献看，中国最早从资本视角观察书业的是著名历史学家吕思勉。他1923年在《三十年来之出版界（1894—1923）》一文中指出："处今日之情势，已非大资本不能营书业，盖旧时书贾之刻书，销场佳者，三年而仅偿其刻版之费；自此以往，乃得薄利焉。今则印刷之技既精，运输

---

〔1〕 参见本书第173页。
〔2〕 参见本书第11页。
〔3〕 参见本书第186页。

之途又广；广告之术，尤层出不穷。苟非如大书店之能自设印刷所，多设支店，多登广告，其营业决无振起之望。夫资本之为物，其趋厚利之处，若水之就下，以今日大资本之书店获利之厚，而犹望有小资本者，同时竞起经营，此必不可得之数也。"[1]当今世界资本的驱动力既非改革开放之初可以想象，更可能让90多年前的历史学家瞠目结舌。陈昕理性地认同："理解出版业的现代转型不得不考虑资本的因素、资本的力量、资本的作用。资本力量介入出版业后，一方面加剧了资本意志与文化价值之间的巨大冲突，另一方面也加剧了两者之间的融合。"[2]"问题并不在于我们要不要资本，而在于怎样对待资本，是做资本的附庸和奴隶呢，还是利用资本、驾驭资本以达到出版更多好书的目的。"[3]陈昕是如此理性。

二、在改革与开放之间

改革开放是1978年以来中国社会发展的时代主题，更是一代出版家生存发展的社会环境。改革开放的艰巨性、复杂

---

〔1〕 参见《吕思勉遗文集》(上)，华东师范大学出版社1997年版，第382页。
〔2〕〔3〕 参见本书第21—22页、26页。

性、冷酷、严峻地铸就了陈昕这一代出版家的时代宿命，体会他们的思想光芒与行为风采自然要首先追溯改革开放对他们的牵引和激励。

以组建集团、"中盘"崛起为标志，1995 年以后 20 年的中国出版业深深烙上陈昕的思想痕迹——他主张的、他否定的；他观察的，他质疑的。尽管如何认识认同陈昕的思想背影尚未提上议程，但出版集团和发行"中盘"至今巍然屹立在省会城市或特大城市，不仅作为城市地标，更是出版业改革开放的象征。

曾有德国学者提示从具体文本入手求解时段问题的方法："要了解一种思潮，不如从一位思想家入手，而不要从几个思想家开始，从一点开始铺开。这样可以看到一种观点推理的全过程。"[1] 如果认同改革开放出版史上 20 世纪末 21 世纪初那个时段的研究价值，如果认同出版集团凝聚了一代出版人的向往与挫折、改革与开放、再改革与再开放的谋划与再出发，那么，陈昕就是首选的思想者。他总站在旗舰的瞭望塔上观察国际出版风云，他作为出类拔萃的思想者走向成熟的思维路径，浓缩了他所属群体、所属时代的出版精神走向。所谓成熟，并

---

〔1〕 陈乐民、史傅德著，晨枫编译：《对话欧洲：公民社会与启蒙精神》，生活・读书・新知三联书店 2009 年版，第 109 页。

不意味着符合一时一地的某种导向，而在于他基于独立的观察，用自己的话语表达其专业理性，提出自己的出版实践问题并试图做出理论解释以明确行动方案。

出版集团作为深刻改写中国出版业态的新型市场主体，铭刻了中国出版业改革开放的重要里程。它肇始于陈昕的一个观念：中国出版业的市场化改革需要培育与现代市场经济相适应的新的出版组织。这观念来源于欧美出版业与中国出版业市场规模、组织形式以及发展阶段等方面的对比观察，中国出版业"睁眼看世界"后的思想开放、观念更新莫大于此。以传播新观念呼唤改革为己任的图书出版业终于启动了以组建集团为手段的再次自身改革。陈昕便作为出版集团制度的重要设计者之一，自觉而又顺应潮流，走向历史且将走入历史。

改革和开放是两个逻辑，各有其指向和领域。在改革与开放之间，陈昕立足中国现代化的历史进程，以确立他的出版价值观。历史既为思想者提供思想资源，又是认识现实预估未来的时空观照坐标。历史，也只有以现代化进程的历史为坐标才能进行改革与开放之间的时空演算。

陈昕有清醒的历史感。"潜入历史，化作永恒"是他自觉的理性追求。他的历史感集中表现在历史认知感和历史实践感。面对一个分析或言说对象，他常常对对象作演变或发展的阶段划分，以寻找现实或思想的某种关联，以利寻求对策或启示。"信息技术产业自诞生之日起，经过长期发展，已经历了以系统为中心和以个人电脑为中心的两个重要阶段，现在正处于以网络为中心阶段"[1]，类似话语方式多见常见于陈昕著作中，它显露的就是这里所称谓的历史认知感。《中国出版业发展的三个阶段与新的出版组织的培育》以提出重要历史命题和重大实践命题而成为陈昕的代表作，且具一定的经典性。至于历史实践感，兹举一例：2001 年 12 月 11 日，在中国正式加入 WTO 的那天，陈昕在上海世纪出版集团编委会上发表题为《努力提高民族文化的创新能力》的演讲，其中说，"我反复地问自己的一个问题是，中国入世对我们意味着什么，我们又该做些什么?"[2] 以宏阔的时空视野认知当下即将走入而尚未走入历史的时刻，伴随着这一历史时刻有所行动以融入历史，是陈昕的机敏。在这一历史时刻，倾注强烈的现实关怀，提出分析现实并谋划未来的专业和行业问题，才是陈昕作为思想者的深度力度，更显他的风貌风采。

陈昕未必把现实问题、当下决策问题都处理成历史问题，但他确实有意无意、自觉不自觉地把当前问题，对当下出版现

---

〔1〕 参见本书第 131 页。
〔2〕 参见陈昕：《高擎火把的人——陈昕出版演讲录》，上海人民出版社 2017 年版，第 181 页。

象的理解建立在相应专业领域、知识领域的历史分析上。当其他同行只看到孤立的出版事实或出版事实的表象时，他看到了与之相关联的另外的出版事实，或出版事实的内在关联及意涵。如果那些事实反复出现，引发他足够重视，他往往更加牢固地抓住改革开放出版的历史进程节点及深层的根本性问题。

中国加入 WTO 前后的十年里，中国出版业学美国成为时尚，以致有海外出版经历的同行友善地提醒："出版业：向美国学习，还是从美国的错误中学习。"太多的专业人士对此未能保持应有的警觉，陈昕则进入"对出版业蜕变的沉思之中"，尔后郑重报告：为了"从容应对出版业的现代转型"，"我们还是需要继续向美国学习"，"我们更应该重视从美国的错误中学习"。因为陈昕洞察到，由于中国出版业改革不到位，出现了"一些难缠的悖论，一方面市场化（管理、规范）不足，一方面市场化（野蛮竞争）过度"。[1] 这悖论既是改革不全面深入的结果，又是进一步改革的出发点，对于总体性认识出版业的改革开放，举足轻重。陈昕观点鲜明，话语铿锵，辩证逻辑背后强力支撑的是对中国出版业市场化改革不彻底的现实状况的深入分析。

---

〔1〕 参见陈昕：《高擎火把的人——陈昕出版演讲录》，上海人民出版社 2017 年版，第 27 页。

以改革为动力却又受改革的制度约束与节奏约束，以改革为环境条件以开放的思想促成并转换为有限改革适度开放的组织决策与出版行为，理性追求媒介组织行为或者说组织行为的外部效益，既是陈昕这一代出版家的群体特征，也是他所在的世纪出版集团的"世纪"象征意义所系。

三、陈昕之问

2008年，在改革开放30年之际，陈昕诊断中国出版产业"甚至陷入程度不同的困境"[1]；2017年，改革开放40年前夕，他发出"陈昕之问"："为什么在社会效益与经济效益关系上的偏差会反复出现"[2]。陈昕之问的现实语境是，"到了2005年出版业进行转企改制以及上市时，片面追求产值、利润而忽视质量的倾向一度又十分明显，似乎经济效益、经济规模成了主宰出版业的唯一力量"。[3]陈昕自己给出的答案是："我认为问题出在出版价值观的层面，在于我们不重视出版价值观的研究和教育，没有正确的出版价值观作引导，以致往往离开了出

---

〔1〕 参见本书第149页。
〔2〕 参见本书第11页。
〔3〕 参见本书第10页。

版价值观来讨论具体的发展问题。这里的教训值得记取。"[1]机敏好学而又深思慎取的陈昕如此提问，如此作答。所以将其指称为陈昕之问，首先在于出版价值观的全局性，关联深广的结构性；其次，价值观"偏差"及"反复出现"是认识、解析出版业改革开放进程中艰难复杂、进退失据的有效锁钥。巢峰在1989年即大声疾呼"克服出版改革中的二律背反现象"："就现行党和国家的出版政策而论，一方面强调出版为人民服务，为社会主义服务，必须坚持社会效益第一；另一方面，在出版经济体制上又完全搬用工业系统的模式，用一个利润指标承包。""这种矛盾，就如同康德所说的二律背反现象。正题：社会效益第一，经济效益必须服从社会效益；反题：经济效益第一，社会效益必须以经济效益为前提。政策导向与机制导向（经营管理体制）背道而驰，有对立而无统一。"[2]巢峰悖论自提出以来一直没有发挥其应有的预警功能，便积淀20年后成为陈昕之问的另一答案。"巢峰悖论"与"陈昕之问"就这样一语道破了出版业改革开放40年反思无以回避的一个焦点难点。面对"巢峰悖论"，多少人心知肚明，多少人切肤之痛，又有多少人置若罔闻。它不从出版改革始，但将伴随出版改革

---

[1] 参见本书第11页。

[2] 参见巢峰：《出版论稿》（增补本），上海人民出版社2001年版，第135—136页。

终；它就如此横亘于出版改革的历史进程中，成为检验真假出版改革的试金石之一。

价值理论是陈昕出版思想、理论结构的奠基石。"只有解决了出版价值观上的根本问题，我们才能够摆脱金钱、利润、资本的束缚，坚守出版'启蒙大众、追求进步'的使命。"[1]对出版物知识资源价值所代表的出版业价值的强调与矢志追求，构成了陈昕与其他出版企业家的显著差异。陈昕的出版价值观不仅指向单品种和大型套书的出版物个体价值，更强调出版企业总体性的价值取向。他不是服从组织决定决议，空泛道义地宣传、践行政府倡导的社会价值观，而是从中外出版历史和出版经济活动的规律出发，个人独家发现、论证出版集团的出版专业价值观。

先看他价值观的主张时点和内涵。陈昕说："2005年，上海世纪出版集团由事业单位改制成为了中国第一家出版股份有限公司，树立正确的出版价值观变得更为紧迫和重要。因此，我们在股份公司的章程中，把公司的使命陈述明确定为：'通过我们的选择，提供能够创造或增加价值的内容和阅读体验；通过我们的整理，传播人类文明的优秀成果；通过我们的服务，与读者形成良性互动，从而努力成为一代又一代中国人

---

〔1〕 参见本书第9页。

的文化脊梁。'我在各种会议上提出这一使命追求是集团的核心价值观，应融入每个员工的血液里，规范到每个员工的行为中，引以为自豪，为之而奋斗。"[1]当年出版业转企改制风起云涌，上市更是争先恐后，片面追求经济规模、经济利益甚嚣尘上，可见陈昕高举公司使命的坚定信念和专业判断。诸多同行关注全球化重在全球化背景下的中国区域市场的得失攻守，陈昕却沉思全球化时代中国出版的道路，执着于为经济全球化文化多元化理想而构筑中国出版文化自信。后来，他在同济大学讲学时，为出版给出的定义是"出版工作是知识生产体系的重要一环，优秀的出版工作在知识生产、知识消费和知识积累的循环中起到引擎的作用，它是人类知识和文化传播的推进器；同时，它又为思想和学术的建设与创新提供基础和平台，引导人类文化的进步"。[2]陈昕自觉于出版活动的人类知识资源系统价值，致力于"在一些最基本的出版领域为我们的时代提供新的完整的知识资源系统"。[3]这是陈昕出版价值观的核心。更值得注意的是，这一出版价值观的理论关联：人类知识资源系统而非其他。

再看他价值观的理论来源和论证特点。陈昕的出版价值观

---

[1] 参见本书第9—10页。
[2][3] 参见陈昕：《高擎火把的人——陈昕出版演讲录》，上海人民出版社2017年版，第63—68页。

深思熟虑，源于他对德国苏尔坎普出版社、上世纪 30 年代上海出版业的思想文化价值认同。在德国考察时，陈昕注意到，苏尔坎普出版社毫不起眼的五层小楼却被德国出版同行誉为法兰克福的三大城市建筑标志之一。苏尔坎普出版社在 1959 年开始出版包括 7 个系列的"彩虹"丛书，后来被誉为开启了战后德意志民族的思想文化复兴之旅。在陈昕看来，苏尔坎普出版社与 30 年代中国上海的出版业交相辉映，因为 30 年代上海那批出版家"以一大批优秀的出版物为那个时代的中国人提供了系统的高质量的文化知识资源，形成了完整的知识生产体系。这才是上海当时成为中国出版中心的根本所在。这一辉煌业绩的取得完全是近代上海出版人坚持正确的出版价值观，自觉努力的结果"[1]陈昕先生作为出版经济学家，非常清醒"出版创造的经济价值主要不是体现在出版产业内部，而是体现在出版产业之外"[2]"任何经济学体系的基本解释性原理始终是关于价值的理论。经济理论涉及的事实是以价值的形式表现出来的，而价值不仅是经济宇宙的原动力，也是使这个宇宙中的各种现象具有可比性和可度量性的形式。一个理论家对于经济世界的看法取决于他对价值现象的看法——这方面的牢固基础

---

〔1〕 参见本书第 7 页。

〔2〕 参见陈昕：《高擎火把的人——陈昕出版演讲录》，上海人民出版社 2017 年版，第 33 页。

是最本质的。"[1]可见，陈昕的出版价值观并非仅基于中外出版历史实践的归纳论证，而是结合了经济学理论而归纳与演绎并举的综合论证，其专业洞见总建立在令人信服的专业方法上。

"出版工作的功能、地位和任务并没有发生任何变化，它仍然是人类知识与文化传播的推进器，同时又为思想和学术的建设与创新提供基础和平台。"[2]陈昕依然这么说，这么做。作为他改革开放出版理论的压舱石，到底有多少人掂量出了这一压舱石的分量，那是出版界该关心思考的。

四、陈昕的思想个性

读陈昕著作，我总萦绕一个问题，如果以改革开放出版家定格其个人职业历程，那么，他作为改革开放出版家群体中的一员，他的个性何在？思想、行为和成就的独特性何在？陈昕集首家出版集团创办人、出版理论家、出版经济学家、经济学编辑专家于一身，四种角色的重叠合成了陈昕先生的社会形象，

---

〔1〕 参见〔美〕J.A.熊彼特著，韩宏、蒋建华等译：《从马克思到凯恩斯》，江苏人民出版社 1999 年版，第 133 页。

〔2〕 参见陈昕：《高擎火把的人——陈昕出版演讲录》，上海人民出版社 2017 年版，第 64 页。

四个方面的业绩促成了陈昕先生的独到成就。而他一个最具个性化的行为亦有助于后人他人对其独到成就及合成的省思。

作为全国首家出版集团创办人，他以出版集团首倡者和出版集团制度安排首创者区别于中国历史上的其他出版家、出版企业家；作为出版理论家，他从回应现实问题出发，自觉尝试、引领、建构改革开放出版理论，结构较为清晰完整，既成为中国出版理论史上难得的创建创举，也使他作为出版家更高瞻远瞩，执掌的世纪出版集团成为一代中国人的文化脊梁；作为出版经济学家，他初步建构了出版经济学的理论框架；作为经济学编辑专家，他主编"当代经济学系列丛书"近300种，"这套丛书与近40年中国经济发展的波澜壮阔同命运共呼吸，其影响力在中国经济学发展史上是独一无二的"。"他是中国经济学现代化道路上的重要旗手。"〔1〕这些成就的任一方面都让相关专业人士赞叹，可以小心批判，不敢浏览后随便放下。陈昕先生恰恰将这四者合为一身，这四个方面关联促进成就了陈昕先生。首家出版集团创办人、出版理论家于他只是妙手偶得，顺势而为；出版经济学家、经济学编辑专家才是他的矢志追求。

前述个性化行动及连带问题是，1999年陈昕率先组建了全

---

〔1〕 参见袁志刚：《三位一体的出版家陈昕》，载《出版经济学研究》，格致出版社2017年版，第4页。

国第一家出版集团上海世纪出版集团，2005 年，他执掌的上海世纪出版股份有限公司又是全国出版业第一家改制为股份有限公司的，这两个"第一"为什么没有继续成为中国出版业的第一家上市公司且直到陈昕退休也没上市？而后起的出版集团上市数以十计。这样客观的历史事实所凝结的个性化应该说在改革开放出版史上并不多见常见。陈昕在《我的出版观》中就此做了详尽的说明，可视如他正面而又间接的回答。出版价值观表明他的思想深度理论高度，他对出版集团上市热的冷静分析亦显他思想和行为的个性，尽管此文写于他退休之后。可据此推断今后的历史书写将会把世纪出版集团未上市事件认定为改革开放出版佳话，陈昕在其中主导的历史佳话。激流勇进凭胆识，激流沉思要智慧，激流勇退更需要胆识，另一种胆识。识源于价值观，胆则缘于群体共识的相互支持。

融汇现代经济理论和中国改革开放现实观照而发展出或者有望发展出另一种改革开放出版理论，既是陈昕所代表的一代出版家的幸运，亦可视如仅属于陈昕个人的成就。他达到的出版思想成就或许可以这样描述：仅就改革开放出版思想的首创性、深广度而言，在他前头的人已屈指可数；而思想的结构特征更是改革开放以来出版理论研究的空谷足音。

改革开放出版理论是对 1978 年以来改革开放出版实践以

及未来发展规律的解释和说明。它以改革开放的时代命题、实践命题为中心，以现代化、全球化理论为参照，集中探讨以知识生产为核心的政治、经济、文化矛盾及其调适，出版物与文明传承、内容产业与社会文化发展、出版体制与运行机制等是其主要的理论内容。

在求解改革开放实践问题、发展改革开放出版理论的过程中，陈昕先生不仅成就卓越，而且日渐形成鲜明突出的理论个性。

1. 自觉的方法意识和维度层次分明的解释结构。

陈昕先生的思想资源和理论工具来源于现代经济学等，并非"原创"。积极投身于出版改革的历史洪流，顺势而为，逆流搏击，从思想语境到实践对象，从行为理念到行为实施，他的思想路径与方法，思想资源及运用又确实构成了卓异他人他家的"原装"。丰厚的理论资源，学科方法的自觉求索，使他对中国出版业的改革开放别有洞见，为出版行业，为出版学界贡献了最接近原创的思想与理论成果。从鲜活蓬勃的实践对象出发，援引组装出个人独特的思想理论方法，从而形成新的学科理论原创，这是陈昕思想理论的深层结构，也是把握、理解陈昕思想理论的基本方法。

近 40 年来，陈昕先生视野放宽，思想界面在拓展，思想观点在深化细化，但核心思想、基本观点并不随职场升迁而变化。这种思想性格的稳健和思想结构的相对稳定既有助于他个人思想、知识的累积性增长，也为他人后人理解、把握他的思想结构创造了条件。

陈昕的思想、理论结构不会像拉开架势的学报论文直接裸露，而被覆盖在简练的言辞、畅达的演讲中。细心的读者、凝神的听众总能会心他那方法与逻辑引领下从观察材料到理论、思想观点的论证，参照业内外国内外从现状到趋势的预测，从对象出发而又关联广泛、庖丁解牛式的分析。正是那种内在的思想、理论结构使他成为个性独特的改革开放出版理论家和思想者。他的思想理论话语不是习见如常的会议隆重发表的意见，而是沉思论证后的郑重言说，简短有力，强力渗透的专业逻辑扑面而来；他思想理论的结晶也不是固守书斋的学者那样从旧概念到新概念，从已有命题到新命题的推演阐发，强烈的现实关怀沁人心脾。

陈昕先生作文、演讲的标题爱用命题。这一话语习惯无意识地透露了他的思想结构特征。命题中有概念但不止于概念，他就是要通过概念之内之间的条分缕析，抽丝剥茧告知读者或听众一个明确的观点、相对完整的分析或推断。如果你一时难以理解他的观点，想质疑他的分析或推断，你可以顺着他的概念、命题等重演其思想脉络与路径，静思细想后你可能发现他某处思想不甚充分，言说不甚彻底，但很难发现他思想有断裂、有不恰。这种思想的系统性可还原性是思想成熟（而不仅仅是思想表述成熟）的基本特征。陈昕先生的思想结构不仅表现在出版行业改革、内容产业转型等方面的命题、概念及其关联，也表现在递进深入的层次。宏观有主旨有中心，微观有洞见，中观则颇多出版产业、内容产业忠告和多少得到应验还将继续应验的出版行业预警。揭示这一思想结构不仅有助于理解陈昕，而且有助于认识中国出版业改革开放40年中的后20年及其发展轨迹。

2. 以问题为导向的现实关怀。

陈昕思想、理论的某些特点既体现在他重复言说的概念、用语中，也体现在陈述、论说这些概念用语时所依据的中外出版业实际观察材料中，这合成了现实关怀与理论取向的统一。

90年代以后，中国出版业的改革开放提速。现实问题纷至沓来、应接不暇，以思考、解释尔后决策当前现实问题为己任的陈昕先生，显然无暇无心追求思想的系统性，正如他的演讲、报告、文章等都是回应尔后见证出版业改革开放的伴随性文本。仰观全球世纪风云，俯察中华改革热土。总体阅读陈昕先生到目前为止出版的个人著作，批判地审视他著作中的思想关联，又不难发现他的出版思想在同代同群出版家中最显结构性、体系性。在实事求是这样共同性的思想品格和思想规范中，注入了只有他才有的思想结构特征，或者说，他以他自己40年沉潜改革开放出版业而形成的出版专业逻辑个性化地阐释了实事求是：作为应用学科的出版理论该如何面向实践、在实践中实事求是；作为改革开放的出版理论该如何在体制与机制之间、在改革与开放之间实事求是。他以实际的榜样而不是空洞的言辞和授封的称号告诉世人以及后人，改革开放出版家该如何进退有据，改革开放出版理论家该如何结构化地思考改革开放的出版现实、理想未来的前提条件及未来可能的干扰因素。

3. 辩证话语背后较谨严的专业逻辑。

陈昕先生的理论话语颇具内在的思想辩证而非表面的话语圆融，有专家之精深而不偏执于一点一线。初看初听似乎有点周到圆通，细看细听则悟学人的专业逻辑专门论证作为其内在的结构支撑。这较典型地表现在他关于中国图书定价的分析、主张中。陈昕是"放开书价"的最早呼吁者之一。"之一"的呼吁者在多年沉思持续研究后成为撰有《中国图书定价制度研究》专著的研究者，其间的转换不只源于勤奋。陈昕先生又极力反对图书过度涨价，主张"采取抑制书价过度增长的理智态度"。放开书价与反对过度涨价的辩证统一建立在他的三个分析上：图书出版的垄断性分析、图书商品的经济属性分析、图书定价的微观经济学分析。[1]专业分析充盈了辩证意涵。

　　陈昕先生是我的前辈。我1996年4月从河南日报社新闻研究所奉调北京印刷学院出版系主持系务后，曾与同事认真研读过陈昕1990年与人合著的《中国图书业经济分析》一书，有心追随其后发展出版经济学科。刘杲先生2000年10月14日为出版系建系5周年论文集作序，题为《盼望出版经济学更快成长》。惜后来事与愿违，有负前辈期望。陈昕先生整理《出版留痕》，雅意索序，我何德何能敢为陈昕先生作序，推辞难脱，谨奉上捧读先生著作的体会。陈昕先生视野宏阔、思想深邃、文采斐然，本次所交作业诚然挂一漏万，谨借机略抒纪念出版业改革开放40年之情思。

　　专此代序。

2018年7月31日初稿

11月19日二稿

12月27日定稿

---

[1] 参见陈昕：《中国图书定价制度研究》，生活·读书·新知三联书店2011年版。

序　三

向心中的改革者致敬

程三国

本序作者系百道网董事长、原《中国图书商报》总编辑。

今年 6 月，在北京的一次聚会上，陈昕先生说到他的下一本集子——《出版留痕》明年会出版，想请我写个序，我以为他开玩笑，因为以往为他写序者，要么是巢峰、宋木文、刘杲等德高望重的出版界前辈，要么是林毅夫、袁志刚、张军等重量级的专家学者。相比之下，我顶多算是他的铁杆粉丝，哪有资格和胆量给他写序。不料几天前竟然收到了他的新著校样，看着厚厚一沓校样，我有点手足无措，斟酌再三，迟迟难以下笔。对我而言，这真是个不小的挑战。

陈昕先生是改革开放 40 年来中国出版业改革发展绕不开的人物。上海是中国近现代出版业的发祥地，是 20 世纪以降中国当之无愧的出版中心，英才辈出，群星灿烂；中国进入改革开放，出版业久旱逢甘露，开启了一个大时代，陈昕先生适逢其时，砥砺前行，成就斐然，被公认为上海出版百年文脉的传承者、担当者和卓越代表。他把"努力成为一代又一代中国人的文化脊梁"作为一生的使命和追求，先后编辑或主持了"当代经济学系列丛书""世纪人文系列丛书""当代学术思潮译丛"《中华文化通志》《中国通史》《上海通史》等数百项国家重点出版工程；他不计个人得失，锐意改革，组建了全国第一家出版集团，并将其改组为全国第一家出版股份有限公司；他勇于创新，敢想敢试，在全国出版业率先试水数字化转型，推动传统出版与数字出版的融合发展。还可以列举更多。

因缘际会，20世纪90年代中期，我开始主持一家图书行业媒体，之前我既没做过出版发行，也没办过报纸，无章可循，却也无知者无畏，把报纸办得跟惯常所见的业内媒体不太一样，不意竟得到行业认可，特别是得到包括陈昕先生在内的一批中国最活跃最有想法的出版人的赞赏和鼓励，因而也十分荣幸地与他们的光辉岁月产生不少交集。

平心而论，我对出版产业的研究兴趣始自于陈昕先生，受其所著《中国图书业经济分析》的启蒙。我们第一次接触是1996年，他当时在上海市新闻出版局副局长任上，分管图书发行和报刊工作。在他的办公室里，我对他进行了采访，谈论的话题是中国图书市场规模到底有多大。陈昕先生运用现代经济学的方法，从人口结构、居民收入、国民文化程度、读书倾向与习惯、闲暇活动、公共文化设施、销售活动等方面作了全面的分析，论证了未来十年中国图书市场的潜在规模，令人信服。从那时候开始，我们在媒体上称他为出版经济学家，尽管当时有人对此称谓颇有微词，认为并不存在什么出版经济学，何来出版经济学家。20 多年过去，陈昕先生在出版经济学领域先后出版了四五本专著，初步建构了出版经济学的理论框架，得到不少经济学家的首肯。因此，我更加觉得此称谓于他而言，名副其实。世界上出版经济学家寥寥可数，陈昕先生当属其中翘楚，这也是中国出版界的荣耀。

出于对产业研究的兴趣加之图书馆专业毕业养成的搜索偏好，我曾经在世界范围搜寻过关于出版经济学的文献，碰到相关著作都会购买，见到过一些传媒经济学的研究专著，但很少见到系统的出版经济学著作，像陈昕先生这样遵循严格的学术规范，用专业的经济学理论和方法对出版业（包括数字出版）进行分析，且著述不断，硕果累累的，就我所知，世界范围也不多见。

陈昕先生的可贵之处还在于，他不是那种坐而论道的经济学家，他的出版经济学研究都是围绕中国出版业改革发展的大问题展开的。1996 年他提出了发行中盘问题，曾引发中国图书发行界中盘大讨论，对之后图书发行业格局产生了深远影响；1997 年他主张建设超级书店和连锁书店，进一步推动了图书发行业的改革；1998 年他呼吁组建中国的出版集团，并就出版集团组建的原则和路径作了系统的论述；2000 年他就加入 WTO 后中国出版业的利弊得失和应对之策进行了系统的研究，有的意见被中央有关部门所采纳；2001年他呼吁建设中国出版现代物流体系，并在上海世纪出版集团建成全国首家现代出版物流企业；2002年他对中国动画产业的现状和问题进行分析，提出以动漫画周刊为先导，以动漫画图书为依托，培养本土的漫画家，在市场中打造成功的形象和内容，以此向电视剧、电影、音像制品、电子出版物延伸，进而扩展到玩具、文具、服装、食品、游戏、手机等关联产品，以形成完整的产业链，是动画产业赖以发展的基本路径；2002年他就对数字出版的进程作过研究，2007年他从美国考察归来，又对数字出版的前景、类型、模式等作了全面的论述，提出了推进传统出版向数字化转型的具体建议；2002年他曾撰文分析资本市场对于中国出版业未来发展的重要作用，2008年又对出版企业进入资本市场发表了自己的意见；2009年他对中国的出版集团转企改制后的八个重大问题谈了自己的看法，引起了业内的广泛关注……可以说，在中国出版业发展的许多关键时刻，陈昕先生都是改革的智者和勇者。我一直引以为自豪的是，陈昕先生的这些研究成果和改革建议大都是在我曾主持的那家行业媒体上发表的。

今年是改革开放40年，不少行业和地方都在搞致敬活动，在我的心里，陈昕先生是特别值得致敬的有影响力的出版人物。

就写这些，权且作序，实为表达我对陈昕先生的敬意。

2018 年 11 月 12 日

目　录

附录

我的出版观

原载《中华读书报》，2017 年 11 月 8 日；《新华文摘》，2018 年第 2 期

我常说，我是一个幸运的出版人。这是因为 40 年前我有幸在中国近现代出版的发祥地上海投身出版事业并守望至今，上海出版界 100 多年形成的传统和作风熏染了我，老一辈出版家的学识、胆略、智慧浸润了我，他们的言传身教鞭策了我。还是因为我亲历了改革开放的大时代，参与并见证了中国出版业所发生的巨变和进步。在上海这块出版沃土上，在时代的风云际会中，我慢慢地形成了自己的出版观。

　　我刚参加出版工作那会儿，在上海市出版局组织处任干事，正赶上粉碎"四人帮"后平反冤假错案，接待过不少前来找领导解决遗留问题的老出版家，如赵家璧、胡道静、钱君匋、刘哲民等，听闻过老同志讲述他们醉心出版与文化的感人故事，这使我对出版工作有了最初的崇高感和神圣感。后来因为参与重大出版项目的机缘，亲炙了上海出版界文化界的领导夏征农、王元化、罗竹风、马飞海、宋原放、巢峰等同志的教诲，他们对出版的虔诚、理解和把握使我对出版的地位、价值和功能有了清醒的认知。此外，我还研读了中国和海外著名出版机构的成长史与杰出编辑的传记，进一步深化了我对出版工作的理解。2008 年 2 月 27 日，我在首届中国出版政府奖颁奖典礼上的发言是我对出版地位和价值的一次较为完整的表述：

　　30 年前，1977 年，历史给了我一个机遇，我成为了一名出版人；从那时起，我选择出版作为我的终身职业。因为在我看来，出版是人类最神圣、最美好的职业，它是人类冲出黑暗和蒙昧的"火把"，出版人就是一批高擎火把的人，他们引领着社会精神生活的走向与品质，直接参与了社会精神生活的建构。还因为，出版是历史长河与时代风云的镜子和明灯，映照着人类精神生活的波澜壮阔，回首观潮，总是心生豪迈和虔敬。

　　30 年的出版生涯，我深深爱着这份总是藏在幕后辛勤操劳的职业。我把"努力成为一代又一代中国人的文化脊梁"，作为自己一生的使命和追求，一天都不曾动摇或放弃。此次获得中国出版政府奖优秀出版人物奖，我更加感到"文化脊梁"不仅是一份使命，而且是一种生命的价值。

　　30 年的出版生涯，我领悟到，人类精神价值的评判，一定是坚硬的"岩石"，而不是美丽的"浮云"；做出版就是要追求"潜入历史，化作永恒"，而不仅仅是一时的"激荡血肉"，或"洛阳纸贵"。

"做高擎火把的人"，既是我从事出版工作的追求，也是我对自己做出版的要求。我特别喜欢诵读关于出版价值的名言警句，如高尔基的"书籍是人类进步的阶梯"，雨果的"书籍是造就灵魂的工具"，培根的"读书在于塑造完善的人格"，等等。最令我感动的是赫尔岑的一段话，我几乎每一年都要在新进入上海世纪出版集团的青年人面前背诵这么一段话："书是和人类一起成长起来的，一切震撼智慧的学说，一切打动心灵的热情，都在书里结晶成形；书本中，记叙了人类狂激生活的宏大规模的自白，记述了叫做世界史的宏伟自传。"我每一次朗读这段话都会热血沸腾。这些名言警句告诉我们，一直以来，人类的出版史是一部"启蒙大众、追求进步"的文化传播史和精神发现史。

　　矢志不移地坚守纯粹的出版理想和追求不是一件很容易的事情。我从事出版工作的 40 年，是中国出版业发生巨变的 40 年。这 40 年中，出版业度过了三个时代。前 10 年是出版的纯真时代，出版人颇为"任性"和"逸放"，不必追求高利润，一门心思为社会的进步和发展多出有价值的好书。其后近 20 年，出版业进入了管理的时代，在向市场转型的过程中，出版社开始对每本书进行盈亏核算，以是否盈利或者盈利多少来决定一本书是否值得出版。最近 10 多年出版业开始进入资本的时代，一些出版企业试图把出版业当作一般的商业特别是娱乐业来经营，指望投资能带来丰厚的利润。于是，既往的学术文化追求动摇了，出版价值基线漂移了，进步主义的出版意识产生了危机，出版业有沦为大众娱乐业附庸的危险，读书也有可能成为轻浮无根的娱乐节目。

在这样一个巨变的时代，在向市场经济转型的过程中，中国出版业有过迷失，上海也不例外。例如，上世纪 80 年代末 90 年代初，上海也有两家出版社因为片面追逐利润出了格调低下的书，受到国家新闻出版行政部门停业整顿的处罚。还有一段时间，在逐利冲动的驱使下，出书的品质大大地下滑了。打开我们的畅销书榜，弥漫着一种享乐主义、利己主义、犬儒主义、活命主义的气息，市场上出现了伪书（没有原版的引进版）、猎奇书（《水浒传》被改名为《105 个男人与 3 个女人的故事》）、跟风书（《十万个为什么》就有 1000 多个内容雷同抄袭的仿品）。黄钟毁弃，瓦釜雷鸣，"精明"的商人自我作践，使得人们和社会对出版的崇高印象发生了动摇，那些美好的东西似乎烟消云散了，人们更多地看到的是，出版人在为赚钱而疲于奔命。出版人的社会地位悄然下降了，出版人的尊严在许多场合也默默丧失了。因此，重新塑造正确的出版价值观又成为了我们这个行业不得不面对的重大职业问题。

那段时间，我经常在各种场合给大家讲现代出版史上两个对我影响至深的案例。一是上世纪30年代上海出版业的历史地位。上海历代出版人都以上海曾经是中国的出版中心而自豪，但对上海何以成为全国的出版中心却有着不同的解读。我的解读是，30年代上海之所以成为全国的出版中心，与上海当时拥有250多家出版社，出版总量占全国三分之二有关；但更重要的是，当时上海的商务印书馆、中华书局、生活书店、开明书店等一批著名出版社秉持启蒙—教育—救国的使命，经过长期的努力，从教科书、工具书、大众知识读物、传统文化、外来文化等方面，以一大批优秀的出版物为那个时代的中国人提供了系统的高质量的文化知识资源，形成了完整的知识生产体系。这才是上海当时成为中国出版中心的根本所在。这一辉煌业绩的取得完全是近代上海出版人坚持正确的出版价值观，自觉努力的结果。当时各家出版单位的主政者和骨干，如商务印书馆的夏瑞芳、张元济、王云五，中华书局的陆费逵、舒新城，开明书店的夏丏尊、叶圣陶，生活书店的邹韬奋、胡愈之，文化生活出版社的巴金，世界书局的沈知方，良友图书公司的伍联德，无不以开启民智、培育新人作为其从事出版的价值追求。张元济投身出版时就说："昌明教育平生愿，故向书林努力来。"陆费逵在《中华书局宣言》中提出:"立国根本,在于教育,教育根本,实在教科书,教育不革命,国基终无由巩固,教科书不革命,教育的目的终不能达到也。"正是因为他们将出版作为教育国民、塑造社会的大事业,同时辅之以现代资本主义的商业经营手段,把文化与商业作了有机的结合,才促成当时的上海成为中国的出版中心。

二是被誉为现代德意志文化高原的苏尔坎普出版社在战后德国文化建设中不可轻慢的地位和作用。第二次世界大战后,德国被盟军占领并分为两半,全国到处是废墟瓦砾,但更可怕的是人们的思想颓废、空虚,一片昏暗。在德意志民族这样一个极其艰难的历史时刻,以翁泽尔德为社长的苏尔坎普出版人毅然站了出来,倾全社之力着力重建战后联邦德国的思想文化"大厦",他们在 60 年代推出了"彩虹计划",用赤橙黄绿青蓝紫七种颜色标识出七个系列,试图为战后新一代德国人系统地普及全世界和德国的优秀文化,提升整个德意志民族的思想文化水准。当时,他们这一壮举被认为是在德意志民族昏暗的思想上空悬挂了一条绚丽的彩虹,以致多少年后,德国的思想界普遍认为,联邦德国的真正纪元应该是 1959 年,因为在那一年翁泽尔德主持苏尔坎普出版社开始了战后德意志民族的思想文化复兴之旅。到目前为止,"彩虹计划"已经出版了两千多种图书，其中有不少图书被译成十多种文字，介绍到全世界各地，版权收入成为苏尔坎普出版社重要的收入来源，而苏尔坎普出版社也成为当今德国最重要的出版机构之一。苏尔坎普出版社在推出"彩虹计划"的同时，还团结、培养了全德国几乎所有的大师级作家和学者，黑塞、阿多诺、布洛赫、普莱斯纳、霍克海默、哈贝马斯等无一例外均是苏尔坎普的签约作者。由此可见，正是因为坚守文化建设的使命，苏尔坎普出版社才奠定了今天其在德国出版界的地位。

现代出版史上的这两个重要案例凸显了在大变动时代，出版人站在时代的潮头，以编辑出版为志业，开启和推动文化建设的抱负和伟绩，成为民族精神之火不灭的象征。它也说明，只有解决了出版价值观上的根本问题，我们才能够摆脱金钱、利润、资本的束缚，坚守出版"启蒙大众、追求进步"的使命。

2005 年，上海世纪出版集团由事业单位改制成为了中国第一家出版股份有限公司，树立正确的出版价值观变得更为紧迫和重要。因此，我们在股份公司的章程中，把公司的使命陈述明确定为："通过我们的选择，提供能够创造或增加价值的内容和阅读体验；通过我们的整理，传播人类文明的优秀成果；通过我们的服务，与读者形成良性互动；从而努力成为一代又一代中国人的文化脊梁。"我在各种会议上提出这一使命追求是集团的核心价值观，应融入每个员工的血液里，规范到每个员工的行为中，引以为自豪，为之而奋斗。

回望最近几十年中国出版业的历程时，会发现有一些问题和关系会反复出现在出版人的面前，需要我们去回答去解决。80年代初期，针对出版界出现逐利为上的苗头，邓小平同志就尖锐地讲过要做多出好书的出版家，不做唯利是图的出版商之类的话，向出版界敲响了警钟。80年代中期，随着出版改革的开展，出版社日益成为自负盈亏的主体，出版界在社会效益与经济效益的关系上也曾众说纷纭，莫衷一是，有过一场讨论。最后，时任国家出版局局长宋木文同志把这一关系概括为四句话："既要重视社会效益，又要重视经济效益，以社会效益为最高准则；作为自负盈亏的出版社，如果不讲经济效益，也难以实现社会效益；在具体问题的处理上，如果经济效益与社会效益发生矛盾，经济效益要服从社会效益；在总体上，我们要争取做到社会效益与经济效益的统一。"这才统一了出版界的思想。但是，到了2005年出版业进行转企改制以及上市时，片面追求产值、利润而忽视质量的倾向一度又十分明显，似乎经济效益、经济规模成了主宰出版业的唯一力量。这对出版业多出好书造成的冲击是显而易见的。

为什么在社会效益与经济效益关系上的偏差会反复出现，我认为问题出在出版价值观的层面，在于我们不重视出版价值观的研究和教育，没有正确的出版价值观作引导，以致往往离开了出版价值观来讨论具体的发展问题。这里的教训值得记取。

　　当然，做好出版工作除了要有正确的出版价值观作为指导外，还需要我们对出版产业的特征和规律有清醒的认识，妥善把握和处理出版产业发展中的各类关系和问题。相比出版价值观，这是另一个层次的问题。过去我们总是习惯于把这两个不同层次的问题混在一起谈，以致既忽视出版价值观的指导作用，又讲不清楚具体的产业发展问题。

　　经过几十年的发展，中国出版业早已不再是单纯的文化部门，它同时成为了一个具有相当规模的产业部门。从产业的角度来观察出版有三个维度：内容、技术和资本，哪一个都不能轻视。

　　维度一：内容是根本。出版产业从本质上说是内容产业，出版业是通过出售依附在各类载体上的内容来占领市场获得收益的。因此抓好内容创新和内容建设就成了出版产业发展的第一要务。抓内容建设首要的是抓规划。出版工作与新闻工作的不同在于，新闻在某种意义上是短线的，而出版则是长线性质的，有的图书往往需要几年、十几年，甚至几十年的时间才能完成。因此做好长期出版规划就变得十分重要。另一方面，每家出版社从较长一段时间看，他们向读者提供的并不是某一本或某几本书，他们所承担的是向读者提供某一方面或某一学科或某一领域的知识体系；就一个大的出版集团而言，可能就有一个向全社会全民族提供较为全面和完整的知识体系的任务了，所以，长期规划还有个结构和布局的问题。长期规划对一家出版企业的发展极为重要。80 年代初中期，巢峰同志为上海辞书出版社制订了 20 年的工具书出版规划，选题几乎涵盖了社会科学所有领域，这些项目的完成使上海辞书出版社成为了中国当之无愧的工具书特别是专科工具书的重镇，这个地位是其他出版社很难撼动的。上海世纪出版集团成立后，我们先后抓了四个"五年出版规划"和一个"十年长远出版规划"的建设，规划出大众出版、工具书出版、古籍出版、高等教育出版、基础教育出版、专业出版六条产品线，完成了基本学科的结构布局，这也是上海世纪出版集团能长期雄踞全国出版业前列的重要原因。

其次还要抓选题和项目，这是因为规划并不是几条空洞的原则和简单的战略描述，它还得落实到具体的选题和项目上。好的出版人都紧紧抓住重大选题和项目不放，近现代出版史上这样的事例不胜枚举。远的不说，就说一下陈翰伯同志。陈翰伯同志是抓规划和重大项目的高手。70年代初，周恩来总理对恢复出版事业作了批示。陈翰伯同志那时刚刚被"解放"，担任国家出版局的领导成员，但处境依然十分困难，被造反派认定是"旧势力"的代表。可是他敏锐地抓住周总理批示的机会，顶住重重压力，和陈原同志一起规划了一项规模宏大的基础工程，就是后来周总理在病榻上批准的中外语文词典编辑出版十年规划，共列有160种中外语文词典，包括《汉语大词典》《汉语大字典》《现代汉语词典》《辞源》《辞海》《新英汉词典》等。后来经过全国出版界和学术界十多年的努力，这些词典全部出齐，在中国当代出版史上筑起一座丰碑。陈翰伯同志除了主持指导词典编纂全局性的工作外，更是亲自组织、协调、统筹了从1975年开始由一市五省协作的难度很大的《汉语大词典》的编纂工作，可谓呕心沥血、死而后已。陈翰伯同志抓选题的还有一个做法影响了我一辈子。"文革"结束后，陈翰伯同志担任了国家出版局的代局长，成为了全国出版系统的最高领导，诸事缠身，忙得不可开交，但对于抓选题、抓重大项目，他是丝毫不放松的。每年都要下到十多家直属出版社抓一次出版选题，检查重大项目完成情况。因为他深知，离开了一个个具体的选题和项目，内容建设就成为了空中楼阁。上海世纪出版集团成立后，我也是每年要下到集团所属的 20 多家出版单位一到两次，对年度选题计划的编制和重大项目的完成情况逐一"过堂"，抓住不放。长年抓选题的结果当然是硕果累累，这些年我们在赢得国家重大奖项方面一直走在全国的前列，列入全国重大出版规划的项目数量也长期居于全国首位。

内容建设最终要落实到出版物的质量上。质量是出版物的生命，搞好出版工作必须坚持质量第一。"文章千古事，得失寸心知"，在出版物的质量上不能有任何马虎。宋木文同志说过，出版工作者不能忘记鲁迅先生在《写在〈坟〉后面》里的一段话："还记得三四年前，有一个学生来买我的书，从衣袋里掏出钱来放在我手里，那钱上还带着体温。这体温便烙印了我的心，至今要写文字时，还常使我怕毒害了这类的青年，迟疑不敢下笔。"他提醒出版人，在编辑出版时，"别忘了自己的责任，别贻误了青年。对精神产品的生产，宁可少些，但要好些"。他还指出，在数量与质量的关系上需要妥善处理："我们强调要有一定的数量，因为好的质量是从一定的数量中产生的；但数量与质量之间有一定的平衡关系，增速过快，就会失衡，难以保持总体质量水平。"前几年在盲目追求经济规模的驱动下，我国在图书出版的数量上呈现跨越式增长的势头，很快年出版总量突破 40 万种，成为世界第一出版大国，却导致了总体质量的下滑。我曾经参观过一家出版集团的图书精品陈列室，发现一位译者竟然在一年多的时间里翻译了英法德意四种文字的 20 多种社会科学名著，真是难以想象。显然，以这样的速度翻译出版的图书大多是剪刀加糨糊、拼凑抄写出来的。这种粗制滥造的现象并不是个别的，可见问题的严重性。当然，这种现象很快就引起业内人士的担忧，反对之声四起，国家出版行政管理部门对此也有反思。2014 年，国家新闻出版广电总局在全国范围开展了提高图书出版质量的活动，并把这一年定为出版质量年。

内容质量的要求是多方面的，包括思想政治质量、学术文化质量和编辑印制质量，哪一方面都不能偏废。出版人就是一个质量把关人的角色。互联网兴起之后，人们可以自由地在网络平台上发布自己的作品，出现了"自出版"这一新的出版形式，以至一度有出版业将快速地"去中介化"（去编辑化）的残酷预言。但后来的发展证明，面对互联网上海量的信息和内容，人们更需要依赖专业的编辑出版人员对内容进行选择和把关。

我们的社会已经逐步数字化、网络化和信息化了。在这个新的社会中，内容建设和内容创新对出版而言变得比以往更加重要，这是因为数字化、网络化和信息化将一些原来互不相干的部门和行业之间的藩篱彻底拆除，使出版的跨界运营有了可能，但这里的前提是要拥有成体系、规模化、大数据、高质量的内容，有了它就可能占领更多的市场，赢来更多的商机，获得更多的收益。

维度二：技术是手段。工业革命以来，经济的持续增长都依赖于不断的技术创新与产业结构的调整，出版产业当然也不例外。现代数字技术进入出版领域的时间，可以追溯到上世纪70年代，然而真正给出版业带来巨大影响则是进入21世纪以后。随着数字技术、信息技术、网络技术在出版领域的广泛应用，出版的内容文本全部数字化了，出版社内容管理逐渐建立在信息化的基础上，各项业务开始全面进入互联网领域。例如，各个出版主体都从各自的业务出发，建立了各种类型的大型数据库和在线平台，开发了以互联网为基础，以计算机、阅读器、手机等为载体的各类数字产品，并通过电子商务进行交易。数字技术带来的传播方式的变化，还改造并创新了人类的学习内容和方式，出现了在线学习、广域学习、主题学习、先锋学习、自组织学习、多媒体刺激、学习的循环加速机制（瞬间反馈、即时评估、快速纠错与提升）、最大限度地满足个性化需求（按需定制、一对一指导）、趣味化学习、娱乐化学习，等等。与此同时，围绕着人们学习和阅读方式的改变，出版人根据不同的出版类型和需求，利用数字网络技术，在大众、教育、专业三大出版领域建立起数字出版的商业模式及盈利模式。如今，在发达国家，在专业出版领域，数字出版已经基本替代了纸质出版；在教育出版领域纸质产品与数字产品在销售上已捆绑在一起，难分你我；在大众出版领域，电子书已占到全部图书销售的二成至三成。

马克思在《1861—1863 年经济学手稿》中，对现代印刷术给人类社会带来的进步有过精彩的论述："火药、指南针、印刷术——这是预告资产阶级社会到来的三大发明。火药把骑士阶层炸得粉碎，指南针打开了世界市场并建立了殖民地，而印刷术则变成新教的工具，总的来说变成科学复兴的手段，变成对精神发展创造必要前提的最强大的杠杆。"今天，建立在现代数字技术、信息技术、网络技术上的数字出版，是自五百年前古登堡时代现代印刷术诞生以来出版领域最重要的技术革命，它给整个人类社会尤其是科学领域带来的变化，现在我们很难完全预料，不过，至今为止一些科学家所作的人类"数字化生存"的猜想和预测还是多少能让我们知其端倪的。2014年，时任新闻出版广电总局副局长邬书林同志在一次报告中曾举里德·艾尔思维尔出版集团的实践来说明大数据运用对科学发展所带来的进步。他说道:"里德·艾尔思维尔公司利用自有的 1100 多万篇全文科研文献、来自全球 5000 家专业出版社的 5300 多万篇二次文献(文摘和引文)、6000 多个国际学术会议产生的会议论文和被引信息、2400 多万条专利信息,以及 OECD 等国际组织的海量信息,通过专业大数据技术 HPCC(高性能集群计算),2013 年曾为英国 BIS(Department of Business, Innovation and Skills)作了英国科研竞争力国际比较和人才流动分析,对英国政府在高科技人才流动和移民政策方面都已产生一定的影响。"这个例子有助于我们很好地理解出版在数字化时代所可能发生的重大变化。

令人遗憾的是,对于技术进步的重要性,我们相当多的出版人还是重视不够,理解不深,以至最近几年当标准电子书的销售在大众出版领域始终徘徊在二至三成之间,甚至有所滑落,而纸书业绩还不错时,有些同志又开始忽视甚至排斥从传统出版向数字出版的转型。其实,数字产品谋变的工具很多,并不仅仅是标准电子书一种,想想看,我们今天有多少阅读是在微信公众号里实现的,就知道数字出版对传统出版的冲击还仅是刚刚开始。今天,内容呈现的方式和载体已经发生了革命性的变化,只是由于技术还未能完全解决电子屏长时间阅读对眼睛的伤害,所以在微信公众号里阅读的大多是文章,呈现出碎片式阅读的特征。不过，电子显示技术的进步很快会解决这个问题的。

但我并不赞同传统出版将会很快消亡的论调。在我看来，传统出版不会消失，它只是改变了形态；与其说人们喜欢技术，不如说人们更喜欢读书本身。我还认为，对于出版产业而言，数字技术的迅猛发展，网络的快速普及，并不是简单地宣告印刷时代的终结、数字时代的开启，而是伴随着一个相当长的纸质与电子、印刷与数字共生的过渡期，这是因为纸质图书的消亡并不是技术一个因素就可以实现的；过渡时期，传统出版与数字出版复杂的冲突、博弈、共生考验着出版人的商业洞察力、战略决断力、技术行动力；这是一道产业转身的"斜坡"，我们无法准确地预言斜坡有多长，有多斜，但是，有一点我们应该清醒，新的数字出版革命已经发生，新的数字出版业态已经出现，新的商业模式已经诞生，数字出版已如一轮红日跃出了地平线，正冉冉上升，它赋予传统出版以新的生命力。

数字出版之所以在与传统出版的竞争中处于优势地位，并逐步地呈现出替代趋势，从经济学的角度观察，原因在于数字出版与传统出版的边际成本不同。对传统出版而言，其生产纸质书的平均成本随着销售数量的增加而逐渐下降，但边际成本是一个大于零的固定值；对于数字出版而言，其生产电子书的平均成本也随着销售数量的增加而逐渐下降，但边际成本趋向于零值。明白了这个道理后，对传统出版而言，重要的是牢牢把握出版业内容提供的核心功能，挖掘出版业的核心资源，充分利用数字网络技术重构出版产业链，用互联网的思维来改造传统出版业务流程，创新出版内容的呈现方式，推动传统出版与数字出版的融合发展，促成出版业的新生。

在传统出版与数字出版融合发展的过程中，传统出版也有自己的优势，那就是历史和传统使其在内容创新和版权拥有方面有着深厚的积淀。这种优势是不断累积叠加的结果，不可能一蹴而就。可喜的是，传统出版社在这十多年的市场经济大潮中没有中断这种累积叠加，一直在持续不断地努力。以上海世纪出版集团为例，《辞海》《汉语大词典》《英汉大词典》《十万个为什么》等一些老的品牌不断得到维护，《中华文化通志》《中国通史》"中国断代史丛书""中国专题史丛书""当代经济学系列丛书""世纪人文系列丛书"等一批新的品牌不断涌现。更重要的是，他们还在努力构建各个重要学科的知识体系，为新一代的读者提供相对完整的知识谱系。

不过，时代还要求传统出版社更向前迈进一步。随着大数据和"云计算"技术的成熟，一个市场潜力巨大的数据服务领域开始形成，如何围绕人的全面发展，在提供标准化图书的同时，提供个性化的知识（数据）服务，是传统出版社未来发展的重要领域，需要认真地加以研究和规划。目前人们在讨论数据服务时，一般讲的都是商业和金融数据服务，涉及用户数据、交易数据、支付数据、物流数据等，这些对于出版业的发展当然也是重要的，但是我认为对出版社而言，更为关键的是知识（数据）服务。

要实现传统出版和数字出版的融合，并逐步完成出版产业的转型升级，还要求我们把传统图书市场的边界扩展到阅读市场。如此一来，数字化、网络化、信息化带来的新的介质、工具、媒体、平台，刹那间都从挑战变成了机遇。网络、手机、视频、游戏、微信等，从阅读和服务的角度看，都可能是我们驰骋的战场和舞台。

在讲完技术对于出版的重要性后，我还想补充一句，我一直很欣赏苹果公司创始人乔布斯的一句话，作为一个技术狂人，乔布斯却说，他宁愿用所有的科技去换取与苏格拉底相处一个下午。由此可见，从本质上讲内容是最为根本的。

维度三：资本是重要的推动力。出版业的发展在全球范围都进入了资本的时代，中国也不例外。因此理解出版业的现代转型不得不考虑资本的因素、资本的力量、资本的作用。资本力量介入出版业后，一方面加剧了资本意志与文化价值之间的巨大冲突，另一方面也加快了两者之间的融合。我们看到的是，随着资本的介入和企业间并购的开展，出版产业集中度大大提升，集约经营的格局开始形成，新的业务形态、新的商业模式不断涌现，出版产业的空间和规模迅速扩大。特别是资本的力量还在很大程度上推动着技术，尤其是数字技术在出版业的广泛运用。看看最近十多年视频、游戏、微信等新的业态的背后，哪个没有资本的推手，阿里巴巴、腾讯、百度等互联网企业的崛起哪个不是借助于资本市场的力量。

最近十多年，也是中国出版集团集中上市的年份，这是中国出版产业不断发展的必然趋势，也是出版集团改善治理结构、提高管理水平、迅速做强做大的重要途径。除此之外，出版集团上市还有诸多的好处：首先可以获得实施兼并、收购和联盟的启动资金和后续资金，为进一步的经营提供必要的资金保证。其次，随着公司上市后无形资产的增值（知名度上升，公司规范化，国有公司转变为公众公司等），将对互补性商业资产形成更大的吸引力和凝聚力，有利于开展兼并、收购和联盟活动。再则，凭借上市公司的声誉及其机制，可以较为顺利地调整业务结构，迅速扩展核心业务，并以较高的价值转让非核心业务和较低成本地将某些业务外包给别的企业。此外，通过证券市场的直接融资，扩大银行的授信额度，带动企业间接融资，为实施跨行业兼并、收购和联盟提供多渠道的投融资保证。

需要清醒认识的是，一家出版集团是否需要上市、上市的目的何在，对于中国出版业而言，仍有值得探讨的地方。出版集团通过上市进入资本市场，其目的是为了更好地发展，真正做强做大主业，多出更多的好书，而不是为了圈钱，更不能为上市而上市。它是否上市和何时上市，需要根据其定位、转型方向、扩张的方式来确定。只有面对一个更大的市场，追求更大的规模，甚至走向全球市场的时候，利用和进入资本市场才成为实现快速扩张的重要手段。同时，出版集团是否上市还取决于它是否能在主业的发展上形成新的商业模式，拓展出新的发展空间。我们看到，这些年来全球大型出版集团均在努力由传统出版向数字出版转型，并探索和实践着很多新的商业模式和赢利模式。一旦某种赢利模式取得突破的话，或者赢利模式需要大规模扩张的话，都会寻求上市或在资本市场上寻求资金支持。比如，约翰·威立出版集团和里德·艾尔思维尔出版集团利用数字技术创新在专业期刊领域形成大规模地满足专业机构和专业人员个性化需求的商业模式后，都利用资本市场在全球掀起了一波并购浪潮。

当今世界，我们还必须正视资本意志与文化价值冲突的一面。美国著名出版人、《出版业》一书的作者安德烈·希夫林，曾对上世纪 80 年代末至本世纪头十年这 20 年席卷全球的跨国传媒集团并购出版企业所导致的出版业的巨大变化，发出过警告："一直以智性价值、审美价值和社会批判功能为本的美国出版业已经演变成大众娱乐业的附庸。"如果我们对那一时期全球传媒集团的并购过程作一分析的话，可以看到除了个别的例外，无不是以娱乐业为主体的传媒集团凭借资本的力量兼并各个具有品牌号召力的独立出版社，资本大军所到之处，无坚不摧，所向披靡。而传媒集团并购出版社的直接后果就是出版的本质被扭曲了，出版成了单纯盈利的工具，娱乐化开始主宰出版。安德烈还针对深得默多克欣赏的哈珀·柯林斯出版公司著名编辑朱迪斯·里根策划辛普森的虚拟自白《假如我杀了我的前妻，我会怎么杀》一事，惋惜地说："哈珀·柯林斯曾是美国最好的出版社之一，它被并购后的转向也是最惊人的。如果你比较它 50 年代到 90 年代的书目，会发现每十年都会发生一次蜕变，艺犬史、神学、哲学、历史书一路被抛弃，书目中越来越多短命的廉价畅销书。现在，在他们的意识里，恨不得自己属于娱乐业。事实是，朱迪斯的办公室就设在好莱坞。"如果认真地比较美国那些著名的出版机构在被传媒集团并购前后的书目，我们会很容易发现他们在利润第一的原则下所发生的向娱乐业靠拢的倾向。但是，平心而论，在我看来，美国的出版业并没有完全沉沦，传统出版人长期秉承的为人类文化传承和创造的精神在美国主要出版社的书目中仍然依稀可见，图书最基本的品质仍然保存着。更难得的是，美国出版企业制度安排中的非营利型出版社为有识之士在商业领域坚持出版的理想和理念提供了空间和保障，使他们能够通过获得资助和享受免税政策生存下来，坚持下去。80年代，兰登书屋被媒体大王纽豪斯收购后，为坚持自己的出版理想，安德烈毅然辞去兰登书屋所属万神殿出版社社长之职，率众起义，另建名字叫"新"的非营利出版社，并一直坚持至今，就是一个很好的例证。

安德烈还说过："如果说，出版业在过去几十年的变化超过了以往所有世纪的总和，一点也不夸张，尤其在英语出版业，而英语世界发生的事情很快就会在世界其他地方发生。"确实如此，这些年来，我们在向市场转型的过程中，在走进资本的过程中，也在犯与美国同样的错误，有的甚至更为严重。在经济规模排名和利润至上的驱使下，我们问题的严重性已不仅仅在于向娱乐业的过度靠拢上，出版有娱乐的功能，也不应该否定人生的娱乐诉求，出版一些满足读者娱乐需求的产品本来并不是问题，只是要防止娱乐至上的倾向；问题更在于有的出版社借着与民营工作室合作之名行买卖书号之实，以至使不少的伪书、低俗之书充斥市场，更有一些出版集团干脆在多元化发展战略的幌子下，把资金从出版主业中撤离，转而投向房地产、宾馆甚至期货证券行业，他们也恨不得自己不属于出版业。

时代的潮流汹涌澎湃，滚滚向前。出版早已走出了象牙塔，在面向市场、面对资本的洪流中奋勇前行。问题并不在于我们要不要资本，而在于怎样对待资本，是做资本的附庸和奴隶呢，还是利用资本、驾驭资本以达到出版更多好书的目的。而要真正做到后一点，只有在坚持"启蒙大众、追求进步"的出版价值观前提下才有可能。

从内容、技术、资本三个维度谈完出版产业的发展后，还有必要强调一下，出版产业作为创意产业，最关键的因素在于人。没有一批充满理想又脚踏实地、热爱出版又耕耘奉献、高瞻远瞩又善于谋划的出版家，没有一支懂出版、知技术、善经营、会管理的出版人队伍，出版产业的转型、创新和发展是不可能实现的。最近十多年，有不少对出版工作生疏的领导同志从外系统调入出版行业担任各地出版集团的一把手。在他们中有的同志眼里很少看到出版人才的重要性，在他们的脑子里也没有出版人才的概念，他们往往认为只要有健全的利益导向机制，不怕没有人来从事出版工作，并指望靠强大的利益刺激来牵引出一个巨大的出版产业，这不得不令人担忧。

出版人才是一种相当特殊的人才，他们不仅要有广博的知识面（有编辑是"杂家"一说），还要有某一学科或某一领域深厚的学术基础，同时还得具备精湛的文字水平。在出版社面向市场后，出版人才还必须对市场有较高的敏感度，善于捕捉读者的新需求。出版人才的能力首先表现在对选题和书稿的选择、挖掘、编辑、修改上，它的养成非一日之功，需要经年累月的实践才行。因此，作为稀缺资源的优秀出版人才是一家出版企业最重要的财富，需要认真地发现、训练、提升和培养。我在世纪出版集团总裁任上，只要发现有资质有潜力的优秀出版人才，都会悉心加以培养，不仅送其去著名高校进一步深造某一方面的知识，还会把他们放到重要的出版岗位加以锤炼，有时还会鼓励他们独立创建新的品牌出版公司，并尽可能地提供最好的运行平台。因为一家出版企业特别是大型出版集团的成长极限，并非囿于资本和技术，而是受限于其出版队伍的文化素质、业务水准和经营能力。如果能以开阔的胸怀、战略的眼光，培养、吸引、拥有一批最优秀的有文化追求和理想的出版才俊，在出版业内部形成相互激励、相互竞争、相互启发的氛围，我们的出版业自然会迅速而顺利地完成从传统向现代的转型，迎来出版的大繁荣和大发展，进而为中华民族的伟大复兴作出应有的贡献。

正如科学家必须有自己的科学观，人文学者必须有自己的人文观，一个有追求的出版人，必须要有符合时代文化节拍、遵循内心价值呼唤的出版观，不然，则行之弗远。

勇敢地承担起文化建设的重任

原载《编辑学刊》，1994 年第 3 期

迈克尔·波特（M. Porter）在《各国的竞争优势》（"Competitive Advantage of Nations", 1990）一文中，把经济发展划分为四个阶段：第一阶段为"要素驱动阶段"，发展的主要动力来自廉价的资源，如劳动力、土地、矿产等。第二阶段为"投资驱动阶段"，这是以大规模投资和巨大规模经济生产为主的发展阶段。第三阶段为"创新驱动阶段"，这是以技术创新和新技术带来的利润为特征的发展阶段。第四阶段为"财富驱动阶段"，又称"衰弱的阶段"。在这一阶段，由于人们对个性的全面发展以及非生产性活动（艺术、体育、音乐、保健、旅游等）的需求大大增加，所带来的生产性投资和生产活动的衰退及以前积累的国民财富的消耗，成为其最基本的特征。

经济学家一般认为，只有在经济发展的后两个阶段才会产生对高层次社会科学学术著作的市场需求，而在经济发展的前两个阶段，对社会科学著作的市场需求主要局限在实用性、操作性、知识性图书的领域。今天的中国无疑正处在经济发展的要素驱动和投资驱动阶段。与此同时，它又正经历着从传统的计划经济体制向现代市场经济体制转变的巨大变革。在这样的背景下，一方面对高层次社会科学学术著作缺乏足够的市场需求；另一方面，经济体制的转换导致了一些传统的价值观念的破灭，出版社开始成为一个相对独立的利益主体，编辑人员的收入与出版社创造的效益高度相关，而经济的快速增长又带来了大量的新机会。这两方面因素交互作用的一个结果是，我们的许多高档次的出版社也逐步从学术著作领域撤退，大量地改出实用性图书、消遣性图书，以适应市场需求，进而增加编辑人员的收入。

中国的出版社开始面向市场，这无疑是一个巨大的进步。然而，市场的本性是"短视"的。十年百年的需求，尤其是对高层次社会科学著作的需求，市场是不考虑的，越是发育不健全的市场，越带有短视的特性。对于这一点我们似乎还缺乏足够的认识。问题还在于，早在七八年前中国出版业就已经完成了从卖方市场向买方市场的转变，走到了一个发展的临界点。在临界点内，我们一直感到障碍颇多，困难重重，举步维艰，各方面都面临着严峻的挑战。可是我们只是被动地适应市场性质的转变，而未能在出版发行体制的改变上对这一挑战作出有成效的积极反应。所以，我们竟然会在长达七八年的时间内一直在临界点内徘徊；我们摆脱困境的更多办法不是通过体制转换来开发潜在的图书市场，以取得新的发展空间，而是简单地大幅度地减少高层次学术著作的出版，增加质量平平的包销图书品种，以满足于增加眼前的经济效益，并相应地提高编辑出版人员的收入。

从短期的意义上看，我们实在没有必要非议那些从学术著作领域撤退的出版社，他们的这种行为在一定程度上是理性的。而且从其他发展中国家的经验来看，以短期内文化建设的牺牲作为代价来集中发展经济也是有先例的。人们一般总是认为文化的建设滞后于经济的发展。

然而，中国毕竟不同于一般的发展中国家，作为一个有悠久文化传统和遗产的大国，中国文化积累、传承的责任由谁来承担，新的学术传统的建立由谁来推进，体现新时代特征的标志性骨干学术著作工程由谁来完成，这些都是不容忽视的问题。应该看到的是，从文化发展的角度说，在计划经济体制下，整个国家的文化建设水准是很低的，但是那种体制有可能集中一小部分人来从事最基本的图书出版工程。严格说来，《辞海》《中国大百科全书》《英汉大词典》《汉语大词典》等骨干工程均是那个时代的产物。在新的历史条件下，在建立社会主义市场经济的过程中，如何出版一些高质量的、代表国家水准的大型社会科学学术著作，是摆在我们面前的一项重要任务。

另一方面，中国的经济改革为社会科学的研究提供了一个独特的实验场所，中国经济改革的成功及随之而来的经济高速增长，为社会科学工作者从中提取出具有世界普遍意义的经验和资料提供了客观条件。显然，如果中国学者能把本国的经验很好地提升到理论高度，就可大大拓展世界社会科学研究的领域，也肯定会产生世界级的大学者；而中国的出版社如果能站在学术界的前面，适当地加以引导，推出一批高质量、世界水准的学术著作，那也肯定会产生世界级的出版社和出版家。

机遇和责任历史地落在中国出版社的身上，中国出版社理应珍惜这一重大的、难得的历史机遇，勇敢地、义无反顾地承担起这一文化建设的历史重任。我在这里要呼吁的是，新闻出版的主管部门和出版社应该抓紧时间，对近十年来社会科学学术著作的出版现状作一次全面的梳理，在此基础上尽快制定出至21世纪初社会科学学术著作的出版蓝图，其中特别要选择好主攻的方向和专业领域，规划好一批世界水准的标志性骨干工程。需要指出，完成这一文化建设重任的根本保证还在于在新的条件下有效地推进和深化出版发行体制改革。

中国的出版家们，让我们在建立与社会主义市场经济相适应的出版新体制的过程中，逆市场的"短视"而动，坚持不懈、持之以恒地出版好社会科学学术著作，以迎接21世纪中国文化建设高潮的到来。

开展社会主义出版运行机制问题研究

原载《上海出版》，1986 年第 2 期

上海出版发展战略研究的帷幕已经拉开，这里，我们想就当前上海出版发展战略研究的重点和方法谈点粗浅的想法，以求教于同志们。

　　我们认为，当前上海出版发展战略研究的重点或主体内容应该是社会主义出版运行机制。何谓运行机制？运行机制就是指一个有机体内部结构之间、系统之间、部分之间、要素之间的相互依存、相互制约、相互影响的方式和各种过程的因果关系，是有机体运行的规律和功能。而出版运行机制指的是在一定的出版体制下，为使出版活动能够正常运转而对其各个部分、各个要素、各个方面进行调节的方式。我们之所以要把社会主义出版运行机制的研究作为当前研究的重点，是因为出版发展战略的研究，如果一开始就局限于战略目标、战略重点、战略步骤和战略措施，而不与出版运行机制结合起来，就很难取得实质性的研究成果，就难于深化。重视和开展社会主义出版运行机制的研究，探讨出版运行的内在联系和发展趋势，对确定上海出版发展战略的目标和重点，尤其是对制定具体实施步骤至关重要。就此说来，出版运行机制的研究还应该是上海出版发展战略研究的基点。

那么，对出版运行机制，究竟要研究些什么呢？我们认为，从根本上说，对出版运行机制的研究离不开对出版主体行为的研究，从而必须以既定的出版体制为前提，这就是说，应该对我国出版的不同体制作出划分和规定，分别对事业型、事业单位企业化管理型、企业型三种基本模式的出版运行过程进行分析，然后，利用这种分析的结果，对符合现实的理想出版模式的选择涉及的若干理论原则加以讨论，并研究如何使我们现行模式向理想模式逼近。这里面有一系列的问题需要研究。例如，不同体制下出版运行机制的组成和分类以及它们形成的方式；出版机制是主观的，还是客观的；在不同体制下，上海出版有机体内部各个部分、各个系统、各个要素之间相互联系和相互制约的运行过程；出版运行机制作用的条件和环境；如何发挥出版机制的功能；出版机制与出版体制和经济杠杆的关系，出版行政控制和参数控制的关系；出版运行机制与出版社、印刷厂、书店行为的关系；如何通过反馈方式使外部调节措施转化成出版机体的自行运动，以实现决策人的预期目的，等等。

至于研究上海出版发展战略的方法，我们认为应该是定性规范研究和叙述实证研究的结合。从特定的意义上说，发展战略的研究在很大程度上是一种经济学研究。传统社会主义政治经济学致命的弱点是，它完全排斥实证分析的方法，进行单纯的规范性研究；它完全不告诉人们现实经济是如何运行的，只告诉人们作者希望现实经济如何运行。这样导致的必然结果是社会主义政治经济学的停滞。有鉴于此，我们主张上海出版发展战略研究的主体部分应该采用实证分析方法，即，它首先关心的是：在某种既定体制下，出版是如何运行的，而不是出版应该怎样运行。因为要了解出版应该怎样运行，必须先知道出版是如何运行的，就像要研究人体生理的协调运动，就必须先解剖人体一样。至于出版应该如何运行这种规范性研究也是不可少的，但它应该在研究的最后阶段才进行。之所以如此，是基于我们下述一些认识，即：实证分析是规范性结论的基础，没有实证基础的规范研究只能成为软弱无力的道德呼吁；而规范研究又是实证研究的目的，实证研究若不能得出某种规范性的结果，就不能说是彻底的。

上海出版税收的现状、问题及对策

原载《社会科学》，1986 年第 2 期石磊同志参与了本文的写作。

社会主义税收是国家参与国民收入分配和再分配的重要工具，它除了具有积累资金、反映和监督的职能外，还具有调节经济的职能。自 1983 年我国在国营企业普遍实行利改税的经济管理办法以来，税收对完善国家和企业的分配关系、搞活企业起到了重要的作用。但是，对文教企业，尤其是出版企业要不要实行利改税的经营管理办法，如何认识和充分发挥税收在这些企业的经济杠杆作用等问题，在理论界、学术界、文化界、出版界一直存在着不同意见。本文旨在调查研究的基础上，对上海出版税收的现状、问题和对策进行一些探讨。

一、现状：税收政策基本符合出版业发展的要求

上海是旧中国出版业的中心。解放后，上海的出版业在曲折中得到了很大的发展，是全国第二大出版基地。现共有出版

社 22 家，其中市出版局所属 13 家；书刊印刷厂近 200 家，其中市出版印刷公司所属 20 家；发行网点 641 个，其中市新华书店、外文书店、上海书店所属 184 个；此外还有出版物资公司、印刷技术研究所、出版外贸公司、职工大学和印刷学校各 1 家。

新中国成立以来，国家对出版企业的管理大致采取过三种形式，即统负盈亏、利润留成、以税代利的形式。1983 年起，上海出版企业实行以税代利的经营管理形式（上海出版业中，上海市出版局所属出版社是事业单位企业化管理，实行以税代利，其他出版社六都是按事业单位进行管理，实行统负盈亏）。国家对出版社征收所得税、能源交通建设基金、营业税、奖金税、城市建设维护税、教育费附加、建筑税；印刷厂、书店、出版物资公司，除以上税种和基金外，国家还对其征收产品税和增值税。考虑到出版业是生产物质形态的精神产品的特殊行业，不仅要讲求经济效益，还要注重社会效益，以及出版企业的经济现状，根据中央精神，财政部决定对出版企业采取减税的政策，即所得税在 1985 年以前，由规定税率 55％减按 35％征收；营业税由规定税率 3％减按 1.5％征收。1983 年至 1985 年 9 月，上海出版税收及利润留成的基本情况详见表 1。

从整体上看，现行出版税收政策基本照顾到上海出版业的现状和特殊性质，有利于上海出版业的发展和繁荣。这可以从

表1 1983—1985年9月上海出版税税收及留利总况

项目 时间	利润总额（万元）	税收（基金）							利润留成合计（万元）
		合计（万元）	所得税		能源交通基金		产品税、营业税、增值税绝对额（万元）	城市建筑维护税绝对额（万元）	
			绝对额（万元）	税率（%）	绝对额（万元）	税率（%）			
1983年	9774.4	5120.3	3421.0	35	852.3	9.75	847.0		5556.4
1984年	11236.1	6236.7	3872.8	35	1164.2	9.75	1086.6		6266
1985年 1—9月	11262.8	6458.5	3975.9	35	1158.3	9.75	1250.6	73.7	6194

本表数据仅反映上海市出版局所属企业的情况，后文凡涉及经济方面的数据，情况亦同。

以下几个方面得到证实：

1. 从经济角度看，上海出版税收政策是有利于上海出版业的发展的。这里，我们把 1984 年上海出版业的经济情况与实行统负盈亏时期经济情况最好的 1979 年及实行利润留成时期经济情况最好的 1982 年作一比较。

（1）实行利改税后，上海出版业的生产水平有了较大提高。1984 年与 1979 年、1982 年相比，图书定价总金额分别增长了 87.8%、34.6%，工业总产值分别增长了 64.5%、10.1%，图书销售总金额分别增长了 42.7%、48.8%。

（2）上海出版业的经济效益也有所提高。1984 年与 1979 年、1982 年比较，人均利润分别增长了 24.7%、14.2%。

（3）实行利改税后，上海出版业的留利总金额远远超过利润留成时期。1984 年与 1982 年相比，留利总金额由 3994.8 万元增加到 6266 万元，大约增利了 56.9%。这样上海出版业就有相当一部分资金可用来发展生产，提高职工的生活水平。例如，上海书刊印刷行业采用先进技术的工作大都是从 1982 年以后才开始的。又据匡算，1984 年上海出版业人均奖金发放额达 328 元，超过全市的平均水平；人均福利费支出额达 556 元，也超过全市的平均水平。

2. 从出版书刊的数量看，实行利改税后，上海的出版物在量上也是有所发展的。1984 年与 1979 年相比，图书种数增加 88.6％，达 3848 种，印数增加 17.3％，达 53727 万册；杂志总数增加 346.7％，达 402 种，印数增加 326.2％，达 31018 万册。

3. 从所出书刊的质量看：（1）层次结构方面。1980 年以后，上海出版物重心出现下移和上推两种趋势，即中间层次的中级读物减少，低层次的普及读物和高层次的学术专著增多。在这两种趋势中，上推趋势大于下移趋势。实行利改税以后，这种势头依然如此。令人高兴的是上海各出版社已经逐步重视了学术著作的配套和出现了向大型化发展的迹象。（2）社会效果方面。实行利改税以后，上海的出版方针并没有因此而改变，不顾社会效果，片面追求经济效益的现象很少发生。（3）编辑质量方面。上海绝大多数出版物编辑质量较高，很少有粗制滥造的出版物。当然，上海出版物质量高是多种因素促成的，不能完全归之于实行以利代税；但至少可以认为，实行现行税收制度并不一定会降低出书质量。

二、问题：合理中有不合理因素

出版税收政策虽然对上海出版业的发展起到了很大的促进

作用，但它毕竟还不完善，在实行的过程中也暴露出一些问题。其中最突出的问题是，目前上海出版业所有的企业都统一按35%的税率向国家上缴所得税。我们认为，尽管从整体上说，按35%的低税率向上海出版业征收所得税是合理的，但并不意味着对上海出版业所有的企业一律按35%的税率征收所得税也是合理的，而且恰恰相反，这是不合理的。

上海出版业这个系统目前主要是由出版、印刷、发行、物资四个子系统构成的。由于这四个子系统生产经营的方式、性质及价格等因素各不相同，因此它们之间的生产经营效果相差较大。其中，出版部门经济效益最高，物资、发行其次，印刷最低。就人均利润来看，出版是印刷的三倍多。然而在目前条件下，单纯的利润指标很难正确地反映出版业内各行业及行业内部的生产经营效果。由于外界的、客观上因素的影响或作用，主要表现为价格因素、设备状况、企业规模等的不同，会影响产品成本高低不同，从而使付出同等努力的企业，获取了不等同的利润，即非主观利差。显然，按35%的统一税率向出版业内四个子系统征收所得税，客观上是否定了出版业内部四个子系统存在着因非主观因素而导致的盈利水平的不均衡问题。

另外，上海出版业内部四个子系统留利水平和留利需要不成比例。1984年，上海出版业各个子系统的生产发展基金，除印刷行业支用了 72％外，出版、发行、物资部门都很少动用，分别仅占 14％、26％、19％。其他年份的情况也大致相同。显然，按 35％的统一税率向出版业内部四个子系统征收所得税，客观上还否定了出版业内部四个子系统留利需要量水平不均衡的问题。

上述两个不均衡和现行的出版税收政策必然导致一系列的连锁反应：第一，随着我国现代化事业的发展，出版社出书的愿望大大增强，各界要求办出版社、杂志社的要求越来越强烈，据上海市出版局有关部门统计，最近两年全市申请成立出版社、杂志社的单位达几十家之多。与此同时，印刷厂由于是薄利企业，缺乏进一步发展生产的必要资金，发展生产的愿望下降，那些想办出版社、杂志社的单位也极少考虑办印刷厂。这样势必导致上海书刊印刷生产力严重不足。据统计，上海书刊印刷生产力的缺口约为现在生产力的 30％左右。1984 年上海书刊印刷生产力，排字缺 1.5 亿字，印刷缺 40 万令纸。

这里需要提及的是，1980 年至 1982 年上海出版业实行利润留成管理办法时，留利的比例分别是：出版 20％，印刷、发行 50％，物资 30％；1980 年留利部分中上缴出版局的比例是：出版 6.48％，发行 10％，物资 9％，印刷免缴；上缴出版局的基金，大多被用于印刷技术改造上。实行利改税后，上海书刊印刷业的留利绝对额虽然有些增加，但在比重上 1984 年却比 1982 年下降了 8％；而出版、发行、物资的留利绝对额和比重都大幅度地上升。这种情况当然不利于印刷与出版、发行的协调发展，使相当落后的印刷技术设备不能更新改造，使本来就已经紧张的印刷生产力更趋紧张。

第二，书刊印刷能力严重不足导致的直接后果是出书周期大大延长。上海目前的平均出版周期，以一本 30 万字的图书为例，累计将近 300 天。有些门类如科技、古籍出书更慢。从发厂日算起，1984 年上海科技出版社出书平均为 438 天，上海古籍出版社平均为 519 天。本子厚、印数少、排订困难的图书，周期之长已难以忍受。就现有生产能力来看，如果达到全国编辑的平均发稿水平，上海图书出版周期至少还得延长 2 倍以上。

第三，出书周期长导致的直接结果是出版社流动资金的周转速度越来越慢，绝对额越来越多。但是，国家核定的流动资金自 1980 年至今基本上没有动，始终停留在 950 万元左右。这样就迫使出版社不得不把留成利润中生产发展基金的大部分作流动资金之用。今年上半年全国银根抽紧之时，上海各出版社的流动资金异常紧张。据估计，1985 年 1—9 月，上海市出版局所属出版社动用了全部生产发展基金 1976.6 万元，来充当流动资金。尽管如此，还有不少出版社的流动资金短缺，以致程度不同地影响了出书任务的完成，限制了出版社的发展。

由此可见，上海出版业内部出版、印刷、发行、物资四个子系统之间所得税税率不合理，留利多寡悬殊，导致了一系列恶性的连锁反应，即行业间税率不合理→印刷生产力不足→印刷周期长→流动资金周转慢、绝对额多→出书难。对此，我们有必要提出和采取相应的政策。

此外，上海出版税收政策还存在两个应引起我们注意的问题：第一，目前的税种比较简单，不能很好地发挥税收的奖励和限制作用。这主要表现在：（1）目前的出版税收政策起不到限制新武侠小说、言情小说、古旧小说、侦探小说等大量印行的作用。例如，去年年底至今年年初，新武侠小说泛滥，仅金庸、梁羽生两人的新武侠小说就印了2000万套。造成这种情况的原因是多方面的，但现行出版税收政策让新武侠小说等也同样享受35%低税率政策，这也在客观上为某些"出版商"追求高利润而出版没有价值的书提供了环境和条件。当然，前面所说是就全国情况而言的。从前年年底到目前，上海各出版社没有出过一本新武侠、言情、古旧小说，但上海出版物在这一阶段消闲书毕竟也多了些，还有的出版社借口"协作出版"，实际上是"卖书号"，使一些没有什么质量，又没有经过严格编辑加工的书得以出版。

（2）出版税种简单化，使非正式出版物有利可图，不利于出版社、印刷厂、书店和物资公司更好地编书、印书、销书。出版系统的经济效益和利润应建立在出书的基础之上，然而，现行出版税收中，没有一个税种能在这方面起到作用。现在有些出版社，印刷厂、书店除编书、印书、销书外，还经营一些其他业务。这些业务的利润和经济效益一般都较出书为高，可是都一律按照35%的低税率缴所得税，这在客观上也是不利于出版业的发展的。例如，上海胶印印刷厂印制书刊和印制社会印件之间的利润大致要相差三至四倍，但两者都享受35%的低税率，以致有的胶印厂愿意接受社会印件而不愿意多印图书。这个苗头应引起重视，并采取相应的对策。

第二，目前国家对出版社和对其他工交企业一样，也按留利中15%的比例征收能源交通建设资金。这种"一刀切"的做法使能耗极低、车辆很少的出版社也得承受和能耗很高、车辆较多的工交企业一样的负担。这也不利于出版社的建设和发展。

三、对策：通过税收调节，促进印刷业超前发展

我们认为，上海出版业的发展必须建立在印刷超前发展的

基础上，对此，税收作为一种特殊的经济调节杠杆和手段应充分发挥其特有的作用。下面，在保证国家不少得的原则下，我们就这一问题提出发展上海出版业的税收对策意见。

1. 重新设计出版企业所得税的税率及征收办法。我们认为应对所有的出版企业采用共同的超额累进税率，以贯彻合理负担的原则。具体可以从以下几种方法加以选择：（1）以企业利润额的大小实行多级次、小级距的超额累进税率。（2）以人均利润额的大小实行多级次、小级距的超额累进税率。（3）对上海出版业所有企业进行分类，各类企业适用不同的比例税率，实行差别比例税率。这三种方法中，第一种方法单纯以利润额衡量税率，这对出版社、印刷厂、书店、物资公司都有不尽合理之处。第三种方法因分类和确定比例税率十分复杂，在实行上一时也有其困难。为此，我们建议选择第二种方法，以人均利润额的多少实行多级次、小级距的累进征税的"超额累进税率"。

根据第二种方法，我们对上海出版企业所得税的税率重新进行了优化设计（见表2）。

按照上海出版企业十级超额累进税率表，我们对1984年上海各出版社、印刷厂、书店、物资公司上缴税收情况和留利水平进行了测算。测算结果是：从整个上海出版业来看，上缴国家的所得税总额大体保持不变，而上海出版业内部四个子系

表 2　上海出版企业十级超额累进税率

级次	应纳税所得额级距	税率（％）
1	人均利润额在 2000 元以下	20
2	人均利润额在 2000 至 2500 元的部分	24
3	人均利润额在 2500 至 3000 元的部分	28
4	人均利润额在 3000 至 4000 元的部分	32
5	人均利润额在 4000 至 5000 元的部分	36
6	人均利润额在 5000 至 6000 元的部分	40
7	人均利润额在 6000 至 7000 元的部分	44
8	人均利润额在 7000 至 10000 元的部分	48
9	人均利润额在 10000 至 20000 元的部分	52
10	人均利润额在 20000 元以上	56

统之间的留利水平却有所不同，出版社大约要减少 330 万元，物资公司大约要减少 150 万元，书店基本保持不变，印刷厂则要增加 480 万元。如果按照利润总额年递增 7％的速度发展的话，以上述十级超额累进税率计算，印刷厂在"七五"期间的留利总额将会比原来增加 3000 万元左右。这样调整体现了负担能力原则，也是有利于整个上海出版业的协调发展的。

据上海市出版局有关部门规划，要使上海书刊印刷工业在 1990 年前达到国际上 80 年代初的水平，需要投资 1.2 亿元用于添置先进设备和搞土建工程。如果按照印刷厂现有留利水平推算，那么"七五"期间资金大约要短缺三四千万元。但是，如果按照我们重新设计过的十级超额累进税率计算的话，资金的缺口将基本消失。这样，到1990年，上海书刊印刷生产力严重不足的矛盾将得到解决，出版、印刷、发行、物资四个子系统之间的生产将变得协调起来，而且具备一定的国际竞争力。

2. 设立新的税种，以限制新武侠小说、古旧小说、言情小说等的大量印行，限制印刷厂大量印制利润高的社会印件。中宣部、国家出版局最近对新武侠小说、古旧小说、言情小说的印行采取了一系列的行政措施，主要是上报批准，控制印数等。这些措施对坚持社会主义的出版方针起到了很好的、很有效的作用。我们建议，对新武侠小说的限制，似可设立一种附加税，对新武侠小说等课以200％的高税率，以使其出版无大利可图，限制其大量印行。

3. 降低出版社能源交通建设基金的税率。根据"谁受益、谁出钱"的原则，能源交通建设基金应重点征能耗高、车辆多的企业，而对出版企业，尤其是出版社的征收比例应适当降低。

在结束本文的时候，我们需要指出，整个上海出版业的发展和繁荣不是单纯靠税收政策就能全部解决的，它还涉及出版方向、结构和运行机制等一系列问题。关于这些我们将另文加以阐述。

出版竞争与创新

原载《编辑学刊》，1992 年第 1 期

笔者于 1991 年 5 月调至香港三联书店工作，五个月下来，一个十分强烈的感受是：香港图书市场竞争性强，而且一般而言竞争是健康并富有活力的，从而为出版创新提供了最基本的条件。这种情况与内地出版业的竞争情况形成了对照，也为我们解决内地图书市场竞争的缺陷提供了借鉴。在本文中，笔者试图对香港出版业的竞争特点和创新行为作一初步的考察，并将其与内地出版业的情况作一简单比较。

一、香港图书市场的竞争背景

从许多方面看，香港发展图书市场的先天条件并不十分有利。发展图书市场的基本条件是具有相当规模的人口，而迄今为止香港的居民不过近 600 万人，这只相当于内地的二百分之一。虽然从人口的文化知识结构看，香港的水准远较内地为高，识字人口的比率大约比内地高一倍，但是香港这部分人口的基数仍然是很低的，何况香港识字人口中读书阶层一向都只是其中很小一部分人。一份对香港居民读书习惯的抽样调查报告表明，受调查人口中77％的人每月读书不足3本，读书人口有限，买书的人则更少，被调查者中四分之一的人近一个月内没有在买书上花过任何钱。

因此，香港人均收入虽然比内地高出很多，但是长期以来出版业一直受到本地买书人少、读书风气不盛的困扰。香港是一个竞争激烈的商业社会，在工作中人们承受的精神压力很大，在闲暇时追求的主要是松弛，而松弛的方式多种多样，因此读书难成气候；即便是在有限的读书人口中，又有很多人是为了升学考试而读书（这部分市场规模潜力不大）。正如一位香港资深出版人所说："在这种情况下，香港人的求知欲没有给挤压成渣滓已经是十分荣幸的事了。"由于香港始终没有像台湾地区或发达国家那样形成较具规模的读书风气浓厚的知识阶层作为图书市场发展的根基，因此本地图书市场的开拓一直十分艰难。

不少人认为，香港自己严格意义上的图书出版业只是在80年代初才初具规模，是伴随香港这一时期高速经济增长而来的产物。60年代香港出版业仅是一个雏形，出版的图书主要是小说类读物、消闲性读物，市场上大部分文化类中文图书靠从内地及台湾地区进口。相当部分出版社的主要生存之道就是翻印或盗印内地及台湾地区的书籍。当时香港的版权法规不很健全，图书市场比较混乱。香港出版业真正的发展是从70年代末80年代初开始的。那时，商务印书馆、三联书店、中华书局开始正式建立了自己的出版部；一些财团也开始进入出版业，形成了像博益、明窗这样的较大型的公司化出版组织；市场管理也开始健全起来。要估计出当前香港出版社的数量不太容易。正式向当局登记注册的出版社可能不下千家，但大多数徒具其名，只是名义上的出版社。据估计，每年出版几种图书以上的出版社不过300多家（据一项有限范围的抽样调查显示是338家），而其中21家出版社的出版物种数占了图书总数的52.8％，这20余家被认为是以出版为主业的典型出版社。

在香港出版业人士多年艰辛开拓下，到90年代，香港中文图书出版业的规模已相当可观，现在香港每年出版的中文图书种数大约稳定在2000多种，平均每百万居民拥有约400种，这个比例已接近或达到发达国家和地区的水平，而内地1990年时平均每百万居民拥有图书为60多种。1984年香港的人均拥有图书册数已达8.2册，比同期内地的人均拥有图书5.3册要高出一截。在香港这样有限规模的市场上取得这样的成绩是十分不容易的。香港出版业能达到这样的水准，与其图书市场上激烈的竞争不无关系。

二、香港图书市场的竞争特点

80 年代以前，香港出版业力量比较薄弱，出版的图书品种也较少，各出版社之间少有竞争。但是，现在香港图书出版业的竞争已十分活跃，无论出版哪一类图书，都会遇到同业的激烈竞争。竞争特别激烈的有口袋书类、教科书类，等等。一般说来，一种图书的盈利潜力越大，其所吸引的出版社之间的竞争也就越大。

1. 健全的市场机制引导出健康而活跃的竞争。

香港的竞争说明了只有健全的市场机制，才能引导出健康而有生机的竞争，才能起到奖优罚劣的作用，使有限的资源得到最合理的分配和利用。要证明这一点，必须选择香港图书市场中那些竞争最活跃、最有典型意义的图书类别来讨论。教科书市场的竞争就是一个很有意义的案例。

教科书市场一向是最受出版社青睐的，因为相对其他图书而言，教科书的读者是确定的，市场是可见的，而且规模较大，从一个较长的时期看，一旦占领，获利丰厚，因此，在许多国家或地区，它都是出版社力图夺取的对象。不少国家或地区，用管制的办法来分配，即由政府教育部门指定某一家或几家出版社出版，甚至还可以指定批发、零售机构销售，中国大陆和台湾地区都是如此，因此很难谈得上什么竞争。可是香港却反其道而行之，选择由市场公开竞争来决定教科书出版权的归属。于是每到中小学将采用新的教科书时，各家出版社便纷纷登场，无不以争取挤进这一市场为乐事。今年秋季，香港中小学统一更换一部分热门课程的教科书，如中小学的中国语文、中学的历史和文学、中四及中五的英文等，而此时又适逢香港教育署宣布进一步放松对课本的审查，这对出版社来说无疑是福音。这次他们面对的市场规模是：全香港 53 万小学生、44 万中学生，另加澳门若干所中学。以每人平均每年购买 300元钱的课本计，其利润前景颇为可观。为此，有 20 多家出版社推出了自己独具创意的教科书。仅以中学语文教科书为例，经教育署初审，确定将其中 17 套课本向全香港中学推荐。于是，一场竞争就在这 17 家出版社之间展开了。

然而，加入这场竞争的代价是十分巨大的。推出一套新的教科书往往要提前两三年就开始组织，而且推销费用十分巨大，仅就香港今年出版的 10 本一套的中学语文教科书而言，向每个学校送样书一项，就要花去一百多万元。10 本一套新教科书的一次性投资额，据行内人士估计，不下 300 万元。一些大出版社，如牛津、商务等，今年出版的各类中小学教科书都有三四套共 30 多本，故它们的一次性投资额当在 1000 万元以上。由于一次性投资数额巨大，这就要求得到足够大的市场份额才能保本或有盈利。据估计，这 17 家出版社中，大约只有 5 家能够在一年内持平或盈利，其他出版社则会失败（由于一套成功的教科书的使用年限一般都在数年以上，因此，从一个较长的时间段来看，这 5 家出版社的盈利是相当可观的）。竞争激烈之程度，由此可见一斑。

引人注目的是，竞争如此激烈的教科书市场，虽然不能完全排除不正当竞争或不公平竞争，但并没有给它留下多大的空间。人们可能担心，由于政府管之甚少，会不会导致有些没有良心的出版商粗制滥造，在市场争夺战中使出一些见不得人的花招，把他们质量低劣的教科书推销给学校。严格说来，在任何市场竞争中，尤其是在资本主义市场竞争中，不正当的手法总是存在的。香港今年就曾出现过企图通过贿赂学校负责人来打开教科书市场的行为。但是，就香港的情况而言，想通过使用见不得人的花招把质量低劣的教科书打进学校却是不可能的。因为，一套课本要打进学校，先要经过教育署的审查，还要通过任课老师、中文科主任和校长这三关：课本进入学校后，又有家长、出版业同行和社会人士这三关。试问又有哪一家出版社的老板有如此能耐，使一本粗制滥造的图书能顺利通过这么多关口而实现自己的目标。而且，贿赂行为一旦暴露的话，出版商会遭到效率很高的廉政公署的司法检控。

香港目前在教科书市场竞争方面暴露的主要问题是存在某些不公平竞争的情况，即有些出版社采用捐赠一笔钱或教学用具给学校的手法来进行促销活动，以此占领一部分市场。然而，事实证明，在健全的市场机制下，这种手法不见得就是最有效的。如前所述，由于在香港影响教科书选择的权力广泛地分散在社会各方面，因此要影响这么多方面，最好的办法还是出版富有创意的高质量教科书，并进行公开的宣传推销活动。在各家出版社的宣传推销战中，社会比较后自会选出质量最好、最适合大多数人要求的教科书。这就是拒绝采用捐赠手段促销的牛津出版公司、商务印书馆等仍能占有教科书市场最大份额的原因之一。

即使对出版商个人来说，严酷的竞争压力和健全的市场机制也迫使他不能有投机取巧的侥幸心理。一位出版商说，出版工作无不战战兢兢，打起十二分精神，"这两年来几乎没有一个晚上睡得安稳"。七位数的投资，稍有疏忽就要全部泡汤，能不使他认真对待吗？

从目前公众和大众传播媒介对新出的这 17 套教科书的反映看，这批书的质量普遍受到肯定，认为其中虽然可分出高低，但没有一套是质量低下的。把它们与旧课本进行比较，都可以发现其中有明显的进步。

教科书市场由于总规模是既定的，竞争的只能是市场份额的多寡，这是一种最典型的市场竞争行为。由于基本公开、公平的市场竞争，迫使出版社在创新上下工夫，也使得人们有可能选购创意最足、质量最好的教科书，从而使得竞争起到了优化资源配置、提高质量的理想作用。香港的经验表明，要使得竞争真正起到这种优胜劣汰的作用，关键在于有一个健全的市场机制。试想，如果教科书市场要由政府来管制，市场竞争就可能变为争取政府官员的竞争；或者，如果这一市场为地区行政隶属关系割裂，每家出版社在各自割据的市场上就只感受到较小的竞争压力，购买者比较优劣的范围就会受到限制，结果这 17 套课本都能登堂入"市"，大家都分一杯羹，成为中国特有的"品种竞争"了。显然，只有在健全的市场机制下，才可能出现这样一种情况：出版社如果不在创新上下工夫，不在质量上赢过对手，就不可能真正在竞争中获胜。

2. 引入新的经营观念，角逐新的市场。

80 年代香港经济的高速增长也促成了当地流行文化的兴起，香港人的自我意识加强，用粤语或所谓"三及第"（夹文、夹白、夹粤语）文字写作的流行读物（小说类和非小说类）十分受欢迎。其中口袋型图书异军突起，大行其道，成为香港中文图书出版的一种新潮流。

所谓的口袋型图书，通常是指宽约 11 厘米、长约 17 厘米，纸面普通印装、售价低廉的消闲性或软性读物，题材主要为现实小说、科幻小说、爱情小说等。一般认为，口袋书在香港最早出现于 80 年代初期，由博益出版公司率先开创，市道日隆，以后明窗、友禾等出版公司也纷纷加入，到 80 年代末发展达鼎盛期。1988 年口袋书占香港全年书籍出版种数的 20.9%，1989 年占 27.4%，到 1990 年竟高达 41.6%。只是今年以来才方见式微。由于口袋书销路好，加入其竞争的出版社也越来越多，各出版社为争夺这块市场占有份额而不遗余力，创意颇多。据商务印书馆（香港）有限公司 1990 年抽样调查资料显示，出此类书的出版社中，出书数量前十位的出版了 81% 的口袋书，其中最大的三家——博益、明窗和友禾就占了 55.3%，其市场集中率可以说高得惊人。这些出版社都是以出版口袋书为主业的机构。

在短期内口袋书从无到有，并成为图书市场的新潮流，这一成功并非偶然，它是出版业人士引入新的商业化经营观念，并加以创新性实践的结果。

首先，这些出版人认定，只有迎合社会上最大多数人的口味，才能赢得规模可观的图书市场，才能取得投资的成功。从这种角度看，他们的目标并不是图书文化上的价值，而更多的是紧紧追随大众的娱乐口味。他们意识到，社会上出于知识爱好而读书的人数毕竟有限，要扩大这类读书人队伍旷日长久，从投资上看毫无可取之处。而那些消闲、娱乐读物的读书人队伍却十分庞大，且容易争取。因此，他们选择以流行文化为主题。这类图书的推销弹性大，即宣传推广工作的多少和好坏直接左右了图书的销路。口袋书出版社在争取公众传播媒体宣传上一反常规，无不投入重金，其手法与大众消费品的广告宣传手法相类似。一般说来，香港出版社用在图书宣传推销上的费用要远远高于内地的出版社，而他们在推销口袋书时费用又要远远高于一般类图书。博益出版公司在其初创时期，依靠其无线电视台的背景，每周在收视率很高的黄金电视时间播出5秒钟的新书广告，形成了很强的竞争优势。值得注意的是，像博益、明窗这样的出版公司进入口袋书市场受到一些财团的支持，资本雄厚，一开始就根据商业投资的原则来管理、开拓，所以发展势头甚猛。

其次，这些出版人把图书的出版视为大众消费品那样来组织生产，把资金利润率作为主要的经营目标。他们确定初始直接投资尽可能省，回收投资期限也要较短。他们对单位出版成本的控制水平在同行中是首屈一指的。博益算得上是一个很典型的例子。在经营上，他们有不少大胆的创新。一开始他们几乎不预垫流动资本，因为前有宣传开路，书印出来后一般在两三个月内就能卖出第一版，其回收的销售收入足以偿还印刷厂预垫的资金而有余。他们决定让口袋书像可口可乐那样大规模生产，每周推出好几种书，不断注入口味多变的市场，而很少依赖重印书去扩大市场。图书第一版卖完后，除非比较畅销，一般不再重版，其空位由新品种填入，仅求保证第一版有较高的起印数（一般都在 5000 册以上，这样的起印数在香港已十分可观）以盈利。只要在尝试中发现其中有比例不算高的图书能够畅销并多次重印，其盈利就十分可观。另一方面，由于博益保证每隔一段时间给印刷厂数种新书的印单，并且每种书都有较大的印数，这就加强了自身的谈判力量，赢得了打折扣的印刷费用。而且他们还尽量压缩人工费开支，把书稿的三审简化为一审，使编审速度大大加快，形成类似工厂的流水线作业。这些做法给香港出版业带来很大的震动。

香港的经验似乎表明，同类图书间的品种竞争也可以是健全的市场行为，也会起到有利于促进出版者创新、增进消费者福利、优化资源配置的良性作用。对照内地图书品种的恶性竞争问题，我们感到，品种竞争之所以可成为积极的竞争，在于其品种本身有足够大的推销弹性，可以通过品种竞争占据足够大的市场来保证其合理利润。而内地的品种竞争发生在地区市场分割的背景下，图书本身的推销弹性往往也很有限，竞争的结果不是保证了有吸引力的品种的发展（因为即使有吸引力的品种也只在有限的地区市场上销售），而是打击了它们的生存，因此这种竞争不能产生优胜劣汰的进化作用，当然也无法鼓励出版者从事创新活动。

激烈的竞争迫使香港出版业人士把眼光牢牢地盯住新市场。进入 90 年代后，随着香港经济从劳动、资本密集型向技术、资本密集型的转变，出版业的有识之士开始关注电子出版物的开发。他们意识到从纸张印刷发展到电子出版是一场新的革命。电子出版物能给人们带来工作和学习上的诸多便利，它那种集图像、文字和声音于一身，寓教育、知识与娱乐于一体的特殊功能，显著地提高了人们的求知欲望，还给人们带来生活上的享受。而且，电子出版物最终会降低出版成本。今年以来，万里机构出版有限公司推出了"CD 版万里有声丛书"，香港商务印书馆也在筹划出版电子词典。联合出版（集团）有限公司更是高度重视这一发展趋势，成立了电子出版发展小组，着手制订不同层次的多元化电子出版的发展方案。可以预料，在今后三五年内香港电子出版物市场的空间将会扩大，从而吸引更多的出版社角逐这一新的市场。

3. 注重销售手段的竞争和创新。

一本书生产出来后，即使它确实是很多人想买的，但如果仅仅放在书店里零售而不作推销宣传，知道的人还是很有限的，无形中会失去很大一块市场。一个地方的图书市场是否注重图书的销售，决定了该地出版业争取潜在读者的能力，反映了其内在素质。香港在销售手段上的竞争做法和创新，反映出它已经具备了一个较成熟的、发达的图书市场的若干基本条件。

如前所述，香港出版业在畅销书的推销宣传上有上乘的表现，其实，即使是对一般图书的销售，也有许多值得内地同行重视的经验。我们已经指出，香港本地的图书市场狭小，一般图书第一版的印数通常在 2000 册至 3000 册之间，其销售上的困难比内地多得多。出版业人士普遍认为，这两三千册图书在一年内卖完已是成功的了，在两三年内销完也算是可以的，只有在四年以上销售完的才算是失败。这种严酷的现实迫使香港出版社高度重视图书的市场推广工作，绝不甘心让读者过多承担搜寻图书信息的负担。最通常的做法是，在图书面世前夕先在有关大众传播媒体上做宣传，一般是在报纸杂志上发表介绍文章和刊登广告；重点图书的推销宣传工作则早在出书前几个月就开始筹划，出书时会在本港主要的报纸上都推出介绍文字或广告，在各零售网点张贴海报。据我观察，香港的一些主要出版社每周都要在本港几家主要报纸上分别刊登各类广告。他们还经常为某些重点图书举行酒会、招待会、讲座、研讨会、表演会和专题展览等，以促进销售；他们还定期为某些偏远地区举行综合书展；他们还组织黄昏约会、午间小聚等活动来刺激读者的消费欲望；有时他们还会邀请知名人士对某种图书发表看法；有时还用重新调整铺面、折扣优待、抽奖等方式来吸引读者，可谓创意十足，花样繁多。我工作的香港三联书店属下中环门市部和荃湾文化广场，在今年2—6月份进行的各类促销活动就分别高达16次和17次。尤其是荃湾文化广场那充满浓郁文化气息的店堂布置，使许多读者流连忘返。香港商务印书馆今年8月趁其所属沙田图书广场搬迁之际举行大减价，为了搞好这次活动，他们连续数日在香港主要报纸上刊登大幅广告，广告中热情洋溢的谢幕词不知吸引和感动了多少沙田读者，而且再一次树立了商务印书馆在全港读者中的良好形象。

除了争取新顾客外，稳住一批老顾客也是十分重要的。香港一些出书品种较多的大出版社都相当注重与读者的经常性联系渠道，三联书店是用书会的形式建立起一批自己的读书人队伍。书会类似于西方国家流行的图书俱乐部，它拥有一批会员。出版社或书店按这些人的兴趣爱好分类，定期向他们寄新书目录和简介，并给他们购书的折扣优惠。这种组织在开辟海外市场方面显得特别重要。

在日常的图书销售工作中，他们比较重视出版社与书店批零网络的联系。如同内地一样，争取书店多订货是十分重要的。但除少数例外，香港出版社并不把多大希望放在征订上。香港书店进货的典型情况是看样书进货。出版社派一些业务员拿着新出的样书去各主要书店上门推销，行话称"跑街"或"行街"。除了送样书推销外，行街的重要工作是同各门市零售点建立良好的关系，主动帮助门市查点缺货情况，以便及时补充。那些没有自己批零系统的小出版社则寻找大的独立图书批发商代理发行。出版社之间还在争取书店增加新书摊开陈列的比率及延长其摊开时间上竞争。据认为，一本新书若摊开平放在较醒目的位置上，可使销量增长七成。各出版社无不争取将其新书摊开销售。比较而言，内地的出版社在争取书店和读书方面的差距还是很大的。内地图书的"买书难、卖书难、出书难"问题，正是与这一点直接相关联的。

三、香港图书市场竞争给读者带来的好处及其启示

　　总的看来，香港的客观条件并不很有利于出版业的发展：香港人口不多，读书风气不盛，与其人均收入的成绩很不相称，人均图书消费尚不及个人消费总开支的 1%，新版书要卖到 1500 册至 2000 册以上才能保本，而这可能需要出版社花很大心血推销两三年才能勉强实现；香港的书店零售网点虽然有上千家，遍布全港各地，但以卖非畅销类图书为主业的书店却只有 30 来家；由于香港寸土寸金，书店的营业面积也十分局促，出版社得不到政府的多少保护，市场是向国际上完全开放的，他们要面临来自国外、内地和台湾地区等图书的竞争；而看上去如此窘迫的市场上，却有几百家出版社挤在一起争一口饭吃，等等。但是，就是在这样一些不利的因素下，香港图书市场取得了今天这样令人瞩目的成绩，这在很大程度上应归功于竞争的作用。健全的竞争机制，富于开创进取精神的专业人才和经营观念，以及运转灵活有效的销售系统，这些构成了香港出版业发展的主要因素。

如果我们将香港的情况与内地作一比较。不难发现香港购书者享受的这些由图书市场上生产者之间激烈竞争带来的好处，是令人羡慕的。目前香港大型书店日常上架陈列的品种不下 6 万种，一般书店也有上万种。为在有限的空间内陈列更多的品种，一般上架陈列的复本数不超过 3 本，并采用书签方式及时发现售缺情况，及时添书。添书工作占了营业员日常工作的一半时间。香港的批发商非常关心图书售缺情况，大批发商一周免费送货三次，小出版商自行送货虽有一定起算金额，但效率很高，上午电话要求送书，有时下午就能送到。各零售书店无不力争将库存压到最低限度，很少超过 10%。读者遇到想买已出版的图书而买不到的情况，比起内地来要少得多。香港出版的图书，有不少有重印机会，即使只印一版，此书在两三年内一般也不会从书店的书架上轻易消失。那些不常逛书店的人，也能从各种各样的书展及传播媒介上得到新书的信息。而那些根本没有主动想到去读书的人，受各种宣传的影响，走在街头买报时也会为流行书的时尚内容吸引而成为买书者的一员。至于香港的中小学生更是直接享受到了课本竞争给他们带来高质量教科书的好处。

对比内地图书市场目前由于受到买方市场的压力而呈现出的"出书难、卖书难、买书难"局面，我们感到香港图书市场的竞争特点从多方面给我们以启示。其中最重要的是，竞争无疑是解开这"三难"的根本出路之一。没有市场压力，没有竞争，就不会有创意，也就不会有图书市场的繁荣。当然，不同性质的竞争作用是大相径庭的。健康而健全的竞争把市场引导向对出版、发行、读者最有利的方面，而恶性且畸形的市场竞争只能给这三方面都带来更多的困难。内地图书市场在未来的长期发展中如果能吸取香港图书市场竞争的若干可用经验，一定会有所裨益的。

论图书出版经营的创新

原载《编辑学刊》，1992 年第 4 期

无数的事例已经证明，创新对于一家企业、一个行业乃至整个经济的发展来说是至关重要的。现在人们常说的企业家精神的核心，就是创新。按照 1800 年前后法国经济学家萨伊的经典说法，创新或企业家精神也就是"把经济资源从生产率较低、产量较小的领域转到生产率较高、产量更大的领域"。或者说，创新就是赋予资源创造财富的新能力。创新可以是技术上的，也可以是工艺上的，同样还可以是经营管理上的。不论创新来源于哪一种，它给人类经济发展带来的重大作用都早有公论。据测算，从 50 年代到 70 年代，西方发达国家创新对国民收入增长的贡献，一般在 50％—70％左右。[1] 本文结合中国香港地区、美国和中国内地等的情况，讨论创新对企业、主要是出版企业这一微观层次的影响。

---

〔1〕　参见 E. F. Denison, W. K. Chung, *How Japan's Economy Grew So Fast: Sources of Postwar Expansion*, 1976。

一、概念

创新直接关系到企业的生产成本，对企业的产出（产量和价格）、利润水平以及长远发展均有直接影响。下面我们试用一个简单的模型来说明这一点。假定有一家出版社，只出版特定种类的书籍，产量设为 Q；所处的行业是不完全竞争的（这个假定是说，虽然这家出版社每出版一种图书都会形成与出版同类图书的出版社的竞争，但是由于各种图书品种之间的差异，使得这种竞争并非是严格的此消彼长的竞争，因此该出版社面对的需求线是向右下方倾斜的，而不是水平的）；这家出版社的经营目标是力图使所获利润最大。这样，创新就可以从三个方面提高出版社的利润水平。

第一种情况是使该出版社的出版边际成本下降。这是很常见的情况。例如，合理化管理后编辑审稿改稿速度加快，采用高速印刷机印刷致使大印数图书单位成本下降，等等（见图1）。

我们知道，在不完全竞争时，利润最大化出版社将会使其边际成本（MC）等于边际收入（MR），其中 MC 和 MR 分别

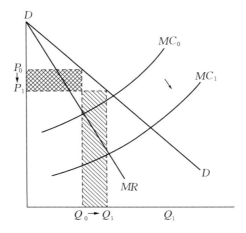

图 1　出版边际成本下降

是从总成本线和需求线（DD）中派生出来的，即在创新前有 $MC_0 = MR_0$，而创新后有 $MC_1 = MR_1$。由于创新，使得出版社的图书单价下降（$P_0 \rightarrow P_1$），产量增加（$Q_0 \rightarrow Q_1$）。出版社由此增加的收益为图中斜条面积减网格条面积之差所示。

　　第二种情况是 DD 线平行向右上方移动，这是指这类图书的市场需求扩大（见图 2）。

　　这时，D_1D_1 为平行移动后新的需求线，MR_1 是新的需求线派生的边际收益线，同样，根据 $MR_0 = MC_0$，$MR_1 = MC_1$ 的原则，结果是创新使出书的数量和单位都扩大了。扩大的收益如斜条阴影所示。

　　第三种情况又有不同，即创新使该出版社面对的图书

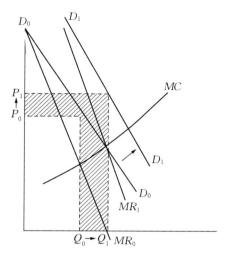

图 2 市场需求扩大

市场的需求线弹性发生了变化,从较小的弹性转变到较大的弹性,或者说从图 3 看是由较陡直的 D_0D_0 转变到较平坦的 D_1D_1。这种情况是指该出版社把出版的品种从读者较固定、对价格反应不敏感的市场转变到读者面较广、对书价反应较敏感的市场。不过,这时新的市场起始需求水平也可能较原来的市场低。比如说,假定原来的图书要定 50 元才不会有人购买,而现在新的图书定价 40 元就不会有人买了(见图 3)。

这时,新的需求线 D_1D_1 的起始需求水平较原来低一些,但由于需求弹性增大,在一定量之后(即图书销售超过 E 点

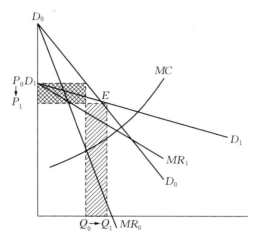

图3　需求弹性增大

后），新市场的需求规模就比原市场大。假定这时 *MC* 与新的边际收益线 *MR*₁ 相交，新市场的收益就会超过原来的水平，即价格略有减少，但销量有很大增加，新增的收益由斜条阴影面积减网格条阴影面积之差所示。

当然，在实际创新中，这三种情况可以同时出现。到目前为止，我们假定市场结构不变，但在长期中，创新的出版社由于在销售方面成绩突出，很容易逐步在市场上扩大其图书的占有份额，而那些未能适应这种变化的出版社则会失去一部分，甚至是全部市场。因此，创新对出版社的长期发展也是至关重要的。

二、图书出版经营中创新的重要性

长期以来，出版业在经营方面给人的印象是偏于保守。正统的出版社和书店一般都是依靠有限的出书种类和较为固定的销售渠道来经营图书的，服务的人群也就是那些经常光顾书店的所谓"爱书人"。出版业在经营上坚持传统做法，对其他行业的竞争发展视而不见，而其他行业的企业也的确因为出版业利薄无吸引力而很少进入。这样，出版业的经营风格相对于其他行业，渐渐显得落伍了。

至今为止，出版业相当多人士在看待其他行业的创新经营上，一直是有自己的见解的，强调出版业的经营有自己的特点，不能照搬其他行业行之有效的办法。一种意见认为，图书不是一种简单的消费品，它有着特定的文化内涵，因此不能把它等同于其他一般商品来经营；在经营图书时不能只想着盈利，而必须带有一些超出普通生意人良心要求的社会责任心，促进社会文化的传播。所以，图书就有了其特定的内涵。一本质量好的图书，不只是畅销的图书，而且还应该具有较高的文化价值。另一种意见承认盈利成绩是经营成功与否的重要标志，但从另一方面又指出，出版业发展限制太多，读者群人数有限，推销的余地不大，而且同业内竞争又相当激烈，能做到保本微利就算不错，大多数出版社和书店都在艰苦支撑，盈利纪录很糟。总之，上述两种意见都认为，创新经营在出版业没有施展的余地，只有那些大众消费品行业或高技术行业才是创新经营的用武之地。

图书质量具有双重标准的说法，从一般意义上来说无疑是正确的。但是，如果在图书的经营过程中把其推向极端，结果却可能是有害的。假如图书经营者对发展文化有其个人偏好，那是一回事；但如果将此引以为经营的一般准则，却可能作茧自缚，阻碍手法上的创新。[1] 从商业的角度看，一种产品或一项服务的"质量"并不是生产者自以为是的东西，而是顾客的评价和愿意花钱购买的东西。正因为我们相信顾客只会花钱购买对自己有用或有价值的东西，所以我们才相信买的人越多，表示人们对产品的评价越高。这就是质量的含义。我们固然相信文化素养高的读者知道选择购买高质量的图书，也同样相信那些普罗大众懂得买什么书才是对他们最有价值的。这就是经济学所说"消费者主权论"。如果不是这样来考虑问题，我们

---

[1] 本文不赞成以图书质量具有双重标准为理由来排除创新经营在出版业中的作用，并不意味着笔者否认图书具有特定的文化内涵，是一种特殊的文化商品。

就可能将社会上很大一部分读者拒之门外。

至于将图书出版业发展受到的限制过多，读者群人数有限，作为无法创新的理由，更是站不住脚的。因为早有不少事例表明，如果把图书出版作为一项竞争性商业投资来认识的话，很容易出现创新的机会。

先以美国为例。美国以前并不是一个买书很盛的国家，部分原因是免费借阅的公共图书馆到处都有。50年代初出现电视后，把越来越多的美国人，特别是青年人引到电视机旁。在这种情况下，人人都认为书籍销售量会急剧下降，出版商开始一面倒地搞多种经营，进入教育影片或计算机软件等领域，大多数完全不成功。但是，几十年来，美国书籍的销售量并没有猛跌，而是扶摇直上，书籍销售额增长速度比家庭收入、读书年龄人口或是有高等学历的人数这些指标显示的增长要快好多倍。出版商和发行商虽然知道这种变化，但却无动于衷。他们没有意识到，除了老顾客，即传统的书店购书者之外，还正在出现新的顾客群，即"购物者"。但明尼阿波利斯市和洛杉矶市的百货公司等几家大型零售商店却利用了这个意外情况。这些人过去与书籍没有任何关系，但是他们都谙熟零售业务，他们开办了与美国先前的任何书店完全不同的连锁书店。这些书店基本上是自选商店。他们把书籍不是当作著作，而是当作

"大众商品"。他们专心注意的是每一货架单位产生最大美元销售额的销得快的货品。这些书店开设在房租高但往来购物顾客也较多的商业中心区，这些书店的经理没有以"文化人"自许，因为他们以前可能不过是化妆品的售货员。然而，正是这群外行完全取得了优势，使这些书店成为 70 年代以来美国零售业中最成功、发展最快的部门。[1]

如果说美国出版商和书商曾经错过了极好的发展机会的话，那么他们的中国香港地区同行在十多年后不幸又重蹈覆辙，再次拱手将创新机会让给了别人。80 年代开始，香港经济进入高速发展阶段，居民收入有了很大的提高，本地流行文化兴起，用粤语写作的小说类消闲型读物（口袋书）大为流行。[2]这本来是香港出版界人士倾力投资、抓住这一新市场的极好机会，然而实际上却正好相反。进入口袋书市场的是外来的财团，最早以博益、明窗等带头，后来又有友禾等。他们再次用美国连锁书店的办法来建立市场网络，到处设摊，像大宗产品那样生产口袋书，用商业投资的眼光来确立经营目标，不论在出版单位成本、出版周

---

〔1〕 参见［美］彼得·德鲁克:《创新和企业家精神》，中国企业管理出版社 1989 年版。
〔2〕 近年来，香港人的阅读口味有了一些变化，他们中的一些人读书已不再纯粹是为了消磨时间，而是为了追求知识，因此口袋书的题材也逐步扩张，知识性、实用性的口袋书纷纷出版，尤其是财经或工商管理系列的口袋书在市场上颇受欢迎。

期、零售网点、推销宣传、零售书价方面，还是在盈利、资金周转等方面都取得了令出版界刮目相看的成绩。尽管仍然有许多出版业同行指责其图书粗制滥造，但是也不得不承认购书者并不那么挑剔。结果是，1988 年口袋书占香港地区全年出版书籍种数的 20.9％，1989 年达 27.4％，到 1990 年竟达 41.06％。出版业引入创新经营的结果，是原来的出版社失去了越来越大的市场。传统出版社的图书不再是图书市场的主流，他们在市场上所占份额，不论在数量上还是品种上都大大下降了。[1]

　　美国和中国香港地区的经验都表明，经营手法上的创新在处境艰难的出版业不仅完全可能，而且还十分重要。这些创新对盈利都有积极的影响，或是降低了出版成本；或是利用了需求猛涨，甚至创新本身也刺激了需求扩大；或是利用了新一类市场的优势，如从读者范围有限的传统知识型图书，转移到需求弹性较大的口袋书市场（见图 3）。这些新的经营手法给同行带来了很大的冲击，比如口袋书的出版商将直接成本压到很低水平，但对摊销费用却不惜重金投资，以及采用与传统书店格局大不相同的零售网点来促销，等等。现在，出版业越来越多的有识之士感到传统经营方式有必要加以革新，以适应变化了的环境的需要。

---

[1]　有关香港口袋书市场的详细介绍，请参见拙作《出版竞争与创新》,《编辑学刊》，1992 年第 1 期。

三、出版业创新经营的开展

1. 认识出版业的特点，选择适当的经营策略。

总的说来，出版业是一个比较容易进入的行业，出版一本书所需要的资金十分有限。香港地区有许多小出版社一年出书不过几种，资金负担也很轻。这就使出版业的竞争一向很激烈，要想取得突出的成绩并不轻而易举。其中，各种类别的图书各有特点，其盈利的潜力和经营销售的手段也各有不同。在选择适当的进取性策略时，认识这些特点是很有必要的。

下表是笔者根据各类图书经营的特点给出的一个示意性的说明。

特点 / 分类	初始投资量	需求弹性	市场潜在规模	市场风险	销售周期	盈利潜力
教科书	大	无	大而固定	无	长	大
实用工具书	较小	小	较固定	小	一般	较大
一般知识类书	小	小	一般	大	较长	小
大型画册等贵重书	大	较大	有限	较大	长	较大
畅销书（口袋书）	较小	大	较大	大	短	大

注：表内的分类是最初步的，我们还可以对其作进一步的细分。

一家出版商在决定出版一种书时，要权衡以上这些因素。他要确定的第一件事，就是要估计这类书的市场会有多大，这是判断是否值得投资的关键。教科书的市场是大而固定的，事先完全可以估计到；但一般知识类图书的市场就不会很大，而且也很难预测得出。需求弹性也很重要，我们在图3中曾说明，仅仅由于市场需求弹性的扩大，销售额就会有可观的增长。需求弹性是指购买者对图书的价格变化是否敏感。对课本来说，既然是学生非用不可的，即便价格上升，需求量也不会减少；但畅销书就远非如此。人们看消闲书是为了打发时间，而打发时间的方式有很多种，因此，消闲书的价格即便上涨一点点，都可能把一部分顾客赶走。需求弹性的高低还决定了打开市场的难易程度，决定了推销宣传的重要与否。一般学术类著作市场需求弹性小，读者群有限，扩展很难，因而用大笔资金投资于广告推销就没有必要；而畅销书需求弹性大，广告推销可以吸引许多原来不想买书的人来买书，因而这方面投资就需要大一些。当然，教科书是一个例外，这类书需求弹性虽小，但打开市场也不易，因为在教科书市场上竞争的主要是既定市场中的所占份额，而不是扩大总的市场购买者人数。初始投资量与销售周期也是决定是否出版一种书的重要因素。虽然大型画册等贵重书附加值高，盈利潜力较大，但初始投资大，且销售周期长，因而收回资金就比较慢，因此在投资时对打开市场要有较大的把握才行。

比较以上这五类图书的盈利潜力和投资代价，我们并不能提出一种简单的判断来表明哪一类图书最值得投资。比如说，初看上去，畅销书盈利能力强，投资量也不大，读者面又广，回收资金也快，可是在畅销书领域竞争极其激烈且失败率也高。尽管如此，我们仍大体可以看出哪一类图书给创新经营留下较大的余地。相对来说，畅销书市场需求弹性大，销售周期短，对于商业化投资最有吸引力，适合于大批量生产。而一般学术类、知识类图书读者群较为固定，发现更潜在的可争取读者的成本很高（如果这些人不来书店逛，我们很难去发现他们），又由于盈利潜力不大，不适于商业性投资，在这一领域施展创新就比较困难。

不过，所幸我们讨论的是一个出版社，而不是某一类图书的出版社面对的创新经营问题。一个有创新意识的出版社不会把眼光仅仅放在那些没有多大发展潜力的品种上。即便出于某种个人的责任心，他愿意出版那些获利微薄的传统书种，但他也完全可以同时把一部分投资转入新兴的、投资收益高的领域，尝试用新的方式来经营那一部分业务。书店也是如此。比如香港地区许多书店都利用其地处繁华商业区的优势，在书店兼卖获利较高的文具、录像带、照相机、激光唱片等，这甚至已经是不能再称之为"新"的业务，因为在大多数出版社和书店那里，这已经是正统的经营方式了。另一种方式则更进一步把较大的一笔资金投入建立一种全新的书店。这一书店的目标一开始就不是仅仅争取数量有限的读者阶层，而是争取购物者。把书店设在购物中心，支付高昂的租金，指望靠满足多样化的购物者需要来吸引规模较大的购买人群。像香港三联书店尝试建立的荃湾文化广场就是一个比较成功的实例。这个事例表明，传统的出版社、书店完全可以把业务伸入全新的领域，发现那个领域日益增长的需求，并取得成功。

2. 传统图书出版经营领域也有很大的创新余地。

许多出版社尽管认识到经营口袋书有较可观的盈利，但由于各种原因仍然不打算加入那个领域，那么，他们是否就因为坚持传统领域经营而不再有创新的余地了呢？

创新的实质是比较经营的不足和成绩，从中发现新的机会。只要企业家具有创新意识，即使在传统图书市场上，创新经营仍然大有可为。

比如，大家知道，在海外，书店进书时由于对书的内容不甚了解，一般要看样书才订货。有些出版社感到这种方式太费时费力，于是改用印寄样张的办法来代替，结果很受书店的欢迎。样张正面是书的封面，从样张上可以了解此书的装帧印制的概貌；背面有详尽的内容介绍、目录、作者简介等，了解了这些内容一般可以判断此书的销路。这种印寄样张订货的方式对于出版社也是有利的，有利于出书的计划性。这种方法最早在西方出版业流行，介绍到中国香港后也颇受欢迎。目前中国内地也有不少出版社在试用这种方法。从效果来看，它称得上是一个成功的创新。

在图书促销上，出版业一向有一些成功的办法，如月度、季度、年度的各类书展（既是推销新书的机会，也可借机折扣处理一批滞销书）和书会或读者俱乐部（掌握稳定的读者群），等等。[1]其中尤以购书券方式促销最引人注目。购书券是一种不可转让的有价证券，一般用作送给亲朋好友的礼物，由送礼人向书店购买一定面额的书券后，贴在专门的贺卡上一起作为礼物送给亲朋好友。持有书券人可以凭书券上所列的金额在有关书店购买任意选择的图书。购书券最早产生于1932年的英国，30年后，英国书店从购书券中获得的总收入猛增到93万英镑，比初创时总收入增长了60倍。购书券对送礼人、受礼人和书店都有好处，送礼人可以避免送出的书不为受礼人喜

---

[1] 关于香港出版业多样化促销手段和活动的介绍，参见拙作《出版竞争与创新》，《编辑学刊》，1992年第1期。

欢，受礼人之买书也可增进其读书机会，而书店的得益显然最大。由于用购书券买书的顾客不太挑剔，那些通常用现金支付销售不掉的书也容易销掉；而且人们发现持券人到书店买书额往往要比购书券实际面值多得多。这样一个简单的经营创新，争取到一大批额外的需求，其经验给人以启发。其实退一步想，我们今天出版业实行的许多已成为正统的促销做法，都还不是当年前辈人士大胆创新的结果。英国著名出版人托马斯·乔伊在 30 年代时受到百货商店清货展销的启发，提出在出版业也搞降价大展销的想法，可是却被当时大多数书店视为离经叛道，直到 1954 年经多方努力才促成举办第一届全国图书降价展销会。[1]

　　香港是一个图书市场发展潜力十分有限的地区，开拓海外市场是其长期发展中的必由之路。然而，海外市场是香港地区的出版业人士并不很熟悉的。海外市场既充满着机会，又有很大的风险，对于锐意创新的出版业人士来说，这是一个极富挑战的经营目标。一些有远见的出版业人士已经在思考以怎样的选题战略把中文图书打进海外各不相同的市场，用什么方式与海外图书销售网络建立联系。一种选择是以书展的方式对某地市场投石问路，成功后即直接建立零售网点；另一种选择是以

---

〔1〕 参见［英］托马斯·乔伊：《图书销售概论》，中国书籍出版社 1990 年版。

投资较少的发展海外书会会员的方式试探，或者是直接在当地寻找代理。这些方式都有一些取得了成功。

3. 在经营中建立创新意识应注意的问题。

首先，我们感到在观念上有必要建立一种共识，即图书经营的目标是商业性的，至于文化价值的高低取舍，作为一种外在考虑因素，应与这个目标相区别。经营的目标应该明确、单一，否则，不仅会妨碍经营创新，而且还会给不成功的业绩提供开脱借口。

其次，应当克服一些有碍于创新的习惯。一种习惯是老的出版社自视过高，只想占有自己熟悉的、有一定优势的那部分市场，对新进入者不屑一顾，这往往就放走了一大批潜在顾客，结果在变化了的环境中落伍，等到创新经营的新进入者占领了很大一部分市场时，要反击已经力不从心了。

再次，现有出版社最高管理层要高度重视创新对出版社发展的关键意义。在内部组织富有创意的新企业（新部门）时，必须同现有企业分开管理，并必须使新企业（新部门）享有特殊地位。高层管理人员中要有专人具体负责有关决策，以便握有实权的人物及时对创新企业针对变化了的环境提出的要求作出反应，调动各部门为创新部门服务。

创新经营是一种战略，而不是权宜之计。这是决定一家出版社兴亡的根本大计。它并不只是某个管理人员一时奇想，也不是简单地追随已经成功的出版家的做法，只有那些具有敏锐的觉察力，善于发现问题，寻求其背后的答案，并对市场充分了解的人，才可能开辟创新经营之路。创新经营显然有很大的风险，管理阶层要对有关策略作慎重的选择，并在出版社内要求各部门对创新的目标和计划达成共识，还要物色合适的人选负责具体组建工作。

创新经营是出版业走出自己所设局限的一条生路，也是出版业长远发展的要素；积极地在变化了的环境中寻找、发现新机会的人，才可能是掌握出版业未来发展主流的人。

现代出版组织的建设与党对出版工作的领导

原载《编辑之友》，2007 年第 1 期本文完成于 2005 年 11 月，韩卫东、谢岳同志参与了本文的写作。

出版业是社会经济文化生活的一个重要组成部分，同时也是政治生活的一个重要环节。出版活动能够将政治和社会生活紧密地联结起来，因此，出版工作不仅能够反映政治社会生活的状况，更重要的是，它还在很大程度上能够影响中国社会政治经济文化生活的发展进程。中国出版业的转型基本上与中国社会的转型是同步的，由于出版组织还承担着重要的政治和社会功能，因此，出版组织转型的成败会在一定程度上影响中国社会的政治转型和社会转型。本文的研究着重探讨，在新形势下，作为文化生产部门的出版组织，如何通过制度改革实现社会效益与经济效益同步增长的目标，如何通过制度安排既能够促进社会主义民主政治的发展，又能够有利于社会主义市场经济建设。本文以上海世纪出版集团的改革实践为研究对象，以政治学和经济学分析为研究方法，目的是通过对这一实践的研究提炼出一般性结论，为我国出版业改革提供一些有益的参考意见。

一、建设现代出版组织是提高党的执政能力的内在要求

出版组织是文化生产单位,它所从事的是影响人们精神活动的工作,同时还通过物质载体形成有形产品并经过市场交换获取物质回报。因此,出版单位的组织属性显然具有双重性。综观世界各国,尽管政治制度各不相同,图书产品传播的内容千差万别,但是图书出版组织的功能属性从本质上看是相同的,它们实际上都具有政治性和经济性双重功能,西方发达国家一些负责任的大型出版组织也在一定程度上以追求社会效益和经济效益的有机统一为目标。对于中国特色的社会主义民主政治建设而言,发挥出版组织的双重功能、实现社会效益与经济效益的有机统一显得更加重要。

出版组织的政治性来源于其与意识形态的关联性这个事实,它承担着意识形态宣传、政策执行与政治教育的任务。一般而言,出版组织的这种政治性还具有稳定性和持久性的特征,它通常不会因社会变迁而受到削弱,事实上,社会变革的步伐越快,出版组织的政治属性表现得越强。因此,不能以社会变革为理由而忽视出版组织的政治功能的发挥。

政治学的研究发现，出版组织政治性功能在政治发展过程中具体表现为如下几个方面：（1）图书出版活动能够帮助公民掌握基本的政治知识，知晓政权的运转逻辑；（2）图书出版活动能够帮助公民确立与政权相匹配的政治价值观；（3）图书出版活动能够培养公民对政权的政治情感；（4）图书出版活动能够宣传执政党的方针政策，是执政的重要手段；（5）图书出版活动能够成为社会发展的"润滑剂"和"稳定器"，通过教育和说服，能够在一定程度上消除群体之间的利益矛盾。

鉴于出版组织的上述功能，在中国特色社会主义现代化建设过程中，出版组织的政治性建设只能加强不能削弱，出版组织无论如何都不能放弃对社会效益的追求，其基本理由为以下几点：

1. 出版业关系到社会主义民主政治的合法性问题

任何一个现代政权都是得到人民同意而进行统治的，建立起人民的同意是现代政权的最重要的事情。人民同意不同意、人民认同不认同、人民拥护不拥护，这就是现代政治合法性的基本内涵。那么现代政权是如何实现使人民同意这个目标的呢？政治学的理论认为，图书等大众传媒是培养人民认同政权的重要形式和途径。人民的政治价值和政治态度不是天生的，而是通过后天的培养逐步形成的。人民在接触图书等媒体的过程中逐步地接受统治的信条和原则，建立起对政治制度的信任，从而能够长期地将自己的权利委托给政治统治者。

中国共产党领导的社会主义民主政权始终强调"人民当家作主"这一根本原则，坚定不移地将政权的合法性建立在"人民同意"的基础之上，其获得政权合法性的重要形式之一就是建立起中国共产党领导下的社会主义出版业，牢牢控制住意识形态宣传阵地，通过向人民提供精神文化产品，在广大人民中间树立起稳固的政治权威，人民的政治认同度较高，"没有共产党就没有新中国""只有社会主义才能救中国"成为全中国人民的共识。根据社会主义革命和社会主义建设的经验，我们可以断言，中国共产党领导下的社会主义出版业是社会主义民主政治建设不可替代的重要组成部分，这是人民民主专政的内在要求。

2. 出版业关系到社会主义民主政治的有效性问题

现代政权的有效运转仅仅有"合法性"基础是不够的，它还需要积极的政绩来扩展合法性，否则合法性只能是空中楼阁，并且合法性在缺少有效性的情况下最终会丧失殆尽，人民最终会收回他们的委托权。因此，现代政权都十分重视建立获得有效性的制度结构，其中之一的措施是建立起对包括图书在内的大众传媒的控制或主导。为什么图书等大众传媒会成为获得有效性的重要制度结构呢？其原因在于，图书等大众传媒能够形成有效性的前提条件，即人民对政策的理解和支持。没有人民对政策的理解和支持，政府就谈不上有效性获得。所以，图书出版一方面能够建立起人民对政治的原则性认同（合法性），另一方面，还能够建立起人民对政府的政策性认同。

社会主义出版业在开展意识形态宣传的同时，中国共产党还赋予其重要的政策宣传功能，社会主义改革开放所取得的各项成就与图书出版业的贡献是分不开的。每一项重大改革政策的出台都经过图书出版这个环节建立起与人民的联系，通过图书的宣传和解释，人民被动员起来支持改革，政策贯彻获得了最根本的动力。一句话，图书出版业是社会主义改革开放政策的"推进器"，是政策执行效果的重要保障，如果缺少这一环节，政策的功效就会大打折扣，从而影响到改革开放事业的各项进程。

3. 出版业关系到社会主义民主政治的稳定性问题

政治稳定对任何国家来说都至关重要，但是，每个国家又都避免不了政治不稳定因素的存在，因此，如何建立政治稳定机制，将不稳定因素化解为政治发展和社会发展的促进因素，是国家政权建设的一项重要内容。自从图书等大众传媒影响了人们的社会生活之后，各个国家在应对政治不稳定的时候都十分重视它们的功能发挥。图书出版化解政治不稳定因素的重要特点是其持久性和有效性。它通过长期的宣传教育能够培养公民良好的政治素质，从而减少冲突发生的可能性，降低政治冲突的解决成本。

在社会主义革命和建设过程中，我国的出版业发挥了积极的价值引导、化解矛盾的作用。一方面，文化产品的出版发行培养了人民高尚的集体主义情操，在利益面前，人民服从大局、舍弃小我；另一方面，出版业积极引导人们对改革的期望和认识，消除了人们在改革时期容易出现的对改革的高依赖、低风险的意识；同时，文化产品的传播建立起人们之间的沟通关系，各种利益群体在沟通过程中增加了理解，减少了相互之间直接摩擦的可能性。从这个意义上讲，社会主义出版业是改革开放和现代化建设的"润滑剂"。

据此可以认为，在社会主义现代化建设过程中，出版组织的政治性不仅不能受到削弱，事实上还应该进一步强化，出版组织的社会效益不仅不能放弃，而且还应该进一步加强。我们应当始终如一地坚持中国共产党对出版业的领导，保持党对图书出版的控制权。只有保持党对意识形态的领导地位，人民民主政权的合法基础才能得到巩固，社会主义民主政治的优越性和活力才能得到充分的发挥和释放，社会主义现代化建设事业才能一帆风顺地进行。

在社会主义市场经济建设的大背景之下，我们在强调现代出版组织政治性功能发挥、强调追求社会效益目标重要性的同时，不应当忽视出版组织经济功能的发挥，不应当忽视出版组织追求经济效益这个目标。作为文化生产单位，出版组织需要追求利益的最大化，需要引入市场机制谋求生产、经营和管理的最优效率，经济效益显然是出版组织的另一个重要目标。但是，这个目标的实现不应当成为实现社会效益的阻力和障碍，相反，出版组织的经济效益和社会效益两个目标之间应该相互兼容、互为前提、相互促进。在开放环境和市场竞争当中，如果党领导的出版组织在组织文化生产过程中不敌非社会主义的出版组织，那就等于将社会主义宣传阵地拱手让给了对方，意识形态的话语权将难以掌握在自己的手中。因此，只有当出版组织实现良好的经济效益，具备了强大的经济实力，建立了高效的管理体制，组织的竞争力增强了，党在出版组织中的政治地位才能够长期地牢固确立，出版组织的各项政治功能才能够得以很好的发挥，出版组织的社会效益才能得以很好的实现。所以，在社会主义现代化建设过程中，现代出版组织应当在两个目标之间实现平衡，注重出版组织政治功能和经济功能的整体性发挥，不能"一条腿"走路，社会效益是出版组织的根本，而经济效益则是实现社会效益的手段，只有在市场竞争中赢得主动，党的意识形态宣传才能赢得主动，只有坚持正确的社会主义文化宣传方向，社会主义出版业才能在激烈的市场竞争中永远立于不败之地。

很多人以为，西方发达国家政府对图书出版组织采取的是自由放任原则，政府只扮演"守夜人"角色。其实不然，西方发达国家不仅注重通过法律手段促进和保护出版组织追求经济效益，而且还重视通过各种手段影响与干预出版组织的社会效益的生产和管理。为了保护本国出版业、保护本国的文化，WTO 成员中只有四分之一的国家作出了开放其出版业的承诺，但是，这些开放其出版业的国家也通过关税和设置一些非关税性的贸易壁垒，进行有条件的承诺和开放。它们采取各种措施保护本国出版业。例如，利用关税调节出版业，有些国家对图书实行出口免税，而对进口图书则征收进口税。又如，设置非关税贸易壁垒，1992 年，加拿大政府制定了一项新的出版政策，规定外国投资者在加拿大出版业的投资只限于合资形式，并处于政府有关部门的严格审批和控制之下，加拿大出版企业不得向外国投资者出售，其目的就是防止外国文化尤其是美国文化的入侵。除此之外，西方发达国家政府还以政策和资金等不同形式资助与扶持本国的出版公司，从事有益于全社会利益的出版活动。例如，美国在扶持本国出版公司时税收手段的作用比较突出，对营利性出版机构征收高达 15%—34% 的税收，而对非营利出版机构不仅不征所得税而且给予资助。

从上面的分析中我们可以得知，从总体上说，任何国家的出版组织都存在着以上两个目标，尽管在资本主义国家，有相当一部分出版组织存在唯利是图的情况。因此，不论是资本主义国家还是社会主义国家，出版组织都应当重视这两个目标的实现，尽管资本主义国家和社会主义国家在各自政治目标和社会效益的性质上有着本质的不同。出版组织的健康发展需要探索一套行之有效的制度结构，通过这套制度的运作，既能够满足企业追求经济效益的需求，又能够保证社会效益的全面提升。这是对我们党在社会主义市场经济条件下巩固和提高执政能力的重大考验。在我们建设有中国特色社会主义进程中，出版业健康发展的意义已经超出了一般定律，因为它直接关系到人民民主的政权建设，关系到党的执政能力建设问题，社会主义政治现代化的程度取决于出版业的社会效益状况，而且，出版业的改革是当代中国社会主义市场经济建设不可分割的一部分，它同时在很大程度上反映或影响着整个市场改革的水平和进程。所以，我们应当从提高党的执政能力的高度，从社会主义市场经济建设的高度，认真对待社会主义出版业，通过制度创新将出版组织的经济效益与社会效益有机地结合起来。

二、社会主义出版业改革发展提出了新的历史课题

　　新中国成立以来，党对社会主义出版业给予高度的重视，始终把它作为意识形态的重要阵地抓紧抓好；但是，我们应当清楚地看到，由于各种原因，出版业出现过各种各样的问题，或者过分强调政治性而轻视了出版组织的产业建设，或者片面强调经济效益而忽视了出版组织的社会效益建设，出版组织尚未真正探索出一套行之有效的制度，在出版组织的两大目标之间建立平衡。当代中国出版组织的发展主要经历了三大阶段：（1）1949—1978年，事业单位管理体制的建构；（2）20世纪八九十年代，启动体制改革；（3）新世纪以来，深化体制改革。

　　1949年新中国成立之后，国家进入政治、经济和社会全面重建时期，政府对旧政权下的私营出版组织进行社会主义改造，改造主要采取公私合营的形式，到了1956年，私营出版公司基本上已不再存在。党对出版组织的改造目标比较单一，强调它们的政治性，让出版机构承担党和政府的相应宣传职

能。因此，"文化大革命"之前，全国的出版机构基本上转变成事业单位。党和政府对出版组织实行事业管理，财政给予直接或间接的补贴，出版工作主要根据中央统一要求或指令由各出版单位来实施，出版机构的干部由组织部门指定和委派。这一时期的出版组织的改造奠定了我国高度计划性的出版体制。这种体制的影响力至今仍然存在。在这种高度计划性的出版体制下，出版单位的主要任务是政治宣传，并且在相当长的时期内把出版工作当作是阶级斗争的工具，强调所谓突出中心、配合中心。原国家出版局代局长陈翰伯同志把这种现象叫做"出版跟着运动转"。由于实行事业管理，图书出版在一定意义上不存在销售问题，因此，高度计划性的出版体制使得出版单位不必考虑经济效益这个目标。但是，由于目标单一、体制僵化，出版单位缺乏活力，图书品种较少，总体规模较小，图书出版活动无法适应社会日益增长的多种多样的精神文化需求。

党的十一届三中全会的召开标志着中国社会步入了新的发展阶段，政治、经济和文化领域对过去形成的"左"的做法进行全面的反思与改造，经过拨乱反正，出版工作逐步端正了路线，明确了新时期出版工作的基本任务就是"为四个现代化服务"。1983 年，《中共中央、国务院关于加强出版工作的决定》具体指出了新时期出版工作的任务，"我国的出版事业，与资本主义国家的出版事业根本不同，是党领导的社会主义事业的一个组成部分，必须坚持为人民服务、为社会主义服务的根本方针，宣传马克思列宁主义、毛泽东思想，传播一切有益于经济和社会发展的科学技术和文化知识，丰富人民的精神文化生活"。图书出版事业随着改革的浪涛跌宕起伏，在整个社会酝酿大变革的背景之下，出版组织也同时在酝酿改革。1980年，中央开始尝试转变出版组织的性质，实行由事业单位向"事业单位企业管理"转变的改革，逐渐放开图书价格、纸张价格，逐渐减少图书出版的行政计划和行政控制，出版组织追求经济效益的目标得到一定程度的还原。中央试图在高度集中的行政体制下引入一些市场机制，希望对出版组织注入一些活力。这一时期，中央之所以在图书出版组织中嫁接市场机制，实行事业单位企业管理，主要有以下几个原因：（1）出版组织的事业单位性质是建立在财政补贴的基础上的，而其发展必然会增加财政的负担和压力；（2）社会的全面改革迫切需要出版组织能够提供发展急需的出版物，因此，新的形势需要出版组织迅速地扩张；（3）但是，各级财政为出版组织迅速扩张实际上无法提供更多的财政支持。因此，在上述三个因素的共同作用下，中央决定对出版组织进行改革，希望通过市场的因素来激活出版事业。从上世纪80年代到90年代，中国出版业在市场化方面逐步推进，出版组织也越来越企业化，新体制解放了生产力，促进了中国出版业的超常规发展。从 1978 年到 1999 年中国出版业的体积扩大了十多倍。这一时期，中央对出版组织的体制革新可以概括为：行政体制 + 有限的市场机制。这种体制改革一方面部分解放了企业的生产力，另一方面出版组织的政治性如何体现和坚持成为急迫需要解决的问题。20 世纪八九十年代，中央对出版体制的改革方向是正确的，它对出版事业的发展和出版组织现代化建设的确起到了积极的作用。不过，由于这种改革是在行政计划体制内部进行的调整，因此，这种体制下的出版组织形态不可避免地具有明显的过渡性。

由于中国出版组织在企业化改革方面不彻底，出版组织的性质、形态、功能结构等并未发生根本性的改变，使得出版组织的商业运行模式仍然存在较大的问题，那就是其经济效益的取得主要依赖于教材教辅等计划产品，一般大众读物主要是通过高投入、高产出、高库存、低效益、低现金回笼的粗放型方式来维持运转的。由此，近年来出版物平均印数逐年下降、出版物库存不断上升、人均购书册数增长缓慢以及图书退货率居高不下，这些问题成为目前图书出版行业面临的严重问题。进入 21 世纪，中国图书出版业需要更进一步地在产业化道路上向前迈进，中国加入 WTO 为中国图书出版业带来了新的挑战。

加入 WTO 的冲击从表面上看是经济现象，它可能对中国图书市场形成压力，但是，市场竞争的失利则意味着，出版组织的政治社会功能可能被弱化，一旦本土图书出版业将市场拱手让给境外出版组织，意识形态的主导权也将拱手让出。因此，在新世纪，中国出版组织面临着更加迫切的制度创新任务，只有坚持走制度创新之路，中国出版业才能既维护执政党领导地位又能够为企业带来经济活力。2002 年，党的十六大提出了发展文化产业的要求。2003 年，中央进一步明确要将大部分出版组织的性质转变为企业，在短短几年时间里，中央先后出台了大量的改革措施，围绕政企、政事分开和出版单位转企改制这个主题改革出版组织。总结近年来出版业改革的总趋势，可以看出出版业改革正向着建立现代出版组织的方向迈进。1999 年，经中央批准，全国第一家出版集团——世纪出版集团——在上海诞生。作为改革试点单位，上海世纪出版集团将改革的目标定位在建立现代出版组织上。集团在数年的实践中，通过建立一套符合现代企业制度和出版组织发展规律要求的制度规范，在运作过程中较好地将社会效益和经济效益结合起来，初步探索了现代出版组织建设的路径。

国际出版业的历史与现状告诉我们，现代出版组织一般有三种类型：一是政府出版机构，一般附属于政府某个部门，没有独立的主体地位，其出版物是为社会公益事业服务的，大都免费派送。二是经营性的非营利组织，发达国家的大学出版社一般采用这种企业形态，如美国哈佛商学院出版公司、英国牛津大学出版公司、英国剑桥大学出版公司等都是这样的企业。这类出版企业也完全采取公司制的形态，其运营与其他公司制企业并无不同，只是其出版的内容更多地偏重于学术和文化，因此政府对这类出版企业给予免缴所得税的优惠政策予以扶植，但同时也规定其公司利润不得用于股东分红，而必须继续用于教育和文化事业。三是股份有限公司，其中有的是上市公司。这类企业是发达国家出版企业的主流形态，所有的大型出版集团均采用这种形态，如世界三大教育出版集团——培生、麦格劳·希尔、汤姆森公司都是上市的股份有限公司。这类出版企业的市场销售占发达国家出版市场的90％左右。

从国际出版业的出版组织形态可以看出，现代出版组织具有鲜明的结构特征与制度特征，这两大特征综合到一起形成现代出版组织的独有特性，这些独有特性具体地讲就是：

第一，符合市场需求的企业形态。无论是投资方式、治理机构还是内部管理机制，现代出版组织都是典型的适应市场经济活动要求的企业化组织形态。

第二，具有鲜明的文化追求和企业使命。不管是资本主义社会还是社会主义社会，作为文化生产单位的出版组织都承担着保护和发展本国文化的历史使命，同时出版组织还是统治阶级执政的重要工具和手段，承担着表达与传递统治阶级声音和意志的任务。

第三，具有强大的内容创新能力和以内容提供作为核心的产业链布局。现代出版组织既然是一个符合市场需求的企业形态，在生产内容上它必然具备不断创新的能力，并且形成以相应的内容提供为核心的产业链，谋求强大的市场竞争力。

第四，符合现代企业制度要求的内部管理机制。这种管理机制主要是通过调整企业内部人与人的关系以及人与物的关系，来最充分地利用物质资源和人力资源，降低生产成本，提高企业生产效率，创造一个适合竞争、有利于竞争的制度环境。

第五，具有强大的国际扩张能力，现代出版组织的市场一般不是国内市场意义上的市场，它的目标通常是占有国际市场份额，现代出版组织之所以能够跻身国际市场，其基础条件就是这些组织建立了符合现代出版业发展要求的组织形态和融资空间。

在全面建设小康社会的历史背景下，中国出版业面临新一轮改革的历史机遇，只有按照建立现代出版组织的要求深化改革，才能在新世纪努力破解社会主义市场经济条件下出版单位改革发展的历史性课题。

三、转企改制条件下加强党对现代出版组织领导的探索

就中国的情况而言，现代出版组织的制度创新必须能够将行政体制与市场体制有机地结合在一起，实现社会效益与经济效益的互相兼容、互相促进。一方面，通过新的制度安排，牢固确立党对出版业的领导，使得出版组织能够有力地执行政治社会功能；另一方面，新的制度安排必须有利于释放出版组织的经济能量，通过制度创新形成强大的市场扩张能力。上海世纪出版集团的改革，力求探索真正将出版组织的社会效益与经济效益两大目标有机结合的模式，既能够保证党对出版组织的领导，又能够使出版组织按照现代企业的规律运转，这种模式就是国有多元的股份有限公司。它有别于目前国内通行的国有独资出版集团模式。

2003 年，上海世纪出版集团在 1999 年集团体制改革的基础之上进行新一轮的改革试点。一方面执行市委要求，扩大集团的规模，将新加入的 7 家出版单位纳入集团统一运作，另一方面酝酿与上海大盛资产有限公司、上海精文投资公司、上海联和投资有限公司、东方网股份有限公司、浙江出版联合集团

等国有投资主体共同发起设立上海世纪出版股份有限公司，除了上海人民出版社、辞海编纂处、汉语大词典编纂处和英汉大词典编纂处外，上海世纪出版集团下属单位全部进入上海世纪出版股份有限公司，实行企业转制改革。上海世纪出版股份有限公司试图通过相关的制度设计将党的领导与法人治理结构有机地结合起来（见图1）。这套制度设计体现了以下一些特点：

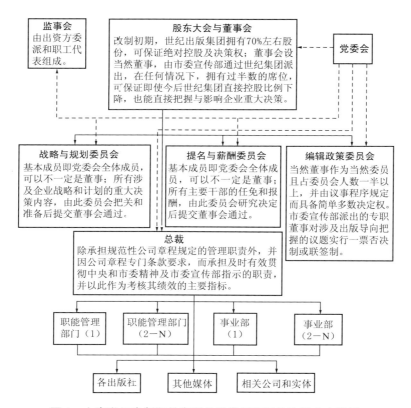

图1 上海世纪出版股份有限公司党组织运作和影响力发挥

（一）按照现代出版组织要求构建出版企业

1. 建立最适应市场经济体制要求的企业形态，确定产业型出版组织的功能定位

按照现代企业的发展规律和国际惯例，上海世纪出版集团将集团内大部分经营性资产剥离出来，与其他五家国有投资主体，共同发起成立上海世纪出版股份有限公司。上海世纪出版集团下属单位转入上海世纪出版股份有限公司后，全部由事业单位转制为企业单位，并根据业务和资产运作的需要，分别改制为非公司企业、有限责任公司、中外合资企业和股份有限公司等。建立国有多元、市宣传文化系统控股的股份有限公司，选择合理的股东结构，使转制后的企业从一开始就具备适应市场经济体制要求的形态，有利于建立规范的法人治理结构，有利于跨地区发展和合作，也为今后企业形态进一步升级和规模进一步扩大创造了空间。转企改制为出版企业进一步调整生产组织形式，按照出版产业发展规律配置组合资源，创造了必要的条件。

2. 建立符合现代企业制度要求的治理结构

转制后，上海世纪出版股份有限公司按照《公司法》有关规定建构公司治理结构，建立决策、执行、监督机构，并在公司章程中予以明确规定。公司股东大会为公司权力机构，决定公司建立发展和经营方针、投资计划、决策机构、收益分配等最重要的事务。各投资方均有权利发表对公司发展、经营、分配的意见，并监督公司运作，确保公司最重大的决策不发生偏差。公司设立董事会，作为决策机构，由出资方委派董事共同组成。董事长为公司法定代表人。为体现董事会决策的公平性，公司董事会 11 名董事中引入 3 名外部董事，由市委宣传部派出，世纪出版集团内部派出的董事为 4 名，其他股东派出4 名董事，这样的董事会结构有利于防止一股独大产生的决策偏差。为提高决策专业化水平，董事会下设战略与发展、提名与薪酬、审计等专门委员会。董事会专设编辑政策委员会，承担日常性的全集团重要编辑政策的制定和重大出版项目的决策。公司设立监事会，由出资方委派人员和职工代表组成，负责监督公司经营活动。公司设立总裁和若干副总裁，在董事会领导下负责公司的日常经营管理。设立办公室、财务部、人力资源部、出版业务（对外合作）部、法律事务部、资产管理（投资）部、审计监察室等职能部门，在总裁班子领导下开展工作。

3. 建立与企业运作相适应的内部管理机制

出版单位转企改制的关键在于能否建立起一套符合企业

发展规律、调动员工积极性、促进出版生产力提高的管理机制。上海世纪出版股份有限公司建立后，全面改革传统事业单位的劳动人事管理制度，实行企业劳动人事管理办法：（1）企业与员工通过平等协商签订劳动合同，确定劳动关系，建立职工能进能出的机制。企业根据生产经营需要依法自主决定招聘职工，完善定员定额，优化劳动组织结构；科学设置工作岗位，测定岗位工作量，确定用工人数，实行定岗定员，减员增效，多渠道安置富余人员。实行全员竞争上岗制度，经培训仍未能竞争上岗的职工，企业依法与其解除劳动合同。（2）改革人事制度，形成管理人员能上能下的机制。按照精干、高效原则设置各类管理岗位和管理人员职数，精简职能部门，减少管理层次。企业内部各级管理人员实行公开竞聘、择优聘用、定期考核，并实行任期制，及时调整不称职的管理人员。（3）改革收入分配制度，形成收入能增能减的机制。建立以岗位工资为主要形式的工资制度，明确岗位职责和技能要求，实行以岗定薪，岗变薪变。岗位工资标准应与企业经济效益挂钩，效益下降时相应降低岗位工资标准。调整职工收入分配结构，工资收入与企业效益和职工实际贡献挂钩。这些新的劳动人事管理制度的实施，有利于企业提高效率，降低成本，增强对优秀人才的吸引力，从而更适应市场经济条件下竞争的要求。

转制后，上海世纪出版股份有限公司将其下属出版社、报刊社大都转为分公司的体制。分公司是独立核算、独立经营的非法人经营实体。股份公司对分公司依照事业部管理模式，实行全面预算管理，分公司与公司合并财务报表和纳税关系，利润上缴公司，发展所需追加投入根据预算由股份公司拨付。对外融资和投资项目由股份公司统一安排。股份公司根据上述原则重新界定分公司资产，建立相应的财务管理体系。

4. 合理划分出版产业发展与承担公益服务责任的职能

上海世纪出版集团所属不少出版单位，历来承担一些政府交办和支持的公益性出版项目。整体转制后，为保障公益性出版事业，同时也保证这些出版单位业务的完整性，保留或新设了上海人民出版社、辞海编纂处、汉语大词典编纂处、英汉大词典编纂处四个事业单位，继续承担国家赋予的公益性出版任务。这四家单位虽不进入股份有限公司，但仍可共享股份有限公司建立的强大的发行、物流、信息等服务平台，获得股份有限公司的经济和资源帮助，从而更加有利于完成好国家重大文化建设项目。

（二）在现代出版组织建设中探索党的领导和现代企业制度的结合模式

1. 通过股权结构安排，保证市宣传文化主管部门对出版企业重大事项的主导权

由市委宣传部文化国资管理部门在组织审计、资产清查的基础上给予上海世纪出版集团国有资产经营授权，对股份公司行使出资人权利，处于绝对控股地位。通过控股比例保证党对企业最高权力机构决策的影响力。在股东大会决议中涉及新股东以任何方式获得或认购本公司股权的资格和持股比例，改选董事会、选举董事长及聘任总裁，不符合国家利益乃至危害国家文化安全的决定等重大决策事项，作为特殊事项决议，须出席股东大会的股东所持表决权的三分之二以上通过方能生效。

2. 通过党委成员依法进入股份公司领导层和确立公司决策议事规则，保证党对公司重大事务的决策权

通过党委成员"双向进入、交叉任职"，形成开放多元投资条件下党的领导与法人治理结构相结合的出版企业领导体制。公司设立中共党委、纪委及其工作机构。公司党委成员分别进入公司董事会及其专门委员会、监事会等各类重要决策、执行、监督机构，党委会书记兼任董事长。公司党委通过其成

员参加董事会及其专业委员会等各类重要决策机构来实现对公司各种重大经营和业务问题的影响。公司党委的影响领域包括：企业发展战略，中长期出版和发展规划，企业生产经营方针，年度财务预算和决算，企业资产重组和资本运作中的重大问题，企业的重要改革方案和重要管理制度的制定和修改，企业重要人事安排及内部机构的设置调整，涉及企业职工切身利益的重大问题等。

3. 通过设立编辑政策委员会的特殊制度设计，保证党对出版企业出版导向的掌控权

公司设编辑政策委员会，承担日常性的全公司重要编辑政策的制定和重大出版项目的决策。公司党委通过主导编辑政策委员会实现党对出版工作的绝对领导。为切实保证党对出版工作的领导，编辑政策委员会接受市委宣传部以及公司党委会、董事会的多重领导。编辑政策委员会设委员五至九人，公司当然董事及公司党委会全体成员为编辑政策委员会当然委员，并占三分之二以上多数。编辑政策委员会当然委员以外的组成人员由董事会提名委员会报市委宣传部同意后提名，由董事会确定。在委员中设主任委员（召集人）一名，由公司党委书记兼任，主持委员会工作。编辑政策委员会的主要职责是：（1）传达贯彻市宣传文化主管部门有关宣传导向的政策、方针和指示精神；（2）讨论决定公司所属出版社出版战略、中长期出版规划、重点选题计划以及其他涉及国家安全、意识形态的选题；（3）协调公司重大出版计划的落实；（4）完成市委宣传部或董事会委托的其他事项。

4. 坚持党管干部原则，保证党对转制企业各级领导干部的管理权

根据市委、市政府关于本市国资营运机构领导人员管理的有关规定和出版单位特殊性的要求，明确党对公司各级领导干部的管理权。（1）公司董事会董事长、当然董事由市委宣传部预审，董事会选举产生，实行任期制和契约化管理，签订业绩合同，规定任期目标、考核办法、薪酬方式、违约责任等。任期目标和考核指标中不仅包含国有资产经营的任务和指标，还包含出版导向、社会效益方面的任务和指标。（2）公司监事会主席由市委宣传部预审，监事会选举产生，任期与董事会成员相同。（3）公司总裁、副总裁等高级管理人员由董事会提名，报市委宣传部预审同意后由公司董事会聘任并考核。总裁、副总裁也可由当然董事兼任。高级管理人员实行任期制和契约化管理，任期与董事会成员任期相同。在总裁、副总裁的聘任合同中除列入公司法规定的经营管理职权和董事会规定的任期目标等内容外，增加专门条款，要求在日常经营管理工作中承担及时有效贯彻党和政府主管部门通过董事会传达的重大指导性工作意见；在考核指标中，列入经济效益和社会效益两方面的内容。（4）公司所属全资出版企业领导人员由公司委派和考核管理，主要领导须经公司党委会研究后报市委宣传部预审备案。公司所属控股子公司产权代表和相关董事由公司委派和管理，主要领导须经公司党委会研究决定。其中出版单位的主要领导人员报市委宣传部预审备案。

5. 通过加强公司党建工作，保证党的影响力

公司章程明确规定，公司党组织按照《中国共产党章程》和党内有关规定开展活动，发挥政治核心作用。公司通过党组织的工作，保证党的组织建设、思想建设、干部和人才培养选拔等的开展，从而为加强党的领导提供组织保障。

上海世纪出版集团在转企改制中提出的制度设计方案，是在建立现代出版组织条件下，对保持党对出版工作的领导和对出版机构的控制，同时增强出版企业的活力、竞争力和扩张力的体制创新的一种尝试。这一尝试所包含的理论基础和实践原则，将对深化出版体制改革提供借鉴。

现代政治学认为，制度是解决人类政治、经济和文化活动的至关重要的形式和手段，通过积极的制度设计和安排，社会生活中的诸多难题和困境能够得到满意的解决。在全面建设小

康社会的时代背景之下，中国的社会主义出版业是充满活力、反映时代风貌的，但是由于出版业的特殊政治使命，中国的出版组织还担负着重要的宣传教育任务，因此，出版组织的制度设计应当体现社会效益和经济效益有机统一的要求，相应的制度安排应当使出版组织的两个目标能够同时实现，只有这样，党的领导地位才能得到稳固，出版组织的社会效益才能实现最大化，而且也只有在社会效益最大化的前提之下，出版组织的实力、活力和国际竞争力才能得到根本的加强。

数字化、内容提供与文化创新

——兼论当前中国出版集团发展的若干问题

原载《中国编辑》，2005 年第 4 期

随着数字化进程的加速和互联网的迅猛扩张，20世纪90年代中期出现了"内容产业"（Content Industry）这个新的产业概念；进入21世纪以来，几乎全球所有的大型出版集团均把自己的角色定位为内容提供商，并逐步地调整自己的组织结构、业务结构和产品结构。这里我想围绕数字化、内容提供、文化创新，谈谈当前中国出版集团发展的几个问题，与大家分享我的观点。

一、内容提供与文化创新——出版集团的新角色

信息技术产业自诞生之日起，经过长期发展，已经历了以系统为中心和以个人电脑为中心的两个重要阶段，现正处于以网络为中心的阶段。在不同的产业发展阶段，其主要技术、主导原理、产品重点、主要顾客以及供应商结构等都是完全不同

的。例如在以系统为中心的阶段，其主要技术是晶体管技术，主导原理是格罗施法则（电脑的处理能力以成本的平方速度增加），专用系统是重点，以及纵向的供应商结构；在以个人电脑为中心的阶段，其主要技术是微处理机技术，主导原理是穆尔法则（半导体性能每两年提高一倍），标准微机产品是重点，以及横向电脑价值链的供应商结构等；在以网络为中心的阶段，其主要技术是通讯带宽技术，主导原理是梅特卡夫法则（网络的价值将随用户数量的增加而指数级增加），外部网络成为关注点，网络服务成为重点。

这三个产业发展阶段实际上只是完成了硬件及其信息基础结构的建设，其演变并未到此终止。一旦全球信息基础结构安排就绪，这个产业的中心将转变为充分利用该基础结构，强调服务的内容和应用。这个以服务内容为中心的阶段，标志着确实走向一个真正信息社会的开始。尽管目前总体上仍处于以网络为中心的发展阶段，但在现有互联网基础上，服务内容和应用的重要性已经充分显现，并开始逐步发展起来，网络的内容将开始成为一种稀缺商品。与其他稀缺商品不同，网络内容的开发具有几乎无限种类的可能性，并不受制于投资收益递减规律。正是在这种背景下，传统的产业标准分类被新的产业标准分类所替代，内容产业脱颖而出。

尽管数字化和互联网的发展催生了内容产业，但出版企业、大型传媒集团顺应这一趋势，及时进行转型与实践，则是促成内容产业发展的重要因素。

20世纪90年代中期以来，国际出版业经历了一次席卷全球的收购兼并浪潮，一些大型出版集团为了形成自己的核心竞争力，纷纷进行业务结构的调整，通过在资本市场上卖出买进的方式将自己的业务领域集中在内容产业，其结果便是一批多元经营的大型集团转变为以内容提供为主的大型出版集团。例如，培生（Pearson）集团在90年代中后期先后卖出了自己在蜡像馆、拉萨德银行、西班牙主题公园的股份和在英国第五频道及B卫视的部分股份，加之利用从其他渠道融来的资金，通过一连串漂亮的"组合拳"，从1994年到1998年先后收购了艾迪生·维斯理（Addison Wesley）、哈珀·柯林斯（Harper Collins）教育出版部分、西蒙·舒斯特（Simon & Schuster）教育出版部分等三大教育出版公司，再通过与原旗下朗文（Longman）出版公司的合并和业务重组，从而使培生集团成为了全世界最大的教育出版集团。

作为内容提供者，出版企业最重要功能又是什么呢？全球出版集团的实践告诉我们，那就是进行文化创新，向市场提供更多的信息文化产品。对于文化创新，过去中国出版业的理解往往过于简单。例如，在我们述及图书出版的创新时，往往强调的是对学术的贡献，由此常常要求注重单本原创图书的出版。其实，单本学术图书的创新主体并不是出版社，而是学者，出版社在其间的作用仅仅体现在这一创新活动的某一个环节，即编辑出版上。其实，作为内容提供者，出版社应该成为创新活动的主导者和组织者，从这一目标出发，我们不仅需要对各类学术文化创新活动进行前瞻性的规划和组织，并把它转化为市场所能够接受的形式；而且更需要从市场出发，从读者需求出发，进行大规模的文化创新活动，向读者提供更多的文化产品。综观国际出版集团近年来的实践，我们清楚地看到，至少在教材出版、工具书编纂和畅销书组织这三个领域，最重要的创新主体是出版者。例如，国际大型出版集团麦格劳-希尔（McGram-Hill）、培生教育在教科书和工具书的编辑出版过程中所表现出来的创新精神实在令人钦佩不已。然而，中国出版业的情况则不尽理想，我们在这三个领域均没有起到创新主体的作用，而仅仅是创新活动的一个环节而已。例如，我们在教材的编写上主要依靠教委，双语词典的出版依赖于引进，而对畅销书的组织策划在有些地方出现了依靠工作室的现象。这种情况任其发展下去是非常危险的。这方面，中国音像出版业的发展过程是有教训可以吸取的。

20 世纪 90 年代初，中国音像业大量引进外国流行音乐节目，虽然在短期内使中国音像业的产值有了较大幅度的上升，但是，在引进的同时，我们不注意培养自身的音乐原创能力，又缺乏对文化资源开发、产业发展路径的基本了解，以至今天在盗版猖獗和入世后国际五大唱片集团控制音乐节目资源、漫天要价的处境下处于举步维艰的困境。

作为内容提供者，在进行文化创新的过程中，从产业的角度看，特别重要的有两点：一是要在市场上形成各种品牌，内容主要是通过品牌来占领市场、赢得读者的。因为内容产品的竞争是一种智力竞争，这种品牌驱动的战略至关重要。二是要拥有自主知识产权，而只有成为文化创新的组织者和主导者，你才能拥有自主知识产权。20 世纪 90 年代中期以来国际出版集团的收购兼并浪潮无一不是围绕着品牌和知识产权而展开的，而他们在全世界市场的扩张也无不是通过品牌来进行的。

二、数字融合与业务融合——出版集团的新趋势

随着数字技术的发展，特别是计算机技术和网络技术发展殊途同归，走向 IP 技术融合，不仅使语音与数据可以融合，

而且使不同形式的媒体彼此之间的互换性和互联性得到加强。这样，无论是照片、音乐、文件、视像还是对话，都可以通过同一种终端机和网络传送及显示，从而使语音广播、电视、电影、照片、报纸、图书、杂志以及电子货币等信息内容融合为一种应用或服务方式。也就是说，数字技术把这些部门带到一起，所有这些部门都越来越围绕使用 1 和 0 作为其信息编码的基础。而在此前只有电脑业是真正数字化的，其他部门主要使用模拟或具体媒体格式。当所有这些部门都越来越走向一个共同的数字基础时，这些部门现在就能以一种以前根本不可能的方式相互交往了。此外，数字化也大大丰富了人类在网络上联络交流的渠道和方式，由家庭到办公室各种网络信息和信息设备之间的互动性、互用性和连接性均有所提高。

这一现象现在被称为"数字融合"，其实质不只是改变了获得信息的时间和空间及其成本，更主要的是其技术进步发生在各产业边界处，为产业融合和业务融合提供了重要的技术支撑。

信息技术的广泛运用及其生产方式的根本转变，打破了各种产业边界，导致产业之间更多的相互渗透和融合，并使与买卖双方密切相关的市场区域概念已转变为市场空间概念。传统厂商观念中的"有明确范围的竞争"，也将被一个纵横相交的更加广泛的概念所替代。这些相关活动的协调，既有竞争，又有合作；既在传统市场之内，又在传统市场之外。

例如，在数字技术融合的基础上，服务内容与应用的业务融合不断涌现出来。电视、音乐、报纸、杂志、体育及所有其他娱乐形式都使用同样的混合多媒体技术进入互联网。在其原有媒体上完全不同的产品在互联网上看起来往往都类似。另外，受单位容量扩大的影响也会使服务内容发生结构重组。万维网可提供实际上无限的数字频谱，并消除印刷、邮资与分发成本，大大降低了准入壁垒，从而使服务内容制作大大增加。多媒体经营者与产品，以及新的订购与广告规定及编辑手续的出现，可能导致一个机构大大重组的全球内容服务业。

在数字融合基础上实现的传媒娱乐业各个产业之间的融合，突破了产业分工的限制，使电信、媒体和信息技术部门得以寻求交叉产品、交叉平台以及收益共享的交叉部门，从而导致资源在更大范围内得以合理配置。同时，它也给企业界的经营活动带来了巨大的新的商机。

在现实中，全球各大集团正在迎接数字融合所将带来的业务融合。他们正通过技术提升来寻找发展其传统服务业务领域和拓展新的内容服务的机会。例如，培生、麦格劳-希尔、汤姆森三大出版集团向教育领域的大规模渗透，利用信息技术在金融服务领域大规模扩张，通过 B2B 所进行的大规模的全面的信息服务，以及麦格劳-希尔利用数字电视所启动的对个人理财活动的报道，这些无不预示着数字融合基础上的业务融合和产业融合时代即将来临。

需要说明的是，这种业务融合带来的业务结构的多元化，是新型的横向一体化的业务结构安排。尽管其内容不同（按传统观点，甚至是不同行业的内容），但其生产对象的实体是同一的（信息、服务），其技术手段也是同一的（数字化技术），其运作平台也是同一的（互联网络）。因此，这种业务融合具有很强的资源整合性，人员和机构间的协同性，业务之间的互动性。显然，这与所谓跨行业经营的多元化，从性质上是完全不同的。中国出版业近年来出于自身发展的需要和为了迎接入世后的挑战，开始了组建出版集团的实践。随着资源的相对集中，相当一部分出版集团均拟定了多元化发展的战略，主张进军房地产、旅游、宾馆等领域。这种做法显然与数字化的进程相悖。因为它们生产对象的实体、技术手段及运作平台都是完全不同的，相互分割的，其资源无法有机整合，人员和机构间不能协同，不同业务之间无法融合起来。在数字化时代，内容产业中的大企业集团应该倡导的是数字融合基础上业务融合的合理结构，强调的是各种内容资源经营开发的多元化。

还需要说明的是，在出版集团发展的过程中，即便是在内容产业的范围内考虑业务结构的多元化，也还是要注意形成核心产业和主打产品。因为，业务融合的结构安排不是削弱专业化程度，而是要求更精细的专业化运作，以形成核心业务和拳头产品。过快地进行多元化经营，势必造成主业不强、多角经营，整体业务规模很大却又形成不了规模效益的局面。应该看到专业化经营是多元化经营的基础，一个合理的多元业务结构的形成必须从专业化做起。

三、开拓特殊用户市场——出版集团的新任务

随着数字化时代的到来，内容产业的市场发生了显著的变化，在一般大众市场旁边逐步发育出一个特殊用户服务市场。所谓特殊用户服务市场的对象是指较之一般读者而言具有更加专业的知识和信息需求的机构和个人。

发达国家的出版集团十分重视对特殊用户服务市场的开拓。例如，世界三大教育出版集团培生、麦格劳-希尔和汤姆森的业务结构中均有金融服务这一板块，而且其收入还占了集团总收入中相当大的份额。不仅如此，这三大教育出版集团还

深深地卷入教育服务领域，设立各种类型的考试中心、培训中心、在线服务中心，提供专门的教育服务。麦格劳-希尔更是把原来以期刊为主的传媒公司改造成信息及传媒服务集团，依托原有的《商业周刊》《能源杂志》《航空周刊》《建筑杂志》等传统媒体，通过互联网从事建筑、能源、航空、商业等专门的投资和信息服务。这三大教育出版集团认为，作为内容提供者，当然要开发一般大众市场，以满足广大读者的知识需求；但是同时也应该利用手中掌握的内容资源，进行深度的开发，以为专门的机构和投资者服务。而后一块业务的增值空间较大。

数字化时代的到来，为小批量、个性化的内容产品或服务的生产创造了条件。工业时代那种按照同一标准与规格进行大批量生产的大众产品之间的竞争，将逐步让位于差别化竞争、错位竞争和个性化竞争。与此同时，特殊用户服务市场的潜在规模将日益增大，并逐步超过一般大众市场。而且，内容产品的细分化将形成越来越多的特殊用户服务市场种类。这不仅为内容生产企业提供了大量新的市场机会，而且也开拓了新的更加个性化的业务领域。

在数字化时代，如何通过对一般大众市场和特殊用户服务市场的综合开发和利用，以最大化自己的收益，是亟待解决的问题。麦格劳-希尔集团在其 2001 年年度报告中，充分显示了它们作为内容提供商把两个市场的开发完美结合起来的理念和做法。这份报告的第一页开宗明义地写道："我们麦格劳-希尔集团，以深广的信息产品和服务，在人生各个阶段影响人们，帮助他们决策和进取。"麦格劳-希尔集团认为，全球经济发展的三大基础动力是知识需求、资本需求和透明度需求，而从产业革命到互联网革命，他们在广阔的市场层面，通过对个体和机构的帮助，填补各类主体信息和知识需求的空白。

这里，我们再具体地分析一下麦格劳-希尔是如何利用手中掌握的知识资源，努力开发好一般大众市场和特殊用户服务市场的。麦格劳-希尔的教育、金融服务、信息和传媒服务三个业务板块分别对应于知识需求、资本需求和透明度需求三个市场。教育板块主要满足一般大众对知识的需求，兼顾特殊用户的专门需求。金融服务板块内的标准普尔专门为各类公司进行信用市场服务、信贷评级、风险化解和电子服务等，除此之外还为各类投资者提供美国、国际和全球的指数服务、投资单元顾问服务和网上统计和调研服务，还从事法人价值咨询。信息和传媒服务板块，除了商业周刊、商业周刊电视频道、在线商业周刊主要是为一般大众服务外，会议服务、展览服务及建筑、航空、能源等专门行业的信息服务则主要是面向机构的。

例如，普拉茨（Platts）公司已经成为能源行业全面方案的提供者，每年提供客户的商品信息和分析的贸易额达 100 亿美元。而麦格劳-希尔建筑则通过网络为建筑承包商提供对地方建筑工作更快更容易的发现、追踪和投标能力。正是通过持之以恒的对两个市场的综合开发，麦格劳-希尔的经济一直保持着连续增长的势头。2001 年是麦格劳-希尔连续第十年在收入和盈利方面持续增长的年份，收入额达 46 亿美元，较上年增长 8.5％，每一股的收入也由上年的 2.36 美元增长到 2.45 美元，正常化的自由现汇以 25％的流动率增长到 3.45 亿美元。

对照中国出版业的现状，我们与国际大型出版集团在这方面距离相差甚远。全国的出版主体，无论是集团还是单体出版社，我们面对的仍然是一般大众市场，我们中还鲜有人意识到如何利用手中掌握的内容资源和品牌，深入地开发各类信息，为各类特殊的机构和投资者服务，以获取更大的增值空间。中国出版业的发展要求我们不但要关注知识的需求，同时也要关注资本的需求以及透明度的需求，在这个过程中建设起能满足这些需求的具有竞争力的主体。中国出版业近年由于各种因素的作用，一些出版企业有了较快的发展。但是下一步它们如果还要保持一个较高的增长速度的话，就必须完成从只关注一般大众市场到发展一般大众市场和发掘特殊用户服务市场并重的转变。因此，结合我们手中掌握的优势内容资源的现状，研究进入特殊用户服务市场的通路，对于中国相当一部分出版企业而言，已是当务之急。此外，需要提及的是，能否进入特殊用户服务市场的关键在于拥有多少品牌和自主知识产权的产品。

四、建设合理有效的出版产业链和价值链——出版集团的新空间

数字化时代的出版要求我们必须紧紧围绕内容的生产和提供，积极开展业务多元化工作，尽快形成合理有效的产业链和价值链，以求对市场的全程覆盖，争取效益最大化。

出版产业链的建设，首先要有专业化分工的深化。出版专业分工将提高出版的生产效率。从成本与收益的比较来看，这种生产效率的提高往往就是规模收益递增。尤其是随着分工的深化，分工的过程被细分为许多不同的生产阶段，每个阶段生产的都是半成品。在固定成本增加的同时，可变成本大幅度下降，收益递增的效应日益明显。引入空间维度后，这种收益递增的外在表现形式就体现为出版活动在空间聚集及其产生的规模经济效应。出版产业链的组织方式可以采取不同类型，以适

应大众出版、教育出版、专业出版的产业链各不相同的特点要求。

一是生产者驱动型。出版的组织者主要是大型出版集团。中国现在已经成立了一些出版集团。今后这些大型出版集团不仅要对外投资，也要同有关企业开展各种方式的合作；不但采用股权参与方式，也要采用非股权的合作方式，特别是推行合同出版，把出版价值链的某些部分外包给别的企业。还有，实行企业间的战略联盟，包括出版市场营销联盟、出版印刷联盟和创意开发联盟等。生产者驱动类型比较适合于教育出版领域。在此领域，出版者可以主导整个产业链和价值链，并获取最大的收益。教材和教辅的内容由出版者组织开发，规模大，投资大，个人在其间很难有多大作为，所以教育出版的内容多数不属于个人，而可以为出版者所掌控，品牌也属于出版者。不仅如此，其数量之大，使出版者可以独自建立印刷厂印制；它发行的渠道主要是学校，可以不通过发行商而直接销售。但更多的应推行合同出版、战略联盟等方式。

二是购买者驱动型。出版的组织者是市场营销企业。它们的经营活动不仅仅是组织采购与销售出版物，更主要的业务是组织和管理出版价值链。甚至可以不搞销售业务，专门作为价值链的管理者为客户提供整体性的增值服务：从选题设计开发、作者选择与组织、出版安排与管理、质量控制到发行渠道安排等。这种类型比较适合于大众出版领域。因为它的成功在很大程度上依赖好的作者，内容是作者提供的，同时依赖编辑个人的活动和组织能力。除内容获得和编辑加工，设计印制、营销推广、实现销售等均可以外包。

当然，也可以把这两种类型结合起来，既参与相关的出版业务，也从事出版市场营销。这种结合的类型比较适合于专业出版领域。在这一领域，其内容依赖于作者，但相应的数据库则可以由出版者来建设，其销售的目标极为明确，可以绕开销售商直接销售，而随着数字化进程的加速，专业出版将越来越依赖出版者的品牌和实力，所以出版者将在很大程度上掌握专业出版的产业链和价值链。

另外，要在内容产业的多元化经营上进行大的突破，一般采取以下两种路径：一是多种媒体的互动开发，走图书、报刊、广播电视、数字化产品开发之路，将同样的内容用不同媒体形式进行包装转化，最大限度地推向市场和占领市场，获得最大化收益。二是围绕着品牌建设，进行相关衍生产品的开发，尽可能地延长产品的价值链，覆盖更广泛的市场。

因此，中国出版业应当从内容的角度选择产业链和价值链较长的领域进行突破，首先是教育出版，如教材和工具书的编篆、出版及数据库建设，其次是专业出版，如各种专业数据库的开发和建设。在这些数据库建成后，应该积极拓展特殊用户市场，如开设网上教育课程，提供网上培训及教育服务，为机构和个人提供各种收费的专业资讯和信息服务等。至于依托出版，进行相关衍生产品的开发，走图书产品的价值链延长之路，这里以动漫领域与形象管理为例进行说明。动漫领域的产业链和价值链是十分清楚的，即以动漫画周刊为先导，以动漫画图书为依托，培养本土的漫画家，在市场中打造成功的形象和内容，并以此向电视片、电影、音像制品、电子出版物延伸，进而扩展到玩具、文具、服装、食品、游戏手机等关联产品领域。图书出版业相关衍生产品的开发也应当遵循动漫产业的发展路径。

中国出版产业面临的挑战与对策

原载《光明日报》，2008 年 5 月 6 日

改革开放的 30 年是中国出版产业迅速发展并引起世人瞩目的 30 年。这 30 年中，中国出版产业的体积增长了几十倍。更加重要的是，其间中国图书市场的性质发生了根本的变化，由卖方市场转向买方市场；出版单位的性质发生了根本的变化，相当多的出版社由事业单位转制为企业；新的出版组织不断涌现，新的出版技术不断运用；出版企业开始走向世界，与国际出版企业的合作越来越频繁，范围越来越大。与此同时，中国出版产业也出现了各种各样的问题，甚至陷入程度不同的困境，中国出版产业是在解决这些问题、战胜各种困难的过程中不断向前发展的。

当前，中国出版产业在呈现继续增长态势的同时，又出现了一些新的问题，过去粗放型发展方式所掩盖的深层次矛盾开始显露，相当多的出版社的主营业务面临增长的极限，有的甚至处于非盈利状态；另一方面，出版产业发展的外部环境也发生了巨大的变化，这一巨大变化主要指入世后外国资本的进入和信息技术的革命。内因和外因的变化既意味着中国出版产业面临着巨大的挑战和重大的机遇，同时也成为推动中国出版产业转变发展方式的主要因素。中国出版产业目前面临的挑战主要表现在以下三个方面：

1. 中国出版产业进入了一个深度调整期。首先，国家对于中小学教材出版发行的改革预示着中国出版产业微利时代的到来，这里的"微利"主要是针对中国出版产业以往"低风险、高利润"而言的。随着全国中小学教材出版发行管理体制改革的全面推开，教材出版的竞争程度将大为增加，中小学九年制义务教育的教材将全部实行政府采购，免费供给，同时现行中小学教材中准价下调 10%，这些使得教材在出版物销售总码洋中的比重进一步下降，教育出版利润下滑，出版社从教材出版中稳获"暴利"的时代已经一去不复返。其次，由于大量文化工作室的进入，目前大众出版领域的无序竞争和低水平竞争已经表明现有的盈利模式难以为继，转型的压力非常之大。第三，随着出版机构由事业单位向企业单位改制的深入进行，人员安排、工资福利、社会保障以及组织结构、业务结构、产品结构的重新调整都会对传统的经营模式带来冲击，增加企业的运行成本和负担。

2. 信息技术革命对出版产业的冲击。肇始于 20 世纪 70

年代并迅速席卷全球的信息技术、数字技术和网络技术革命已经对出版产业带来巨大的冲击，这种冲击的结果在发达国家出版产业中可以很明显地看到，在我们国家也可见其端倪。信息技术革命对出版产业发展方式的影响是深远的，它是一种新的技术范式对传统技术范式的革命，并可能从根本上颠覆传统出版产业的商业模式。另外，信息技术革命促进了传统的传媒、电信、出版三大产业的融合。在产业融合的背景下，三大传统产业可以共用一个运营平台，产业的规模特征发生了根本性变化，由此促进了产业边界的大范围扩展。这种转变使得三大传统产业产生了资源相互整合的要求，而以企业并购重组为主要表现形式的资源整合在发达国家已经表现得淋漓尽致。与更为强势的传媒集团、信息网络集团、电信集团相比，出版企业的规模偏小，势必面临着更大的挑战。事实上，值得我们注意的是，经过二三十年的企业重组和业务整合，发达国家传媒、出版业的跨国巨头已经初步完成了这种整合和重组，实现了自身业务发展和经营模式同信息技术革命的有机匹配和契合。这种整合目前来看在中国出版产业还没有真正发生。从这个意义上说，中国出版产业同发达国家出版产业的差距不是缩小了而是进一步拉大了。

3. 外国资本对中国出版产业的冲击。入世以前，外国出版企业就已经通过各种途径进入了中国出版产业的零售和发行领域，并通过下游市场向上游领域逐步渗透。而随着入世过渡期的结束，国内发行领域对外资全面开放，外国资本投资国内书刊发行领域将不受限制。早在1995年，世界传媒巨头贝塔斯曼集团与上海的中国科技图书公司就合资成立了上海贝塔斯曼文化实业有限公司，以俱乐部的形式——贝塔斯曼书友会——进入我国图书零售市场，之后又相继在北京、上海成立了6家相关企业。2005年5月，贝塔斯曼与辽宁出版集团合作成立了图书发行公司，大踏步迈进了图书发行领域。此外，贝塔斯曼还在中国开展了网上书店、专业咨询等多项业务。2004年，中国重要网上图书音像零售商卓越网的股权被全球最大的网上零售商亚马逊公司买断。而培生集团、兰登书屋等出版巨头也都表现出强烈的试图曲线进入中国出版领域的意向。比如培生集团发起的"培生的选择"项目，就是通过教育来带动出版的一项计划；而兰登书屋更是试图控制中国优秀的作者群，成为其全球出版资源的一个重要组成部分。另外，也已经有一些国外出版机构如斯普林格、约翰·威立等出版公司开始在中国发展电子图书市场、远程教育体系、电子期刊、数据库等新兴出版业务。国际出版巨头有强大的资金和技术优势，有丰富的市场营销经验和管理水平，他们直接或间接地进入出版领域，必将对我国的民族出版企业构成巨大的挑战。

如何应对中国出版产业所遇到的巨大挑战，是摆在中国出版界面前的一个严峻问题。党的十七大报告站在科学发展观的高度，提出了加快转变经济发展方式、促进国民经济又好又快发展的要求，这对中国出版产业积极应对挑战指明了方向。中国出版产业只有通过转变经济发展方式，走出粗放型发展的轨道，走上集约型发展的道路，形成新的商业模式，才可能迎来新一轮发展高潮。中国出版产业发展方式的转变，归根到底要落实到出版企业这一微观主体行为方式的转变上去，因此如何引导出版企业转变发展方式，实现健康发展，是当前迫切需要解决的重大课题。下面仅从宏观政策的层面，就推动出版企业行为方式的转变提出一些想法。

1. 深化出版体制改革。从 2003 年开始，中央政府开始推动出版主体由事业转制为企业的改革试点工作，目前全国有 17 家出版集团、184 家图书出版社、79 家音像出版社基本完成了这一改革任务。事转企改革的目的是要把出版单位转变为真正的市场主体，使其在发展过程中碰到问题时不是通过找政府而是通过找市场来加以解决，这是出版主体转变发展方式的前提。因此，在试点工作的基础上，全面推进出版单位的事转企改革是当前的一项重要工作。除少数承担公共产品和半公共产品生产的出版单位可继续保留事业单位的性质（这并不意味着这些出版单位不需要进行体制和机制的改革）外，其他出版单位均应转制为企业。在出版单位转企改制的过程中应注意以下三点：一是建立以国有多元股份制公司为代表的现代企业，完善企业的法人治理结构。二是完善出版单位高层管理人员的任命和选拔制度，把党管干部和市场选择经营者有机结合起来，培养一批遵守党的政治纪律、懂出版、会经营、善管理的出版家。三是完善出版单位的激励机制，重点是对高级管理人员的激励。这样做的目的是为了从制度上保证出版企业摒弃短期行为，放弃粗放型的发展方式，更多地从长远发展的角度来从事经营活动。

2. 打破行政垄断和地区分割，调整出版产业布局。在计划经济下，除北京外，各地区出版企业的数量相差不大，这使得中国出版企业的地区布局分散化、均衡化，其结果之一便是难以形成信息、人才、销售网络和技术平台的共享，不利于出版企业更充分地利用外部资源，转变发展方式，进而形成外部经济；更为严重的是地区分割和行政垄断严重地限制了企业之间的竞争。因此，在现阶段，政府应大力调整出版产业的布局，运用各种政策杠杆鼓励全国各地的出版企业向北京和以上海为中心的长江三角洲地区集聚，以提高这两个地区出版产业的集中度，从而形成较大规模的物流、发行、信息、人才体系，使更多的出版企业能够利用这些体系所带来的各种平台资源，从而改变小而全的运行模式，转变发展的方式，产生外部经济效应。当然，政府在制定产业政策推动产业聚集的同时，要充分发挥市场的作用，因为产业集聚最终毕竟是市场高度竞争的结果。

3. 推动出版产业结构优化升级。对应于图书的娱乐（文化）、知识和发展功能，现代出版产业的结构分为大众出版、教育出版和专业出版三大门类。相对而言，专业出版的集约化程度最高。与发达国家相比，中国出版产业这三大门类的结构严重失衡，且呈现出低度化的状况。更为严重的是，中国图书市场中教材教辅的产值比重高达 60%，相当多的出版社集中在这一领域厮杀，而很少有出版社愿意在未来前景好的集约化程度较高的专业出版领域投资。调整产业结构和转变发展方式是相互联系、相互制约的两个方面。产业结构不合理是导致发展方式粗放的重要原因。因此，政府应通过产业政策的制定，吸引出版企业进入专业出版领域，推动出版产业结构的优化升级，从而实现发展方式的转变和发展模式的转型。出版产业结构的优化升级应注意处理好以下两方面的关系：一是推动专业出版、教育出版和大众出版三大领域的协调发展；二是处理好传统出版与数字出版的关系，使两者之间呈现出互补互动的发展。

4. 引导出版企业的集团化发展。在出版产业的信息化、数字化程度日益提高的今天，大型出版集团适应了产业发展规模化的要求，它可以集中更多的资金，采用先进的信息技术成果，建设先进的业务平台，进行大规模的市场开拓，开展大范围的资本重组，这些均有利于发展方式的转变和新的商业模式的建立，进而形成企业的核心竞争力。因此，中央政府主管部门应打破行政权力的条块分割对出版企业集团化扩张的制约和束缚，允许和鼓励生产要素跨部门、跨行业、跨地区的流动，通过市场力量产生若干跨地区、跨部门的优势互补、功能耦合的大型出版集团。另一方面，应弱化行政性审批对大型出版集团发展的限制，例如对出版集团依据市场原则进行的产品线建设给予调整出版社结构和放开书号的支持。这样，富有竞争活力的出版企业集团便会自然而然地从现有的环境中生长出来，其商业模式、发展方式、竞争手段、创新动力也会自然地作出相应的调整和转变。

5. 降低进入门槛，实现出版企业的充分竞争。中国出版产业长期以来之所以走的是一条粗放型发展的道路，原因之一就在于缺乏竞争。只有充分的竞争才会促使出版企业真正从广种薄收的粗放型发展向精耕细作的集约型发展转变。而目前政府对出版产业进入的严格控制，在一定程度上限制了整个出版产业健康有序的发展。例如，进入 21 世纪以来，国家几乎没有批准成立新的出版社，而图书市场的巨大需求显然又不是目前 576 家出版社所能实现的，于是数以千计的各类文化工作室纷纷成立，他们中的相当一部分通过买卖书号的方式间接进入出版领域，而其中部分工作室侵犯知识产权、制作伪书以及粗制滥造、拼拼凑凑、乱打折扣等行为，极大地破坏了市场秩序，造成了劣币驱逐良币的情况，这些极大地影响了出版企业发展方式的转变。为此，建议国家出版行政管理部门降低出版产业进入门槛，针对出版社、书店、印刷厂的不同情况，制定不同的进入规定。对于出版社的新设，应适当放宽审批的数量，满足大型出版集团在跨地区和调整产业结构时对新设出版社的需求，鼓励大型出版集团按照市场需求及时地调整原有出版社的出书范围和方向。对于发行和印刷企业，应弱化行政性审批的进入限制，强化依法审批、依法监管的市场化通用规则，允许和鼓励各种不同类型的资本进入印刷和发行领域，由投资主体自行决策、自担风险。同时，从法律和政策方面加强对民营资本的规范和监督，肃清鱼龙混杂的局面，净化出版市场环境。只有当我们实现了出版企业在法律许可范围内的充分的竞争，出版企业发展方式的转变才有可能真正实现。

6. 加快出版企业信息化、数字化进程。今天我们正处在数字化时代，现代通信技术和数字技术排山倒海式的发展，以及网络平台和移动通信平台的建设使得出版企业发展方式的转变必须紧紧地与出版的数字化进程结合起来。受企业规模的限制，中国出版企业的信息化、数字化程度普遍不高，很少有企业真正进入数字出版领域，更谈不上建设网络和移动业务平台。在这方面我们与欧美出版集团差距甚远，以致在一定程度上丧失了一次重大的历史机遇。因此，建议国家出版行政管理部门会同其他有关部门以及政府投资资金共同建立专项产业基金，主要用于：出版信息化的研究和规划工作；教育培训和岗位实践活动，培养出版业短缺人才，比如数字出版、网络技术等方面的人才，吸引国外优秀人才；对前景较好的数字出版产品进行配套支持；挑选出部分龙头企业给予重点扶持，将其成功经验向其他企业免费推广。另外，对于企业进行数字化、信息化投入的部分，可采取税收减免抵扣的方式进行扶持。如果企业成立一个独立经济实体来开发数字产品，由于其所具有的高投入和高风险性，可比照《关于文化体制改革试点中支持文化产业发展若干税收政策问题的通知》中的精神，对这样的企业在一定时期内免征企业所得税，或降低增值税；如果该企业的产品涉及出口，可享受出口退税政策；如果先进设备需要进口，可免征进口关税和进口环节增值税。此外，还应鼓励出版企业与海外出版企业或信息技术企业合作或合资，吸引海外企业先进的数字技术和信息技术，打造数字平台，建立新的商业模式。

7. 鼓励出版企业实施"走出去"战略，并购海外著名出版企业。随着数字技术和信息技术的发展，出版产业已经在很大程度上全球化了。进入 21 世纪以来，跨国出版集团在全球化的过程中已初步完成建立在数字化基础上的商业模式转型。基于此，国家可设立专项扶持基金，鼓励国内有条件的大型出版集团积极并购海外著名出版企业，以此取得新的技术、新的资源、新的业务平台，并在此过程中迅速地推动国内出版集团业务模式的转型和发展方式的转变。

8. 完善出版产业的经营环境。诚信缺失是影响中国出版产业发展的主要障碍之一。在一个缺失诚信的经营环境中，企业如果可以通过各种非法或违规的竞争行为获取经济利益，那么发展方式的转变，新的商业模式的建立是不可能的，因此出版行政管理部门应花大力气规范出版企业的竞争行为，肃清产业内的诸种不诚信现象，比如侵权、伪书、盗版、恶意拖欠，等等。当前应进一步加大对知识产权保护的力度，特别是网络出版的知识产权保护，适时出台《互联网传播保护条例》《互联网著作权行政保护规定》等法规。另外，出版行政管理部门应联合有关中介机构成立专门的信用评估机构，定期向全社会公开出版企业的信用记录，对严重违规的出版企业予以公开曝光。至于加大打击盗版的力度更是题中应有之义。总之，出版行政管理部门应通过采取种种有效措施，为出版企业的发展创造良好的经营环境，让出版企业在充分竞争的市场环境中，实现发展方式的转变。

全力推进企业再造的工作（提纲）

2008 年 7 月 3 日在上海世纪出版股份有限公司 ERP 项目开展动员大会上的讲话

一、为什么要大力推进公司 ERP 项目工作的开展

（一）我们这家公司当前的处境

为什么不能停留在这种处境（行动理由）

1. 公司目前的成绩

2. 再造是有关企业生死存亡的大事

3. 从竞争的大环境来关注和分析公司的状况及其运作（经营环境、经营问题、市场需求、诊断、无所作为的代价）

（二）我们应该转变成什么样的公司（前景说明）

1. 我们将成为中国图书出版的领先者

——拥有的畅销书位居第一

——平均印数位居第一

——图书的质量位居第一

——图书的制造成本最低

2. 我们将成为中国图书发行的领先者

——发行的速度位居第一

——客户管理位居第一

——发行的退货最低

——发行的成本最低

3. 我们将成为中国出版行业管理水平最高的企业

二、ERP 主要解决企业发展中的什么问题

（一）ERP 要解决的是企业再造的重大问题

1. 公司已不再适宜根据亚当·斯密的劳动分工原理去组织自己的工作。在当前的 3C（顾客、竞争和变化）世界中，以任务为导向安排工作岗位的做法已属过时。取而代之的是，公司应以流程为中心去安排工作。

2. 针对企业业务流程的基本问题进行反思，并对它进行彻底的重新设计，以便在成本、质量、服务和速度等当前衡量企业业绩的这些重要尺度上取得显著的进展。

（二）ERP 要解决的具体问题

1. 降低企业运营成本

2. 提高客户的满意度

3. 创造性地运用信息技术

4. 普遍实行集中运作和分散运作相结合

（三）不应误解 ERP

ERP 根本不同于其他任何一种改善企业经营的计划，也根本不同于任何补救性措施，即使两者有某种共同的前提。

1. 尽管信息技术在企业再造中起了显著的作用，但 ERP 与自动化并不是一回事。利用信息技术使现有的流程自动化，这类似于重新铺路，对于做错事而言，自动化也完全能提高做错事的效率。

2. 也不应把 ERP 同所谓的软件更新混淆起来。后者意味着利用更加现代化的技术对过时的信息系统进行更新。软件更新的结果，往往不外是用精密的电脑化的系统取代过时的工作流程。

3. ERP 也不等于改变结构，不等于紧缩规模。缩小规模和改变结构仅仅意味着用较少的投入以适应较少的产出，ERP 意味着用较少的投入以取得更多的产出。

4. ERP 又不同于提高质量，不同于全面质量管理或当前任何一种形式的提高质量的方法。提高质量的计划一般是在公司现有的业务流程的框架内进行的，而 ERP 则是谋求突破，不是去提高现有的业务流程的效率，而是抛弃它，代之以崭新的业务流程。

三、在推进 ERP 进程中应该避免的错误

1. 试图适应一个流程而不是再造流程

2. 不以业务流程为重点

3. 只注意业务流程的重新设计而忽视其他一切

4. 忽视人的价值观和信念

5. 满足于点滴的成就

6. 过早就收手不干

7. 事先对问题的定位，对再造的范围设置种种限制

8. 容忍现行的企业文化和管理态度阻碍再造的启动

9. 企业再造不自下而上地发生

10. 舍不得向企业再造投入资源

11. 把企业再造淹没在公司事务中

12. 企业再造项目过多，分散精力

13. 把精力只集中在设计上

14. 力图在不得罪人的条件下实行企业再造

15. 在遇到有人抵制企业再造时便缩手后退

16. 旷日长久

以改革创新为动力，
建设全国最具影响力的现代出版企业集团

2014 年 7 月 15 日在集团工作会议上的讲话

作为中国出版改革的产物，1999 年 2 月 24 日，上海世纪出版集团成立，这是经中宣部、新闻出版署批准成立的全国第一家出版集团。2003 年，集团被列为全国文化体制改革试点单位，2005 年转制为全国第一家出版股份有限公司。2011 年 6 月，上海市委决定，上海文艺出版集团划入上海世纪出版集团，2012 年 7 月市委决定对世纪和文艺两个集团实施重组，成立新的上海世纪出版集团。十五年来，集团从最初的 5 家成员单位发展为拥有包括 26 家图书编辑出版机构（含 3 家编纂处），80 种报刊，1 家图书发行公司，2 家图书零售公司，1 家物流企业，1 家网络出版单位，2 家拍卖公司，2 家动漫制作企业，1 家印刷技术公司，1 家数字出版企业和 6 家海外公司在内的大型出版企业，在文化体制改革、业务创新重组、承担重点出版项目等方面创下了多个"全国第一"。2013 年，集团出书 11193 种，书报刊音像电子产品造货总码洋 34.60 亿元，主营业务收入 34.76 亿元，利润 2.35 亿元，总资产 55.10 亿元，净资产 31.02 亿元。

集团成立以来，始终以为我国出版业改革探路为己任，以打造最具影响力的现代出版集团为目标，积极探索出版业集团化改革创新之路。集团通过整体转企改制，发起设立上海世纪出版股份有限公司，建立全新的企业化运营管理模式，构建现代出版企业的组织架构和治理结构。集团通过重组出版资源，打造基础教育、高等教育、工具书、古籍出版、大众出版、专业出版六条图书产品线和时尚、财经、故事、科教四条报刊产品线，规划组织了一大批中长期重点出版项目，入选国家"十五"、"十一五"和"十二五"重点出版规划的项目数位居全国出版集团之首，每年推出大批引领出版潮流的精品力作，成为国家骨干项目的承担者和全国最大最重要的内容提供主体。集团通过发行重组，建立高度信息化的发行业务平台，成为国内唯一一家对发行业务成功进行整合的出版集团，并率先在全国与主要大型发行企业实行"社店信息对接"。集团通过一期、二期现代物流项目的建设，形成国内领先、国际一流的高度信息化的现代图书物流平台。集团通过推进信息化和 ERP 项目建设，运用信息技术打通企业业务和管理各个环节，在信息化基础上初步实现企业的流程再造，不断推进业务创新。集团以大型工具书数据库和专业出版平台作为数字化改造的重点，建立了工具书数据库和数字化编纂平台。集团在动漫领域，通过获得海外授权和自主开发，初步形成从创作、杂志出版、影视制作到衍生产品开发、形象授权的完整产业链。集团聚焦朵云轩品牌，拓展艺术品经营板块，初步完成艺术品产业链布局，并跻身国内艺术品拍卖领域领先行列。集团围绕个人理财，已在上海成功举办十届理财博览会，并延伸到北京、重庆、昆明等地，形成了一定规模的会展业务。集团响应中宣部和新闻出版广电总局的号召，大力推进"走出去"战略，版权输出成绩显著，多次获得表彰；同时，集团通过合资和独资的方式，在美国等地成立了6家海外企业，每年推出一批受到当地读者喜爱的出版产品，努力向海外读者介绍中国发展和改革的经验。

为贯彻落实党的十八大精神，集团将进一步解放思想，振奋精神，把改革作为推进集团重组转型发展的动力，以改革的精神来统筹和推动各项工作的开展，坚持将承担文化建设的责任为主要任务，践行"努力成为一代又一代中国人的文化脊梁"的企业使命，在内容、资本、技术这三个影响全球出版产业发展进程的维度内，通过扎实有效的工作，大力推进内容创新战略、数字化战略、信息化平台建设战略、产业链延伸战略、资本扩张战略、"走出去"战略和空间布局战略，推动上海世纪出版集团新一轮快速发展。

一、推动资本扩张战略，围绕集团整体上市目标，深化改革，加快重组的步伐

中国出版业的发展已进入资本时代，大规模的以收购兼并为主体的资产重组和资本扩张将是今后五至十年出版业发展的重要途径。因此，积极地、稳妥地实现集团整体上市目标是实施资本扩张战略的前提条件。集团重组后，按照市委要求制定了改革重组方案，并有了具体的任务书、路线图和时间表。方案得到了市委和国家新闻出版广电总局的充分肯定。按照集团改革方案，我们已在 2012 年 9 月完成了管理层重组，2014 年陆续完成了海外事业部、物业事业部、艺术品经营事业部的组建工作，推进管理架构的进一步优化，目前正围绕整体上市目标，加快集团业务重组和资产重组，为整体上市创造必要的条件。集团以 2013 年 12 月 31 日为基准日，聘请有关证券公司、会计事务所和律师事务所，围绕资产整合、业务整合和上市的目标，全面开展净资产审计和集团及所属单位的资产评估工作，目前净资产审计和资产评估工作已经完成，相关报告将上

报国资主管部门，等待审核备案。在完成此项工作后，集团将依托已经成立的上海世纪出版股份有限公司，通过向上海世纪出版集团定向增发股份购买资产的方式，收购上海人民出版社和原上海文艺出版集团以及上海新闻出版发展公司、上海外文图书公司等单位的大部分经营性资产和业务，以经国资监管机构备案确定的资产评估为对价，在近期实现股份公司对集团资产的整合工作。之后，世纪出版股份公司将再通过定向溢价、募集、增资扩股的方式，引入金融、电信、文化等大型国企作为战略投资者，吸纳更多资金，壮大资本实力，扩展经营领域。与此同时，集团通过发行中期票据的方式，募集 10 亿元的资金，用于当前业务的扩张。

二、推动内容创新战略，提高影响力，形成新的出版格局

创新从来就是企业核心竞争力的集中体现，只有主导内容创新，出版企业才能在数字化大潮中找到生存发展的空间，才能实现产业转型。在出版市场高度竞争和产业形态逐步转变的形势下，打造优质品牌，培养自主创新能力，拥有自主知识产权，从而占有更多的内容资源，是出版企业掌握内容创新主

导权的前提条件。集团将一手抓产品线结构优化，一手抓重点门类的突破，努力在主要出版领域形成资源优势，成为出版内容创新的领导者。集团将以业务重组为契机，加快六大图书产品线建设，调整、优化、细化各出版单位的定位。以实施"十二五"图书出版规划和若干长远出版规划为抓手，做好重大出版项目的筹划、组织和落实工作。以进一步提高图书产品的社会影响力和市场影响力为目标，不断增强集团在内容集聚和内容创新方面的能力，培养强大的内容组织和提供能力。集团要在国家级出版项目以及国家级出版奖项中，继续保持目前名列第一的地位，在图书零售市场份额方面要力争位居全国前列。以建设辞海编纂处、汉语大词典编纂处、英汉大词典编纂处等三大编纂基地为抓手，大力培育自主知识产权的开发能力，在工具书领域保持重要地位。在教育出版领域，认真应对新一轮教材编写改革的变局，加快布局，扩大投入，支持上海教育出版社等单位建立教材研究院、教育培训机构、电子书包研发机构，形成教材编写、教育培训和数字化应用一体化的立体教育出版格局。调整和重组报刊资源，加大时尚、故事、财经、科教等优势产品线的建设力度，并在有潜力的报刊出版领域积极寻求机遇，拓展报刊出版的规模和影响力。与此同时，形成三四十个著名的图书报刊品牌。

三、推动信息化平台建设战略，加快业务资源整合

现代出版集团建设的基础在于通过搭建各类功能性业务平台来整合和配置资源，起到 1+1 ＞ 2 的效应，进而提高集团的综合竞争力。集团下一步将在更大的范围整合资源，构建强大的信息化业务平台。集团正按照再造企业流程、优化资源配置、转变增长方式的总体目标，积极推进以财务为核心的业务一体化 ERP 系统的建设。在世纪发行中心的基础上，集团将深化体制改革，加快重组和整合原文艺出版集团下属各出版单位除中小学教材之外的图书发行业务，同时，同步完成对原文艺出版集团下属的各出版单位图书物流业务的整合。2014 年 4 月 1 日，历时半年的艰苦努力，世纪发行中心和物流中心完成了对文艺发行公司业务的整合工作，从人员、资产、信息、客户、账务到仓储物流，将上海文艺出版社等 7 家出版单位的一般图书发行与物流业务全部整合进入集团统一的发行和物流平台。集团还将按照数字化时代的业务需求，积极建设和完善辞海、双语、汉语在线工具书编纂平台，开发适用各门类、各领域出版工作要求的数字编纂平台，在图书制作时就生成一种通

用文件，既可用于纸质出版，又可适用电子书、手机等其他各种媒介出版。最终通过努力，把各类独立的功能性业务平台整合成四位一体的管理平台。

四、推动数字化发展战略，构建数字化产品体系，加快向出版数字化的产业转型

工业革命以来，任何科学的持续增长都依赖于不断的技术创新和产业革命的调整。数字出版是未来出版发展的重要方向和增长空间。集团要全力推进科技创新和出版发展的结合，通过现代数字技术和网络技术改造，加快推进图书、报刊的数字化进程，以此为基础构建数字化产品体系，开展信息服务增值业务，探索更多的数字出版的盈利商业模式，加快从传统纸质出版物向多种介质形态出版物的数字出版产业转型，推动出版产业升级。努力推进电子书的建设和营销，建设数字出版转档平台、版权保护平台，同时积极利用网络、电子阅读器、移动通讯等各类电子商务平台，推出电子辞典、电子点读笔、电子书等各类数字产品。加快若干大型数据库（其中包括辞海、英汉大词典、牛津英语大词典、"SKY"标准生物医药资源数据

库、历史文献知识库等）的建设，并以集团拥有自主知识产权的内容资源开发数字化数据检索服务平台，占领专业用户需求市场。在基础教育领域加快出版资源的整合力度，全面开展电子书包建设，加快推进虹口、闵行两区和曹杨二中电子教育实践，同时开发适用于全国市场的电子书包解决方案，全力抢占数字教育制高点。

五、推动产业链延伸战略，拓展新的业务领域，开展各类增值服务业务

在专业化发展的基础上，按照相关相近的原则积极开展多元化建设，通过延伸出版产业价值链，发挥比较优势，在出版生产服务领域打造全国性的"订单中心"，充分挖掘整个出版业各个环节的增值潜力，是出版集团做强做大的重要途径。集团拟依托朵云轩和博古斋拍卖公司，集聚优质资源，大力开展艺术品拍卖、古旧图书拍售、画廊展销、古玩交易、艺术电商、艺术教育、国家级非遗木版水印制作销售等业务，打造国内领先、产业链完整、跨地跨业经营的综合性艺术品产业龙头企业，引领上海艺术品产业转型发展，力争在较短的时间内提升在全

国的影响力、市场份额和话语权。积极开发外部资源，在已经开展的第三方物流业务的基础上，继续寻求适合集团二期物流作业的高附加值客户，并依托有关政策，积极开拓适应市场需求的各种增值服务项目，将青浦二期物流基地打造成全国最重要的第三方物流企业。以世纪嘉晋数字印刷公司为基础，开拓按需印刷业务，为读者和用户提供个性化的出版服务，迅速做大产业规模；同时解决出版业目前存在的高库存、高退货问题，并充分挖掘长尾图书市场的价值，以提供增值服务。加大原世纪出版集团所属单位的纸张采购整合的进度，把上海印刷新技术集团的纸张采购平台建设成为立足于服务集团各出版社为主、兼及第三方纸张供应的开放性第三方纸张供应平台。以理财博览会为中心，积极拓展和延伸，形成更大规模的会展业务。逐步整合旗下各出版单位的各类动漫资源，推进动漫产品的品牌授权，开发各种延伸产品和延伸价值，形成从创作、杂志出版、影视制作到衍生产品开发、形象授权的完整产业链。

六、推动"走出去"战略，努力建设全球企业

"走出去"是中央关于对外文化宣传和文化发展的重要战略

部署，我们要站在全球出版业发展的高度，捕捉战略机遇，加快对外合作和海外拓展的步伐。积极争取和利用国家有关政策指导和支持，培育海外出版基地，进一步发展本版图书实物出口和对外版权贸易，提升对外合作的水平和质量。为此，集团将加快香港世纪传媒有限公司的发展，以之作为海外中外文图书出版、向港台出口本版书刊及在海外资本运作的平台。积极推进美国双世出版公司、斯帕格出版公司和新闻出版发展公司在全球业务的拓展，形成年出版 50 种英文图书的出版能力和规模。在前期探索的基础上，进一步在北美和欧洲收购兼并适合集团下一步发展的国际出版机构和资源。努力发展上海外文图书公司的海外销售业务，拓展海外市场。继续加强同美国赫斯特集团、圣智集团、牛津大学出版社等海外出版集团的合作，扩大对外版权贸易业务，力争年输出版权数量居于全国前三位。

七、推动空间布局战略，推进重大基本建设项目

集团在本市的空间分布是新中国成立初期形成的，60 多年来没有大的调整和发展，已难以适应上海出版业和集团新一轮发展的要求。集团已在 2009 年投资 3.5 亿元在青浦建成占地

120 亩建筑面积 8 万平方米的现代物流基地，目前又募集资金 20 亿元建设世纪出版园和朵云轩艺术中心两个重大基建项目，为集团未来 60 年的发展提供空间支撑。世纪出版园区项目已完成设计、规划审批、扩初设计、工程预算的编制等工作，即将开展施工招投标工作，项目将于 2014 年 9 月开工建设，建成后将形成建筑面积达 12 万多平方米的现代化办公园区。朵云轩艺术中心的建设工作进展顺利，2013 年 6 月份结构封顶，现正进行内部装饰设计与施工，2015 年 1 月开业，建筑面积 5 万多平方米。目前正从朵云轩转型发展的高度，研究和完善艺术中心的经营模式，梳理各业务板块未来定位和发展规划，优化配置各种商业业态，科学合理地做好功能布局，力争开业时不留"空白"，确保各板块在艺术中心能较快"落地生根"，使朵云轩艺术中心成为上海乃至全国高端艺术品的交易平台。

上海世纪出版集团将始终以改革创新为动力，努力建设成为跨地区、跨国界的，以内容提供为主体的，涵盖所有出版领域的，技术手段先进的，能够参与国际竞争，在国际上具有较高知名度，整体发展规模进入全国前列，影响力在中国居于第一位的大型综合性现代出版企业集团。

我看实体书店的倒下

原载《出版商务周报》，2011 年 8 月 7 日

最近几年，实体书店的纷纷关闭，是令出版界感到非常焦虑的一件事情。这种情况的发生有着多方面的因素。

最近20多年来，随着中国出版业从计划向市场的转型，实体书店的业态也在不断地进行调整，先是一家家独立的小书店被大型书城以及超级连锁书店所替代，而这几年由于网络书店的兴起，网络书店快捷、便利的服务，优惠的折扣，又使大型书店和连锁书店受到了严重的冲击。这种情况不仅在中国发生，全世界亦然。40多年前，全世界爱书人的圣地——查令十字街84号旧书店的关闭曾引发多少人的伤感，那部《查令十字街84号》的电影又带给我们多少美好的回忆。最近几天，拥有360家大型书店的全美第二大超级连锁书店博德斯宣布破产关门更是给书业以极大的冲击。这在很大程度上提醒我们实体书店需要变化，需要改革。

另一方面，书店的经营环境也发生了变化，集中地表现为经营成本的大幅度上升，尤其是房租的快速上涨使绝大多数实体书店的经营无法维持，难以为继。

不过，最重要的问题在我看来是，在向市场的转型过程中，我们培育了许多市场主体，但是相应的市场体系的建设则有点滞后，市场制度、市场秩序、市场法规、市场监管、中介组织、行业协会等方面均存在不少问题，以至于我们的市场上充斥着"劣币驱逐良币"的恶性竞争，正是业内发端于实体书店、恶战于网络书店、越演越烈的折扣战的硝烟，使得越来越多的实体书店生存艰难，纷纷倒下。

解决实体书店纷纷倒下的关键还在于书店如何锐意改革，求得浴火重生。相对网络书店来说，实体书店的最大优势在于良好的店堂环境和布置，丰富多彩的文化活动，有助于形成良好的公共文化空间，能给人幸福家园的感受，并受到人文的熏陶，使人产生购书的欲望，产生那种不能不买的冲动；而文化的、专业的、特色的、面对面的经营风格和服务能够帮助读者获取更多知识。因此，错位经营、专业经营、特色经营恐怕是当前实体书店在与网络书店竞争中需要解决的问题。

实体书店是城市中的一道风景线，是城市公共文化建设的重要组成部分，从政府的角度来看，不能把它看成是单纯的商业活动和一桩桩"生意"。因此，在城市市政建设规划中实体书店应该留有位置，在经济扶植上应有政策出台，过去很长一段时间我们在这两个方面都有安排，但最近十年有所不足。可喜的是，近日获悉新闻出版总署在这方面正在酝酿新的扶植方案。

当然，最根本的还是政府应提供和维持一个健康的、良好的市场环境和秩序，通过市场制度、法规的建设和有力的市场监管，让所有的市场主体通过充分而自由的良性竞争，不断发展壮大，并让读者从中获得最大的福利。

关于编纂出版《汉语大词典》（第二版）的基本考虑

的基本考虑

2012 年 12 月 10 日在《汉语大词典》(第二版）编纂出版启动大会上所作的工作报告

1994 年 5 月，皇皇巨著《汉语大词典》编纂出版完成，在人民大会堂举行庆功会，江泽民、李鹏等中央领导同志接见了《汉语大词典》编写和出版工作人员，江泽民同志作了重要讲话，并欣然题词"弘扬中华民族优秀文化，建设社会主义精神文明"。18 年后的今天，我们又在这里举行《汉语大词典》(第二版)编纂出版启动大会，恰逢党的十八大胜利闭幕，十八大报告中明确提出"扎实推进社会主义文化强国建设"，"推广和规范使用国家通用语言文字"，"加强重大公共文化工程和文化项目建设"，使我们感到无比振奋、信心倍增。

　　下面，受华建敏主编的委托，我就近十年我们围绕《汉语大词典》(第二版)所做的准备工作，以及下一步的编纂修订计划，向同志们作一汇报。

一、《汉语大词典》的基本情况

　　《汉语大词典》是一部特大型的、历时性的汉语语文词典，列入国家《1975—1985 年中外语文词典编写出版规划》，罗竹风任主编，华东五省一市（山东、江苏、安徽、浙江、福建、上海）有关部门和单位承担编写任务，由汉语大词典编辑委员会、汉语大词典编纂处总其成。第一卷于 1986 年由上海辞书出版社出版，自第二卷起由汉语大词典出版社出版。共收词目 37.5 万条，计 5000 余万字，插图 2200 余幅；全书 12 卷，另有索引 1 卷，至 1994 年全部出齐。同年，荣获首届国家图书奖。《汉语大词典》收录一般语词和进入普通词汇中的专科语词，释义着重从词义演变过程加以阐述，义项完备，是我国第一部"古今兼收、源流并重"的特大型汉语词典。它的编纂与出版，得到了几代中央领导人的关怀与全国学术界的支持，凝结了几代中国学者和出版人的心血，受到学术界广泛赞誉。1989 年，联合国教科文组织将《汉语大词典》定为世界权威工具书、联合国汉语翻译的工作用书。

二、《汉语大词典》（第二版）的立项

古今中外工具书的出版历史表明，由于条件的局限，任何大型辞书的编纂，都不可能"毕其功于一役"，都需要不断修订与完善。《汉语大词典》问世已经 18 年，若从第一卷的出版起算，至今已过了 26 年。在这些年里，无论是语言、文化还是社会、科技都发展迅猛，第一版存在的不足也逐渐显露，修订工作势在必行。

作为编纂修订的专门机构，汉语大词典编纂处从《汉语大词典》出版之日起，就组织人员通读全书，搜集资料，广泛调查、梳理了国内外学术界有关本书的研究文献约 13000 篇，并结合编纂处自身积累的大量资料进行修订。自 2005 年起，又历时五年，于 2010 年出版了"十一五"国家重点图书规划项目《汉语大词典订补》。《汉语大词典订补》共 330 余万字，新收与订正《汉语大词典》（第一版）词条 3 万多条。同时，编纂处继续研究第一版出版以来产生的新词新语的收录和释义问题，有计划地建立为修订工作服务的汉语历时语料库，吸收国内外语言学、词典学和各相关学科的研究成果。另一方面，作

为《汉语大词典》（第二版）的出版单位，上海辞书出版社在全国语言文字学界、辞书学界、出版界广泛征求意见，着重调查了中国知网、山东大学、山东理工大学等单位可用于第二版编纂修订工作的大型科研项目与电子语料库，初步收集了曲文军、程志兵、王锳、马固钢、亢世勇等专家学者有关第二版编纂修订的材料。这些都为《汉语大词典》（第二版）的编纂修订奠定了基础。

通过以上多方面的工作，全面启动《汉语大词典》（第二版）编纂的各项条件已经成熟，为此，上海辞书出版社向新闻出版总署申报了重大出版项目。经过严密、审慎的论证，2012年3月总署确定其为国家出版基金资助项目，并下拨首批资助经费，专项支持这项工作。

三、《汉语大词典》（第二版）工作班子的筹备

项目获准后，为在人员与机构方面保证《汉语大词典》（第二版）的顺利完成，我们成立了新的《汉语大词典》工作委员会、学术顾问委员会、编辑委员会，新闻出版总署署长柳斌杰同志任工作委员会主任，新闻出版总署副署长邬书林，教育部

副部长李卫红，中共上海市委常委、宣传部部长杨振武等同志为副主任；著名学者周有光、裘锡圭、江蓝生等同志任学术顾问，其中周有光同志任首席学术顾问；全国人大常委会副委员长华建敏同志任主编，著名学者张斌、赵振铎、蒋绍愚等同志任副主编。我们还聘请了北京大学、复旦大学、浙江大学、南京大学、山东大学等多所高校、研究所共 100 余名专家学者参与编纂修订工作。这些专家学者将与汉语大词典编纂处、上海辞书出版社的编辑人员一起，紧密团结，分工协作，开展工作。在此基础上，《汉语大词典》每册将选择一人或数人担任分册主编，负责本册编纂审稿队伍的组织，并对本册内容质量负责。这些在语言文字学、辞书学、出版领域颇有建树的学者专家，是《汉语大词典》（第二版）能够顺利完成的强有力的保证。

四、《汉语大词典》（第二版）项目实施计划

（一）编纂修订的分工

《汉语大词典》（第二版）工作将延续第一版行之有效的传统，工作委员会全面负责组织和协调工作，对编纂各环节进行

督促和落实；学术顾问委员会为本书重大与疑难问题提供学术咨询与指导；编辑委员会负责审定全书的体例和内容，统一处理共性问题，对全书质量进行把关。汉语大词典编纂处负责组织专家审读全书，增补条目并统稿。上海辞书出版社负责工作委员会、学术顾问委员会、编辑委员会日常工作的组织、落实，以及全书的审稿、排版、印制以及出版、发行等。

（二）具体的实施办法

1. 规整体例，制订《编纂修订方案》。在调查研究的基础上，制订《〈汉语大词典〉（第二版）编纂修订方案》（征求意见稿），向全国专家学者征求意见；在全国选取对《汉语大词典》素有研究和第二版参与人员相对集中的地方或高校，分点、分片召开座谈会，充分听取各方面专家学者的意见，集思广益，群策群力，形成《〈汉语大词典〉（第二版）编纂修订方案》的定稿。

2. 整体修订与分类修订相结合。以《汉语大词典》（第一版）中的成语部分为试验对象，尝试先行修订，为全书编纂修订探路和积累经验，并在此基础上编纂出版《汉语成语大辞典》，作为《汉语大词典》（第二版）的专题试验品。

3. 比对新版的品牌工具书，吸收其优质新内容。大型辞书的编纂与修订工作应当吸收已有品牌辞书的优质内容。目前，《辞海》(第六版)《现代汉语词典》(第六版)《汉语大字典》(第二版)《中国大百科全书》(第二版) 等著名辞书都已出版，我们拟安排专人比对这些新版辞书，研判、吸收其优质新内容，补收词目与义项，选收新词新义，参考典型书证等。

4. 继续收集与《汉语大词典》有关的论著。这项工作将贯穿第二版的整个编纂修订工作的始终。除公开发表的论著外，还应重视尚未发表的相关论著和资料。无论是硕士、博士学位论文，还是专家学者尚未发表的文章，都要想方设法收集。

5. 补充《汉语大词典》(第一版) 缺少的文献。由于历史原因，许多文献未纳入《汉语大词典》(第一版) 的收词范围，如晚清民初的一部分小说，中国近现代史上一些在当时有争议的人物的文学作品，近些年在海外发现的汉语文献，《汉语大词典》(第一版) 出版后新出土的考古文献，新出版的专书词典和断代语言词典，以及新版大型文献总集等。《汉语大词典》(第二版) 拟从这些文献中补收词目、义项和书证。

6. 收集与整理相关的工作手册。《汉语大词典》(第一版) 编纂出版时，为使众多撰稿人对收词标准、注音方式、引书格式、释文风格等统一认识，汉语大词典编纂处印发了《〈汉语大词典〉编纂手册》《〈汉语大词典〉编写体例补充规定》《〈汉语大词典〉收词原则》等十余种工作手册。这些工作手册与编纂资料，我们都将收集整理并重新修订后，印发给第二版的所有参与人员作为编纂修订的主要依据。

7. 建立《汉语大词典》编纂修订语料库与数据库。充分运用现代计算机、互联网与语料库等技术，特别是充分调查和利用《汉语大词典》（第一版）有关的数据库，来提高第二版编纂工作的质量与速度。已有一些专家学者分别从学术研究、数字出版的角度，对第一版进行了分解，为我们分专题进行第二版的编纂修订打下了良好的基础。我们还将进一步整理《汉语大词典》（第一版）编纂时留存的 800 多万张资料卡片，剔除重复和已经使用的部分，将预备采用的卡片输入计算机；整理世纪出版集团近二十年来出版的优质辞书，利用社会上公开、免费的大型语料库，购买必要的古今汉语语料库。在此基础上，新建规模更大、更实用的古今汉语语料库；同时，利用上海世纪出版集团持续建设的"汉语工具书编纂平台"，辅助完成编纂修订中的书证复核、例证提取、义项审订、词目选收等编纂工作。

8. 人机结合，分专题进行专项检查。在《汉语大词典》（第一版）全文数据库的基础上，进行各类专项检查。如"参见"

系统的专项检查，纠补"关而不联、不关不联、参而不见、错参误见"等疏漏；繁体字简体字、正体字异体字及其统属的多字条目的专项检查，纠补归属失误、漏立条目、重复立条、书证单薄、释义矛盾等疏误。分学科标记，敦请各学科的专家审核百科条目；标记方言条目，由方言学家审核。鉴于书证是《汉语大词典》（第一版）的相对薄弱环节，我们将综合利用第一版全文数据库与新建的语料库，进行书证专项核查，尽力消灭无证词目、孤证词目、误目假目、误义假义、误证假证等错误与疏漏。

9. 分时代补收和修订条目。结合新建的语料库，按上古汉语、中古汉语、近代汉语、现代汉语、新词新语等分工，补收和修订条目。对于《汉语大词典》（第一版）相对薄弱的近代汉语和现代汉语，我们将增收一定数量的典籍，充分吸收最新的研究成果，汲取近年来新发现的史料及新沉淀的新词新语，全面补充全书的词条、义项和书证，使《汉语大词典》（第二版）能更好地反映世界汉语研究的成果。

10. 审读《汉语大词典》（第一版）。组织专家队伍再次审读《汉语大词典》第一版，统一体例，查核、改正释义和例证等方面的错误，更新有关人文地理等信息，删除滥收条目。

11. 新选、新绘插图。根据《汉语大词典》（第二版）词目的内容，适当补充插图。除第一版已有的 2200 余幅插图外，聘请专业人士，新选、新绘约 6000 幅插图。

12.《附录·索引》卷的增补与充实。参考各种资料，增加国家有关语言文字的法律法规、人文社科及有关工具书方面的信息，尽力丰富本书的查考功能。同时，考虑到老年读者、方言区读者或不熟悉汉语拼音的读者的需求，拟在原来的《单字笔画索引》和《单字汉语拼音索引》的基础上，增加全书的《单字四角号码索引》《单字难检字索引》，以方便读者检索。

13. 注重定稿工作，制定合理流程。聘请位于学术前沿的专家学者担任特约审稿人，对初步完成的稿件进行审读定稿。审稿工作将采用流水工作法，完成一卷审定一卷。

14. 锤炼编辑队伍，培养接班人。我们还将特别注重在完成《汉语大词典》（第二版）的过程中，培养造就《汉语大词典》新的编辑队伍，使这一国家级重大文化项目能够薪火相传。

（三）建章立制，确保项目资金使用安全

制定《汉语大词典》（第二版）专项资金的管理办法，严格按照国家有关规定，加强专项资金管理，切实做到专款专用、专户核算，努力提高资金使用效益，自觉接受主管单位及财

政、审计、纪检监察等部门的监督检查。

对编辑、印制、装帧、营销等各环节建立责任制，建立健全《汉语大词典》（第二版）质量保障体系，确保编校与印制质量。

五、《汉语大词典》（第二版）项目目标

通过以上各项保障措施和努力，《汉语大词典》（第二版）作为迄今为止最大规模的汉语工具书，将以"释义准确，义项齐备，书证翔实，体例严谨"为特色，在质量上比第一版有明显的提升。主要体现为：

1. 收词谨严，兼顾历时性和共时性；释义无错误及模棱两可之处，引文准确。

2. 通过大规模增加引用的书籍，充分利用新发现的资料，扩大收词量；通过"完善始见书证、消灭缺乏书证、补充丰富孤证"等一系列手段，全面反映汉语词汇的发展面貌及内涵。初步估算，全书修订量将超过 30% 以上，其中新增词条或书证 10 万至 12 万条。

3. 既要充分吸收新的学术研究成果，又要慎重选收近 20

年产生的新词新语，使《汉语大词典》（第二版）具有不可替代性与权威性，维护汉语的规范性与纯洁性，努力提高汉语在国际文化交流中的地位。

按照计划，《汉语大词典》（第二版）将于 2013 年下半年陆续发稿，2015 年开始出版，2020 年完成。全书将分 25 册，约 6000 万字，配备更为完整、可供参考的《附录》《索引》。

关于编辑出版"哲学社会科学经典总汇"的几点想法

2010 年 3 月 12 日在"哲学社会科学经典总汇"专家研讨会上的讲话

按照中央宣传部出版局的要求，受中国出版集团公司和上海世纪出版股份有限公司的委托，我在这里就"哲学社会科学经典总汇"（以下简称"总汇"）这一重大出版工程的动议与背景，以及这次会议的任务和要求向大家作一个介绍。我主要讲四点：首先讲讲"总汇"的缘起和宗旨，第二讲一下"总汇"的结构与规模，第三谈谈"总汇"分类上的考虑，最后介绍一下这次会议着重需要讨论的若干问题。

一、关于"总汇"的缘起与宗旨

　　这部"总汇"是由中央宣传部组织发起的，它的策划与出版具有重要的意义。首先，它是新时期一项具有奠基意义的国家文化工程。一个国家、一个民族的崛起，需要人类文化最优秀的思想津梁的支撑，而人类文化的思想精华的传播主要是通过基本典籍和文献的系统规划、大型文库的编辑出版来实现的。因此，我们希望这一文化工程能够成为我们这个时代的"文化承重墙"和"精神脊梁"。

我们党和国家共同的精神基础是马克思主义，因此，这套"总汇"的规划与出版也是马克思主义理论研究和建设工程的一部分。

从理论源流的承启角度看，马克思主义经典作家十分注重从人类思想的源流中吸取营养。马克思主义三个来源（德国的古典哲学、英国的古典政治经济学与法国的空想社会主义）展示了西方先进思想的古今流脉。1958 年，陈翰伯同志主持商务印书馆馆务，曾立足于马克思主义三个来源，打开西方思想的智慧之门，敦请著名马克思主义学者张友渔、潘梓年等分学科开列书单数以千计，书目是经当时的中国科学院社会科学学部的专家精心选择、反复论证后确定下来的，由此新中国成立后第一批高质量的世界社科经典名著得以出版。1980 年，陈原同志主持商务印书馆馆务时，又在这批书单的基础上精心遴选、增补扩充，规划出版了影响极大的"汉译世界学术名著丛书"。这批书出版至今，是我们今天主流学术阅读的精品读物。

加强马克思主义基本原理研究是繁荣发展哲学社会科学的一项极为重要的工作。"总汇"的编纂出版工作将坚持马克思主义的指导地位，按照马克思主义理论研究和建设工程的有关要求，通过"建设民族性的哲学社会科学体系"，大力推进中国哲学社会科学的学术观点创新、学科体系创新和科研方法创新。由于马克思主义经典著作已经另有出版安排，所以"总汇"将不再收录马克思主义经典作家的相关作品。

从理论的实践性与当代性的角度看，哲学社会科学是人们认识世界、改造世界的重要工具，是推动历史发展和社会进步的重要力量。哲学社会科学的研究能力和成果是综合国力的重要组成部分。建设中国特色社会主义，落实科学发展观，建设和谐社会都离不开以马克思主义为指导的哲学社会科学体系的智力支持。当前，我国在经济建设和社会和谐方面都保持着良好的发展态势，有中国特色的社会主义市场经济体制正逐步完善，文化体制改革不断深化，文化产业健康发展，不仅理论界，更广大的人民群众也有精神阅读的巨大需求。规划出版一套具有时代特点、结构合理、门类齐全的哲学社会科学经典总汇，不仅是着眼于推动国民阅读、普及学术与思想成果，更高的追求在于参与塑造社会主义的核心价值体系，巩固全党全国各族人民团结奋斗的共同思想基础。

同时，规划和出版这套"总汇"，对于我们继承民族优秀的文化传统，充分吸收世界文化的优秀成果，准确把握当今世界的发展趋势，深刻认识当代中国经济社会发展规律，推进哲学社会科学理论创新体系的建设也具有重要意义。

在明确宏大的出版旨趣之后，必须有务实的工作策略和操作路径。中宣部领导安排以精神文明重大项目的名义凝聚、整合国内从事哲学社会科学理论研究和出版的精英队伍，依托中国出版集团公司、上海世纪出版股份有限公司两家最具品牌影响力和出版资源、专业人才实力的机构来承担项目策划与运营，为项目的顺利实施奠定了良好的基础。

经过两大出版集团历时一年的精心酝酿，目前已经确定了基本的策划、选目思路，为贯通中西、穿越古今、涵盖哲学社会科学各个主干学科，系统收罗奠基性、标志性经典名著和大师佳作作了准备。现已提出了一个预选书目，提交各位专家论证。

"总汇"出版后，除在图书市场上销售外，还拟采用政府采购的方式，成套配备给全国县以上的公共图书馆，供广大基层理论工作者和干部群众阅读。

二、关于"总汇"的结构、规模与选目原则

为全面系统地反映人类文明有思想学术文献流布的三千年

来，在哲学社会科学领域里积累的优秀思想和学术成果，体现思想学术与知识谱系的完整性，既无"遗珠"，也不"滥收"，"总汇"的规模拟设定为 2000 种左右。为保证"总汇"入选图书的经典性、权威性、严谨性，我们对择书的范围、时间断限、标准做了初步的界定。

"总汇"的结构比例，按照中、西两大板块来谋篇布局，根据现有出版物的积累情况，初步设计西学著作占"总汇"的五分之三左右，中学著作占五分之二左右。

"总汇"入选书目必须符合通常意义上的"哲学社会科学"定义，其包含的二级学科为哲学（含伦理学）、历史学、文化学、经济学、政治学、心理学、社会学、人类学、教育学等，不包括文学、艺术与自然科学诸学科。对于交叉学科选题从严甄别入选。

关于"总汇"的时间断限，上起古希腊、罗马和中国的先秦时期，下限拟延续至 20 世纪中叶或 20 世纪末。在数千年人类社会科学领域研究成果中精心遴选，将文化价值高、理论意义强、学科建设贡献突出的著作筛选出来，以系统地反映哲学社会科学理论发展的历史轨迹以及人类各个不同历史时期先进文化的前进方向。

"总汇"的选目原则首重内容的思想性、学术性，在学科演进中的经典性，作者的权威性，文化史上的影响力等，今人作品需有一定的时间积淀并已形成定评。西方经典部分拟按照西方学术思想沿革，系统整理国外哲学和社会科学的重要人物及其代表作，尤其是那些社会科学各学科的奠基性作品，选目主要依据世界各国重要图书馆的必备文献和书目，哲学和社会科学相关评价体系，各学科专业的辞典工具书，一些学科的权威奖项，以及牛津大学出版社、剑桥大学出版社、苏尔坎普出版社等著名出版公司所出版的经典系列的择取标准，结合中国思想、学术界的实际情况和本土文化与话题来调整与确定。就中国哲学社会科学的经典著作而言，19 世纪以前的作品拟根据张之洞的《书目答问》等知名目录学著作的定评来选择，19 世纪之后的作品拟根据《中国大百科全书》入编条目的标准选择，当代作品可根据同行引述率、学术期刊转载率、专家评论率等文献评级指标来确定。

中学经典入选图书底本的选择力求收录历代善本、定本，名家校勘本；西学经典选择原著全本，名家白话文精译、精校本。对于有争议的校勘本、译本提交专家团队专题讨论，决定取舍。

三、关于"总汇"分类上的考虑

分类是大型文库策划的难点，为体现"总汇"的整体和谐，以及知识谱系的内在逻辑，拟对中学和西学两大板块的图书进行合理的分类，分类时强调经典性与学科逻辑性的有机统一，体现"建设民族性的哲学社会科学体系"的要求。

（一）西学部分

"总汇"西学部分收录范围到 2000 年，按作者作品主要所处时期进行分类，分为古代、中世纪，近现代和当代三个大类。其中，文艺复兴前的作品归入古代、中世纪一类，文艺复兴到 20 世纪初的作品纳入近现代范畴，20 世纪以后的作品统一列入当代。因现行的学科分类是现代思想运动和教育改革的产物，所以古代作品并不特别区分其学科类别，近现代作品和当代作品则尽量列出所属学科门类。在各学科门类中再按照作者生活的时代先后进行排列。在此基础上，对西学部分图书再分成 10 个小类、11 个学科（史学、政治学、经济学、哲学、社会学、人类学、语言学、教育学、心理学、法学、与社会科学有紧密关联的科学思想）。力求按照现代学科类别进行梳理，将各个学科领域的具有理论、思想、文献意义的作品遴选出来，分类编辑出版。

（二）中学部分

关于中学部分图书的分类，现有两个方案。

1. 强调按照西方近现代以学科为基础的分类方法来进行分类，在学科布局上，力求做到中国部分和外国部分的分类体例基本一致。主张以中图分类法为基础进行适当变通，将中学这部分图书按照时间和门类，分成古典、近现代和当代三个时期，收录范围则与西学一致，时限为 2000 年前出版的图书。按照这一设想，将中学这部分图书分成 12 类，分别为哲学类、历史类、宗教类、语言文字类、文论类、文化艺术类、政法军事类、经济社会类、地理类、科学人文类、综合参考类以及普及读物类。

2. 强调中华学术的混沦性与承革性，主张中学、西学两大块面应允许采取适应本身特点且可操作的不同架构，在这一前提下，考虑中、西两部分的呼应。对于中学部分图书，在强调经典性的基础上，建议分成古代、近世两段，收录范围为 1949 年前出版的著作而作者今已故世者。分类时以西式分类法为参照系，针对中式四部分类法的主要弱点，吸取西式分类的某些长处，兼顾时代脉络，对四部分类法进行适当的变通改造，其基本格局为经史互证、子集相映。拟将中学部分图书分为5个部分，即经学之部、史学之部、政哲之部、专学之部、文献学之部，每部之下设有数类。

在我们看来，已有的分类方案，讨论的余地还很大。譬如，为何中学、西学采用两种不同的一、二级分类原则，这是因为两大学术体系遵循着不同的发生学和沿革传承，西方学术很早就萌生形而上学精神与还原论研究理路，理论成果具有鲜明的抽象性、公理性，与现代学术细分构架息息相通，比较容易对接现代学术分类，因此，二级分类按照学科与主题分类划分。而中学经典具有强烈的混沌性、思辨性，注重体验，思想方法讲究取类比象、由臆达悟、物与神游，学术建构上文史哲一体，譬如周秦诸子及经部诸典，皆为"究天人之际，通古今之变"之学，很难遵循当今流行的中图法，归于严格意义上的哲学、政治、经济、军事、法律或社会学。如果强行依照现代西学分类的法则来划分，很可能肢解原本自洽的中学气脉，譬如秦汉时期形成的"三礼"之学是一个密切联系的礼学体系，若按照西学谱系分类，《礼记》（大学、中庸）归入哲学，《周礼》（礼仪）应归入政法、军事与社会学，现代读者很难把握其学术真传，造成学理源流割裂，历史文脉碎片化。因此，有专家认为应该充分尊重中国学术的固有传统与分类，回到经史子集的四部分类格局中去，保留经史互证、子集相映的基本格局。

我们担心，分类的过度细化也可能带来"总汇"结构的失衡，有类必收书，而各类的学术容涵、纵深不尽一致，就会造成各序列标准高下悬殊，宽严失措，还会造成古今书目比重倾斜，一边经典成堆，忍痛割舍精品，一边名篇稀少，二流作品入选。

此外，与分类相关的问题还有很多。例如，如何对待中国古代文献中集部所收著作，因为中国文学的特质是与"道"紧密相关的，就文化学的角度看，大文学家实际上都是当时社会思想史的重要承担者，很多作品乃是哲学社会科学方面的经典，其去取如何确定？又如规模比较大的哲学社会科学方面的经典著作（尤其是中国古代典籍）是否需要全部收入？从经典性角度考虑，这些著作具有很高的学术文化价值；从阅读者的角度考虑，这些著作非常值得披览。但是，如果收入这些卷帙繁多的著作，则"总汇"的总规模将难以控制。而如果不收这些著作，则"总汇"的体系将丧失完整性，"总汇"的知识结构也将有所欠缺。

总之，分类问题将随着编辑工作进展逐步凸显出来，需要我们的专家、出版团队反复研讨，认真权衡，以求完美。

四、需要重点讨论的几个问题

"总汇"的筹备工作是在中宣部出版局的指导下进行的，2006 年以来，中宣部出版局已经召集两大集团开了三次工作会议，研究"总汇"的编辑出版工作，两大集团都基于各自的专家智慧和出版资源提出了有内容的工作思路、组织形式与基本书目，在许多方面形成了共识。如对于"总汇"的定位、规模有了比较一致的看法，初步讨论了"总汇"的分类和框架，对于哲学社会科学经典著作在海内外的出版状况，尤其是新中国成立以来的出版情况进行了深入细致的调研和摸底，在此基础上，我们草列了供讨论用的 2000 种书目及选目说明。这些工作在发给大家的"关于组织出版哲学社会科学经典总汇的策划书"及相关材料中已有所体现。

这一天半的会议，主要是请各位专家对"总汇"提意见，出点子，发议论，既可以是宏观层面，如对出版宗旨、编撰体例、分类方法等的评论，也可以围绕具体问题展开讨论，尤其是对于书目中的具体选题进行评点和建议。这里特别列出以下五个问题，希望听取专家学者们的意见。

1. 分类问题。前已专门述及，目前在中学部分的分类方法上存在差异，一个方案主张以中图分类法为基础进行适当变通，以与西学部分的学科分类保持基本一致。另一个方案主张以西式分类法为参照系，吸取西式分类的某些长处，兼顾时代脉络，对中式四部分类法进行适当的变通改造。其中关键是如何看待中国古代和近现代的学术传统及内在体系问题。

2. 时限问题。对于西学部分，收录范围为 21 世纪前出版的图书。中学部分则有两种考虑，一个方案主张收录范围为 1949 年前出版的著作而作者今已故世者，另一个方案则主张收录范围与西学一致，为 21 世纪前出版的图书。

3. 版本与体例问题。西学方面的著作要选择名家翻译的通行白话文译本，中学方面应选择专家有定评的善本，经过专家的精心校勘。但是在版本与体例方面仍需细加斟酌。譬如，"总汇"所收的中国古代典籍，按照通常的古籍整理规范，有白文、简注、详注、会注、今译等多种样式，如果"总汇"对于这些著作的出版有统一的版本和体例要求，则编辑出版的工作任务将十分繁重，而且每种典籍的难易程度有别，现有研究水准参差不齐，如何取得折中的解决办法，亦需根据国内现有文献整理状况而定。

4. 收书标准与原则问题。"总汇"的中学和西学两部分共收书 2000 种，达到规模并无问题，关键是如何确定所收图书确为经典，标准如何掌握。去取不当则会失收一流作品，反而将二流、三流的作品收录进来，损害"总汇"的权威性和整体质量。

5. 中学和西学书目的比例问题。"总汇"的中学和西学两部分共收书 2000 种，中学、西学部分各占多少合适？确定二者比例，依据的标准和原则是什么？对这一问题，亦需加以认真研究。

我的介绍也可能有不少不当之处，敬请各位专家学者批评指正。

.

"走向 1997 的香港经济丛书"总序

1992 年为"走向 1997 的香港经济丛书"所写的序文

一

香港自古以来就是中国的一部分。不过，如所周知，1842年，殖民战争的炮火将香港与祖国分割开来，至今已经整整150年了。

随着1997年6月30日日益临近，香港前途问题先是引起敏感的一部分人关注，然后是越来越成为香港内外亿万人所瞩目的一个焦点。人们在沉思香港的政治命运，急于确知香港未来的归宿。

1984年9月26日，中英两国政府代表达成关于香港问题的联合声明，并于同年12月19日由两国政府首脑在北京正式签署。《联合声明》宣布，1997年7月1日起，香港回归中国，实行"一国两制"，以中华人民共和国特别行政区的地位，保持资本主义制度50年不变。

至此，一方面，香港的前途问题可谓尘埃落定，香港进入由英国管治向中华人民共和国特别行政区过渡的时期。另一方面，"一国两制"是史无前例的构想，走向 1997 的香港仍然牵动着亿万人的思绪。

二

150 年前，香港不过是南中国一个毫不显眼的渔村；今天，香港已经成为举世闻名的国际金融中心、贸易中心、交通运输中心和旅游中心。如此的发展速度在世界上并不多见。

鉴于香港迅速发展的 150 年，正是管治香港的英国由盛极而趋于衰落的 150 年，于是，人们自然关心为何在这"借来的地方，借来的时间"，香港能取得惊人的成就。

仔细地分析，香港经济与社会真正飞速的发展，是在二次大战以后，尤其是在本世纪 70 年代和 80 年代。短短的几十年间，香港走完了经济发展的四个阶段——（1）战后复元和转口贸易恢复阶段，（2）工业化阶段，（3）经济起飞阶段，（4）现代化、多元化阶段，俨然"横空出世"，成为亚洲经济成就最为显赫的"四小龙"之一，被国际经济组织归入"新兴工业化经济"组别。

进入 80 年代末，香港经济的某些重要指标已达到发达经济的水平。例如，1991 年香港人均本地生产总值已达到 14000美元，这一指标在亚洲仅次于日本，超过了欧洲某些发达国家。又如，香港服务业的产值早在 1987 年就已达到本地生产总值的 65%，超过了当时发达国家的平均数。这表明目前香港经济进入了战后第五个发展阶段，即由新兴工业化经济开始向成熟的发达经济过渡的阶段，香港经济已经站在了"发达经济"的门槛上了。

<h1 style="text-align:center">三</h1>

　　经济理论和实践都证实，一个国家或地区的经济结构和发展水平在向更高层次转变或过渡的时候，不可避免地会产生和遇到一系列的问题。香港当然也不例外。香港经济在进入第五个发展阶段后，已经暴露出越来越多的问题，其中主要的有高通胀、高楼价、社会福利，以及金融体系的现代化、国际化、多元化与加强监管等。所不同的是，香港的经济转变或过渡发生在政治过渡的后半期，不得不受到某些因素的影响，这使得已经暴露的经济问题变得更加复杂。对此，在人们惊叹香

港的经济成就，企望洞悉其成功奥秘的同时，越来越多的香港人正在用不同的方式、不同的语言，在不同的场合表达他们对这些经济问题的不同程度的困惑和担忧。而且，他们更加关心，在走向 1997 年的路途中，香港的经济乃至全社会还将发生怎样的变化，还会遇到哪些困难和挑战，应该采取什么样的对策⋯⋯

"走向 1997 的香港经济丛书"就是在这种背景下策划和推出的。我们希望提供一个园地，来发表各种严肃而认真地探讨过渡期香港经济问题的成果，为香港的长期稳定和繁荣服务。

四

本丛书侧重于过渡期尤其是"后过渡期"（即由 1990 年 4 月"中华人民共和国香港特别行政区基本法"正式颁布至 1997 年 6 月 30 日止）的香港经济问题，包括货币金融、财政、资本、产业结构、经济管理、企业管理、通货膨胀、国际贸易、资源、内地香港经济联系，等等。过渡期香港经济的发展，不可能不受"主权回归"的影响，但是取决于香港本身已有的经济成果和条件，并且在一定程度上也受世界经济，尤其是亚太地区经济发展的影响。

本丛书针对走向 1997 的香港经济的演变，尤其是可能发生的问题，可能遭遇的困难，内部条件与外部环境，发展的若干可能性，以及应该采取及可供选择的对策，来展开理论的探索和实证的分析。

历史是连续的。本丛书在写作过程中当然要适当地追溯香港经济的过去，展望 1997 年后、本世纪与下世纪交替阶段香港经济的前景。

本丛书希望能够是香港各方面人士研究"过渡期"香港经济问题的智慧结晶。它未必能够完全解答走向 1997 的香港经济中已经存在和将会出现的种种错综复杂的问题，但希望能够对一切关注香港或对香港有兴趣的人士有所启迪。

潜入历史，化作永恒

——评"影响人类的十本书"书单

原载《解放日报》，2007 年 9 月 28 日

人们常说"书比人长寿"。因为图书是历史长河与时代风云的镜子和明灯，映照着人类精神生活的波澜壮阔，回首观潮，总是心生豪迈和虔敬。对于出版人是这样，对于像埃及亚历山大图书馆、澳大利亚国家图书馆和俄罗斯国立图书馆的馆长，我想也大致如此。不过，以"影响力"的标准开具"十本书"的书单，以此来归纳上下五千年的文明史实在是一件很困难的差事。因为，无论如何尽心，也难以尽美。

从埃及亚历山大图书馆馆长伊斯梅尔·塞拉古丁与澳大利亚国家图书馆馆长简·福乐顿开出的书单看，有一份共同的情愫，那就是"元典意识"和"终极关怀"，都十分重视文明轴心时代的典籍，十分在意安顿心灵的经卷，譬如中国的《周易》，印度的《奥义书》，基督世界的《圣经》，穆斯林世界的《古兰经》，还有《法句经》《韦达经》等。在这个社会发展"车速"太快的时代，灵魂被欲望诱惑逃离躯壳无处安顿，重新发现元典的价值本质上是一种救赎。

其次，两位图书馆馆长的价值聚光灯打在思想大师与学术里程碑上，如亚里士多德的逻辑学、欧几里得的《几何原本》、柏拉图的《理想国》、伽利略的《关于托勒密和哥白尼两大世界体系的对话》、达尔文的《物种起源》、牛顿的《自然哲学的数学原理》、莎士比亚的戏剧集、爱因斯坦的相对论。对这几本书，我深为赞同，但也有一点看法——这份书单好像应该更加完备一些，人文与科技，古代与现当代的遴选应该更平衡一些。不过，对一个十本书的书单提这样的要求是不是苛刻了点？

通过这两份书单，我看到了一种东西，那就是人类精神价值的评判，一定是坚硬的"岩石"，而不是美丽的"浮云"。这是值得我们出版人认真思索的问题。在我看来，做出版，就是要追求"潜入历史，化作永恒"，而不仅仅是一时的"激荡血肉"，或"洛阳纸贵"。我希望有一天，我们出版的中华民族的精品力作更多地被全球各大图书馆收入"对人类进程有影响的书"之列。

在世界舞台讲述中国故事

——2008 北京奥运启示录

原载《人民日报》，2008 年 9 月 12 日

2008 年，这个夏天，它让每一个中国人都扬眉吐气，北京奥运给我们这个世界不仅带来了体育竞技的奇迹，也带来了人类精神的狂欢，开创了中华文化叱咤五洲的新纪元。美轮美奂的开、闭幕式，不仅让全球观众享受了一顿精妙绝伦的中华文明的艺术盛宴，更重要的是，它通过中国思想原典为人类共同价值塑造着新的核心理念，那就是开幕式大型艺术团体操数次展现的"和"舞，"和谐共生""和平发展"成为政治、经济崛起的中国人民为世界文明矗立起的新的精神灯塔。北京奥运的魅力远不在开、闭幕式，也不局限于鸟巢、水立方等赛场，而是以多主题，多视角，立体、鲜活地展现了传统中国的慧根，当代中国的风貌，开放中国的胸襟，和谐中国的韵律。

记得有一位政治家曾说过，一个国家，一个民族，只有当全人类都认同其文化和核心价值时，才算得上是真正的强大。因此，对于当代中国而言，经济腾飞固然重要，文化勃兴更加意义深远，文化交流更加急迫，后奥运时代我们应该更好地落实"文化走出去"的国家战略。

在世界舞台上表演中华文明的"大戏"应该加强"世界视域中的中国"之意识，注意中国历史文化与世界历史文化的互动，及对世界文明进程的参与，警惕民族主义高扬情境下文化保守主义倾向，避免产生不良的影响。我们还必须坚持多样化的追求。一方面以宏大叙事的手法展现中国文化悠悠五千年的辉煌历史与博大智慧，通过调度大事件、大场面、大视野，大手笔书写中国意识与中国价值。另一方面也要注意传播策略和形式的求变与创新，尝试以海外公众喜爱的"以小见大"（"以小喻大"）方式来表达、诠释中国意识，每每通过世俗化、生活化的小视角、小题目、小故事隽永地传达大感觉、大意境、大震撼。同时在内容铺陈上要力求融通历史，以古烁今，突出现代中国的崭新风貌，一方面体现历史与现实的勾连与递进关系，另一方面展示中华文明的当代气韵与激荡。让海外读者、观众透过一扇新的"窗户"来发现中国，体验中国，继而拥抱中国，感动中国。此次奥运闭幕式上的"伦敦8分钟"表演，就为我们开启了另一道门扉，轻松、活泼、青春动感，隐喻、象征、思绪弛张，万千气象积蕴于一辆伦敦街车之中，让人余味无穷，许多创意很值得我们学习与借鉴。

我们坚信，在未来的后"奥运"时代里，中华文化将"手舞彩练"，大步走向世界，用我们强壮的文化脊梁筑起人类精神殿堂里共同的思想支柱，成为全人类共同的价值归依。

为了那一刻，我们已经奋斗了许久，许久。

为了那一刻，我们还将奋斗许久，许久。

往事令人难忘

原载《新民晚报》，2009 年 2 月 7 日

在改革开放的征程中，领袖总是与人民群众有着血肉般的联系，同呼吸，共命运，这是我们事业迈向成功的前提，而这种亲民、爱民的情怀不是一朝一夕形成的，作为优良品格的传承与光大，这一风范可以追溯到领袖早年的工作和生活历程。《江泽民同志在武汉热工所》就是一本记叙江泽民同志于1966年5月至1970年冬，在一机部武汉热工机械研究所担任党委书记和所长及受冲击"靠边站"期间工作与生活往事的图书。这本书的作者是一些普普通通的干部、工程师、技术员、后勤员工，却有幸在一个非常时期——"文革"动乱高潮时期，一个特殊的环境——武汉热工所，与江泽民同志相遇，朝夕与共，一起工作和生活，留下了难忘的记忆。他们不是作家，但他们用朴实无华的语言，饱含深情地回忆了他们记忆中那些平凡而难忘的往事，记录下他们眼中和心中的江泽民同志。

　　这本书收录了19篇文章，主要反映了三个方面的内容：一是江泽民同志的工作作风，他在理顺所与部、所与锅炉厂的关系，调整人员编制和研究室结构等方面的贡献；二是江泽民同志的领导艺术，他关心知识分子，关心老同志，正确处理上下级关系，正确对待犯过错误的同志，在冷静思索、正确分析形势和妥善处理"群众运动"中闪耀出伟人气度；三是江泽民同志的人格魅力，他宽以待人、关爱同志同事数十年如一日的优良品格。

在"文革"这个非常时期的基层领导岗位上，江泽民同志以他的刻苦钻研精神、平易近人的领导作风和宽阔弘达的为人处事原则，获得了群众和干部的爱戴，于细微处见精神，折射出他朴素而伟大的人格。作为出版者，在编辑、出版本书的过程中，我曾多次阅读这部书稿。每读一次，心灵就受到一次洗礼，得到一次升华。孟子说："富贵不能淫，贫贱不能移，威武不能屈，此之谓大丈夫。"江泽民同志在物质生活困难的年代，始终坚持艰苦朴素的生活作风，这是"贫贱不能移"；在政治生活特殊的年代，始终不畏压力、坚守党的组织原则，这是"威武不能屈"；在成为党和国家最高领导人后，始终与当年的老同事保持道义之交，这是"富贵不能淫"。江泽民同志平凡而伟大的事迹，激励我们从身边平凡的事情做起，无论在什么条件下，都坚守共产党人的崇高节操，爱祖国、爱人民、爱身边的每一个同志。

40 年斗转星移，中国人民早已迈过了历史的沟沟壑壑，走上了民族中兴的大道，改革开放 30 年的巨大辉煌，印证了江泽民同志当年对中国命运的敏锐期许，也映照了他驾驭时局的雄才大略和治国安邦的伟岸人格。这一切人民永远不会忘记。当前，全党正在开展深入学习实践科学发展观活动。胡锦涛同志为此强调要进一步提高党员干部队伍素质，他要求党员领导干部大兴求真务实之风，坚持讲党性、重品行、作表率。此时此刻，重温江泽民同志在武汉热工所的一段工作历程，党的各级领导干部必然深受启发。只有与广大群众心连心，事事处处关心群众的根本利益，始终保持共产党人的优良作风，讲大局，讲奉献，一身正气，两袖清风，才能真正获得广大群众的爱戴和拥护。在"文革"那个特殊的年代是这样，在当前改革开放的新时期更是如此。我想，这就是我们今天出版《江泽民同志在武汉热工所》的时代意义。

苦难的意义

原载《文汇报》，2014 年 1 月 22 日

西双版纳不仅是一个美丽的地方，也是一个有故事的地方。今天，提起西双版纳，人们首先想到的会是旅游胜地，泼水节，孔雀舞；而在我们这一代知识青年的心中，远没有那么妙曼、抒情，它是一份刻骨铭心的生命印记，当年，那是知青抛洒热血、穿越苦难、书写风流的西南边地。这是我读完姜樑散文集《有一个美丽的地方》后首先想到的。

我与姜樑皆为上海知青，下乡的地域各不相同，他在彩云之南的西双版纳，我在东北雪国的北大荒；但我们也有相同之处，均在十六七岁下到边疆的军垦农场，都在砖瓦厂劳动过，更重要的是，对于那一段知青生活的苦难与磨炼是同样的难忘和珍惜，对于那一段青春的记忆与回味是同样的浓烈和悠长。如今，党和国家的中坚力量有不少也曾是知青中的一员，那个时代铸造的知青的理想、刚毅、坚韧、节俭、敬畏、同情等生命意志，正融入国家性格之中，成为中华民族崛起途中的精神气质。

回望那一道道遥远挺拔的山梁，一垄垄春绿秋黄的土地，还有那淡淡的炊烟，质朴的老乡，早已是都市客的我们心头常会泛起迷茫。物质生活上分明是快乐对应苦难，富足对应饥寒，繁华对应简陋，喧闹对应寂寞，但在精神感召上，我们却很难安称厚实、宁静。因此，我们常常会想念当年的生活，当年的伙伴，当年的乡亲，有如姜樑笔下的大班长、二木匠、大嗓门、"字典"、"农场三李"、毛男；还会怀着像姜樑那样珍藏着的对早逝的立宪、清芳、春光浓厚的情义，结伴重新踏上那一片依旧宁静的生命港湾，给长眠在那里的旧友坟头献上一束野花。

　　现代化、全球化、城市化正在急剧地改变着我们的生活尺度，重塑我们的心灵高下，在回味历史瞬间的时候，人们时常会感叹，我们正在丢失基本的生命感觉，譬如饥饿感，痛苦感，以及相伴的精神张望。生命在精细中变得粗糙，我们因甜而生腻，因饱而生厌，电饭煲煨出来的饭菜永远没有柴火饭香。那时资讯闭塞但生命的脚步异常坚定，农忙的劳累之后，吃饭很香，喝水很甜，睡觉很酣，而今天我们不再有饥渴感，却捧着美味佳肴完全没有食欲，躺在舒适的席梦思床榻上失眠，占有天下资讯却怀疑一切，找不到生存的价值和生命的重量。造成现代人生命失重的原因何在？我的回答是失去了苦难和痛苦的提撕。生命中的苦难和痛苦，不仅是躯体的、生物学意义的病理感受，而且蕴涵着精神的发育，意志的磨炼，魂魄的淬火，青春的摔打，命运的颠簸，是人生意义舒展、生命价值超越的仪式。苦难是人生的导师，饥寒是理想主义的酵母，胃的饥渴可转化为知识的饥渴、生命追求的饥渴。

感谢姜樑以细腻的笔触、真挚的情感，记录下知青那段难忘的人生经历，让我有机会潜回知青岁月的生命体验之中去追问苦难的意义。我特别期待糖水里泡大的年轻朋友能喜欢这本书，从父辈的生命曲折和灵魂开阔中寻求"为什么活着?""应该怎样活着?"等生命母题的答案。

活跃的中瑞文学交流

2012 年 10 月 23 日在埃斯普马克《失忆》(中文版)新书发布会暨作品研讨会上的致辞

今年 10 月，对于瑞典文学界和中国文学界来说，都有许多令人欣喜的事情。对于中国文学界，中国籍作家莫言第一次获得诺贝尔文学奖，这表明中国文学和作家得到世界文坛的高度关注和认同，也表明了中国文学的世界意义；对于瑞典文学界，曾经连续多年担任诺贝尔文学奖评委会主席的埃斯普马克先生的著作——长篇小说系列"失忆的年代"的第一部《失忆》中文版隆重出版，则表明瑞典作家的作品受到了越来越多的中国读者的喜爱。在此，我要代表上海世纪出版集团感谢埃斯普马克先生的厚爱，使我们有幸出版这部厚重的文学著作，我也要感谢万之先生优美、雅致的译笔，使中国读者得以原汁原味地阅读此书。

上海世纪出版集团是中国最具影响力的出版集团，长期以来一直致力于世界优秀文学作品的引进和传播。除了出版数以百计的 18、19 世纪的世界经典文学名著，对于当代世界文学，我们也出版了海明威、黑塞、加缪、卡夫卡、纳博科夫、昆德拉、帕慕克、杜拉斯、格拉斯、村上春树等著名作家的作品，可谓星光熠熠，当然其中也包括埃斯普马克先生的这部著作。

"失忆的年代"结构宏阔，整个系列有七个篇章，每个篇章既独立成篇，又互相联系，七个故事的七个主人公都是当代瑞典社会生活忠实的见证人，他们选择了七个不同的角度切入，分别是：失忆、误解、蔑视、忠诚、仇恨、复仇、欢乐，仿佛给这个社会做了一次 X 光透视，剖析了人性的幽秘，给读者以情感的撞击和生命的彻悟，这印证了严肃文学的厚重感。万之先生在"译者后记"中提到卡夫卡和加缪，用以表明埃斯普马克作品与他们作品之间的脉络关系，我读后也有这样的感觉。人生活在由记忆编织的意义网格中，现代社会崇尚的功名、爱欲、财富都因此而生。一旦记忆之网崩塌，人生就会失重，生命的意义之塔也就随之崩塌，卡夫卡作品中的荒诞化生存，加缪作品中的荒谬与反抗都从这里出发，如今，埃斯普马克先生似乎走得更远，他对生命陌生化的刻画更丰富（闹剧与悲剧并行），更错愕（健忘与健谈交织），更沉重（唯有痛苦可以打捞生命的意义）。

中国与瑞典的文学交流近年来十分活跃，五个月前我们刚刚推出瑞典作家、诺贝尔文学奖得主马丁松的长篇叙事史诗《阿尼阿拉号》，在新书出版座谈会上，译者万之先生和莫言先生都对该书给予了高度的评价，我想，马丁松的诗作能在一个有着悠久诗歌传统的东方大国得以刊行并获得赞赏，足以证明它的魅力不凡。就在两天前，我们还出版了马悦然先生翻译的瑞典作家、上届诺贝尔文学奖得主托马斯·特朗斯特罗姆的诗集《巨大的谜语·记忆看见我》。由此看来，中瑞文学交流和合作的涓涓溪流已经越来越宽广，越来越瑰丽，我真心希望这条溪流未来成为滔滔大河。

同样，随着中国作家的优秀作品不断被翻译介绍到海外，中国文学也在不断被全世界的读者所接纳，所喜爱。出于一种责任，上海世纪出版集团多年来一直是中国原创文学出版的重镇，也是中国作家成长的摇篮，中国当代一流作家常常将他们的处女作和代表作交给我们出版，如刚刚荣膺诺贝尔文学奖的莫言先生的30部作品都在上海世纪出版集团出版，还有在中国文坛久负盛名的余华、王安忆、阎连科、贾平凹、苏童、张承志、韩少功等的作品。据我所知，他们的作品也有或将有瑞典文的版本。埃斯普马克先生或许熟悉其中的部分作家和作品，从中可以领略中国文学和文字的魅力，还可以洞悉当代中国人丰富的社会生活和多彩的精神世界。

我本人是经济学编辑出身，十分自豪于近年来中国经济对于世界经济的"发动机"作用，我期待，有朝一日，中国文学的这种"发动机"作用也能够出现在世界文坛上。

美术出版与一座城市的艺术气质

2012 年 10 月 29 日在上海人民美术出版社成就展暨成立 60 周年庆祝大会上的讲话

今天是上海人民美术出版社 60 华诞。刚刚从李新社长的致辞中我们感受到上海人美社对新中国 60 年来美术事业所作出的重大贡献。无论是在创作出版连环画、年画、宣传画方面，还是在美术画册、美术史论技法方面，抑或在优秀人才的培养上，上海人美社都走在中国美术出版的最前列，成就赫赫。此时此刻，我还想到一点，那就是美术出版与一座城市的艺术气质，或者说，上海人美社对上海城市艺术气质提升的作用。

改革开放以来，中国出版业不断地走向世界，我们因此有机会去过世界上许多大都会，对我而言，印象最深的地方并不是它们的繁华与气派，而是每座城市间流淌的艺术气质和市民的艺术修养。同样，对于海外与外地的旅行者来说，上海也是他们眼里的东方大都会，也会给他们留下东方神韵、江南魅力的艺术气质的种种感动。静下来时，我们可能会进一步思索，是什么东西支撑、塑造着一座城市的艺术气质，除了艺术熏陶、艺术教育之外，精致优雅的艺术出版和传播必不可少。全世界大都会无一例外。因此，在上海人美社 60 华诞之际，我们不仅应该总结、铭记它的丰厚的出版业绩，更应该追溯、评述它对上海城市气质凝练、锻造、提升的传播价值。上海人美社在这方面的价值主要体现为它在形成海派艺术性格方面所进行的努力，这从今天的出版成就展和《珍藏的记忆》一书中可见一斑。另外，与其他出版单位不同的是，它曾是一个藏龙卧虎之地，鼎盛时聚集了一大批国家顶级画家、一级美术师、资深编辑，如吕蒙、陆俨少、程十发、刘旦宅、方增先、顾炳鑫、贺友直、杨可扬、韩和平、哈琼文等，号称有"一百零八将"。正是他们的创作力、影响力、鉴赏力成就了上海人美社的大社名社地位，也使上海人美社在造就、提升上海城市艺术气质和水准、培养市民艺术修养方面起到了重要的作用。今天的艺术社群已经不同于当年，但培育名家、大师，吸引大师，仍是办好美术出版社的不变之旨。

上海的美术出版如何随着这座城市的艺术氛围的提升而提升，适应鉴赏层次的多元化，与这个时代的艺术浪潮同步，也是摆在我们面前的一个严峻课题，如何处理好艺术追求与商业利益、大众传播与小众品赏、普及与提升、畅销书培育与精品图书打造的关系依然纠缠着我们。在我看来，一度沉寂的艺术哲学、艺术史、美术鉴赏与批评、体现海派艺术性格的选题值得重视。如果我们能够把小众市场做大，将短线产品做长，一定会取得两个效益双丰收。上海人美社近年来对连环画市场的维护和开拓就是这方面非常成功的案例。

昔日的辉煌已经潜入历史，今天的道路很不平坦，阅读方式和审美方式的巨变，数字化的挑战，都让传统美术出版步履维艰，未来的道路更是充满着许多不确定的风险和机会，祝愿上海人民美术出版社应时而变，找准机遇，把握优势，顺势前行，化艰难为坦途，出版更多的好作品，走向新的更大的辉煌，进而为上海城市艺术气质的提升作出新的更大的贡献。

打造中国故事文化的顶级品牌

——贺《故事会》出版 500 期

原载《文汇报》，2011 年 12 月 22 日

《故事会》复刊37年，出版满500期，创造了"小小的刊物，大大的市场"的佳绩，她以质朴面世，以温暖感人，坚持眼睛向下，情趣向上，任凭市场风浪起，始终傲然领风骚，成为中国原创故事期刊的第一品牌。

　　《故事会》肇始于中国文学的传奇叙事，她自身也在塑造着一部传奇。其市场影响力、品牌号召力历久不衰的秘密是办刊团队崇高的使命感与不竭的创造力，他们以民间、民俗、民情突出了刊物的民族性，以新风、新潮、新路凸显刊物的科学性，以贴心暖心、大俗大雅彰显了刊物的大众性。冬去春来，他们始终坚持以丰富广大人民群众的精神文化生活为自己的办刊定位，在改革开放和市场化经济大潮中，不偏不倚，毫不动摇，始终走中国故事的专业化道路，常办常新，从而获得了成功。同时，针对作者队伍创作水平参差不齐的现状，通过持续不断的故事理论培训和故事沙龙活动，培养了一大批中国的故事作者。为提升刊物的内容质量和稿件水准，主编和编辑人员自我要求严格，以做导演式的编辑为己任，充分发挥了现代出版活动中编辑的作用，体现了编辑的主导性价值。其间，刊物建立了完整的策划、组稿、选稿、审稿、加工、修改、集体审读和校对的流程，形成了一套持之以恒的科学的管理制度体系。可以说，刊物的这种准确定位和专业化编辑团队的形成，已经成为《故事会》独特的资源，是任何形势下都无法动摇其业务发展根基的核心竞争能力。

《故事会》始终准确把握社会的脉搏，充分发挥大众文化的传播功能，是其30多年来健康发展的动力与源泉。改革开放之初，《故事会》以反映中国社会的巨大变革和人们的思想观念的冲突变化为主旨，贴近当时的人民群众生活，从而获得了读者的喜爱。在90年代市场经济大潮涌动和中国社会转型的时期，《故事会》坚守文化理念，大力弘扬中华美德，始终处于中国社会的发展和价值观重构的前沿，赢得了更加广泛的市场。进入新世纪之后，在中国各地高速城市化和建设小康社会的伟大进程中，《故事会》继续秉承其"眼睛向下、情趣向上"的办刊宗旨，贴近时代和现实，积极构建社会主义的核心价值观，大力营造和谐社会的氛围，再次站在了时代发展的制高点上。可以说，正是因为《故事会》能准确把握每一个阶段中国社会文化发展的脉搏和主流，并挥洒自如地运用各种大众文化的传播手段，在传承中华优秀文化的同时，将文化传播的功能发挥到了极致，弘扬真善美，鞭挞假恶丑，引领社会阅读的风潮，这本杂志才能在巨大的社会变革中，始终立于社会进步和发展的潮头，保持了强大的生命力和巨大的影响力。

文化在更新，时代在变迁，500 期之后的路怎么走？需要我们去探索。在我看来，建设故事文化的完整产业链，打造中国故事文化的顶级品牌，是《故事会》未来一段时期发展的方向。当前，数字化大潮已对传统出版业带来了巨大的挑战，同时也给出版业提供了转型发展的各种机遇，读者的阅读需求在变化，阅读习惯在改变，阅读的载体日趋多样化，市场、渠道和广告营收也都处于翻天覆地的重组进程中。近年来，《故事会》秉承中国文化"周虽旧邦，其命维新"的改革发展精神，积极应对这一挑战，已从单一的纸质出版物《故事会》，发展成为拥有《旅游天地》《金色年代》等子品牌刊物以及图书音像电子读物编辑出版、故事中国网站、多种数字产品在内的多元化传媒公司，并在这些领域开始做出新的业绩。未来一个时期，《故事会》在把握正确导向的前提下，应继续坚持内容创新这一根本，以创建中国故事文化的顶级品牌为目标，充分运用数字技术和数字手段，将书、刊、网站、数字产品和与读者的互动服务融为一体，构建立体的完整的故事文化产业链，做大产业规模，迎来新的发展高潮，继续不断地创造中国出版业的一个又一个传奇。

把握民族文化的基本特质和元素

2012 年 8 月 16 日在"中华民族文化大系"第一次编纂工作会议上的讲话

首先祝贺"中华民族文化大系"编辑工作全面启动。上海出版业与外地出版业有一些不同的特点，其中的一个特点，自豪点说，那就是善于组织实施一些大的项目。远的说有《辞海》《汉语大词典》《英汉大词典》《十万个为什么》等，这些项目通过不断的修订，一直延续至今，成为中国出版业的骄傲；近的说有"世纪人文系列丛书""当代经济学系列丛书"《古文字诂林》《中华文化通志》《敦煌文献》等，群星灿烂，不胜枚举。"十一五"期间，我们组织规划实施了99个重大项目，涉及近2000种图书，位居全国第一；"十二五"期间，又规划了138个重大项目，涉及近3000种图书，仍然位居全国首位。"中华民族文化大系"就是我们列入"十二五"图书出版规划的一个重大项目，它的出版将进一步彰显上海和上海世纪出版集团在全国出版业的实力和地位。

　　组织实施大型出版项目，是一项难度极高的工作，有三分内容、七分组织策划之说。需要作者和出版单位通力合作，精心打造。

就"中华民族文化大系"而言，除了组织策划之外，我想还有这样几个难点是需要我们认真把握并加以解决的。

一是如何正确地反映各民族之间文化的个性和差异。我们是一个拥有 56 个民族的统一国家，在长达五千年的漫长岁月中，根植于共同的土地，这 56 个民族一起开发了祖国的壮丽河山，他们之间交流融合，形成了中华民族。这 56 个民族因为其各自独特的历史文化，对中华民族的形成和发展都作出过不同的贡献。因此有必要完整地反映其文化个性和差异。任何一个民族的文化，无论东西、不分大小，都有它自己的土壤和空气，都有它自己的载体和灵性，当然，也就都有它自己的长处和短处，稚气和老练，这就需要我们在认真研究的基础上把其最鲜明的文化特质和元素提炼概括出来，这涉及人文地理、物质生产、科技教育、语言文字、信仰宗教、社会制度、文学艺术、节日民俗、文化交流等，其难度不可谓不大。

二是如何正确地反映中华民族各民族之间的交流融合、和谐共生和最终中华民族形成的过程。中华民族各民族文化尽管千差万别，个性纷呈，但因为都根植于共同的中华民族文化的土壤里，所以呈现出既特色多元又融为一体的强烈特征。把中华民族多元一体的基本特征讲清楚具有十分重要的意义。我们说，中国今天的崛起是一个文明型国家的崛起，是与西方不同性质的国家崛起。现代国家在西方的形成采用的是"民族国家"的形式。所谓"民族国家"指的是一些具有共同特性（如语言、宗教或生活方式等）的人民组成的国家。欧洲是"民族国家"的发源地，民族主义是"民族国家"的动力，但民族主义的恶性发展也是欧洲近代无数战争的主要根源。苏联和南斯拉夫的分裂也与此相关。中国经过一百多年的努力，完成了现代国家的建设，这个过程是把数千年历史的"文明形态的国家"改造成"文明型的现代民族国家"。中国人建设自己现代"民族国家"的历史是悲壮的，是长达百年的不懈努力。从清王朝覆灭走向共和，从"五四"到军阀混战，从北伐战争到抗日战争和新中国建立，中华民族前赴后继，经历了数千万人的牺牲，终于建立了一个现代意义上的"民族国家"。今天的中国已经是一个由上、中、下三层结构组成的强大国家，形成了空前统一的政府、市场、经济、教育、国防、外交、金融、货币、税收体系等。中国这个拥有 56 个民族的国家之所以没有分裂，而形成统一的现代民族国家，是与几千年来不同民族之间的相互交流，形成统一文明高度相关的。中国文化、文明是极其丰富的，可以融多样为一体。中国56个民族之间的差异，无论是从生活习惯还是从思维方式上看，都要大于英国人、法国人、德国人、意大利人之间的差异，但这些差异都在中华文明"和而不同"的框架内，相辅相成，相得益彰。因此认真总结各个民族文化交流、中华文化多元一体的形成过程是一件极有意义的事情。

三是如何平衡好编辑出版工作中的两大关系。第一是平衡好各民族文化表现时的轻重关系。我们这个多民族的国家，各个民族的大小、历史、传统、文化的形成也各不相同，我们对其的研究也不平衡，有的较大的、历史较长的民族，我们对其研究较深，有的较小的民族我们的研究则相对薄弱。近20年前，我追随萧克将军在编纂《中华文化通志》时，曾专设民族文化典，分十卷对55个少数民族的文化专门修志，其中的艰辛深有体会。第二是平衡好文字叙述准确性和图像表现冲击力的关系，这实际上是一个平衡专业性和通俗性的问题。虽然何承伟同志所率领的团队在编辑出版《话说中国》时在这方面已经有很好的实践，但对于"中华民族文化大系"这样的特大型工程而言，仍然是一个需要认真对待、谨慎处理的工作。我们衷心希望各位专家学者与出版单位携起手来，认真研究，精心提炼，把民族文化的基本特质和元素把握好，把民族文化的研究向前推进一步，向读者提供一套内容与形式俱佳的精品力作。

红蓝如凌

今天我们相聚在上海思南公馆这栋有故事的老洋房里，为的是庆祝同样有着丰富人生故事的张如凌女士的一次回归。她在经历了上海、旧金山湾区、香港、巴黎等城市生活和涉足了工厂、学校、商海、文化等诸多领域后，重新与缪斯一起归来，向我们献上了她的两本诗集《中国红》和《法国蓝》。

　　中国是一个有着悠久历史的文明古国，也是一个诗歌大国。李白、杜甫、白居易、陆游、苏东坡……这些名字列举起来可以排上长长的一队，他们都在文学史上放射着永远的光辉，使我们的灵魂常常借此从庸常中得以超越。昨天，6月12日，是中国传统的端午节，这个节日就来自中国人对两千多年前的大诗人屈原的纪念。屈原以他强烈的爱国爱民的现实关怀鼓舞激励了一代又一代中国人的美好情怀；又以他浪漫主义的瑰丽想象丰富了中国人的精神世界。我们在《中国红》和《法国蓝》里可以看到这一传统在张如凌诗中的某种具体表现。

作为一种最为凝练的语言艺术，诗歌不仅最集中最强烈地体现了人类的情感，也是各民族语言的精华显现。一直以来，上海世纪出版集团高度注重对本国诗歌创作的支持，如中国著名诗人邵燕祥的《如花怒放》、公刘的《骆驼》、杨炼的《荒魂》、舒婷的《双桅船》就是由上海文艺出版社出版的；我们也同样注重对世界优秀诗歌的引进和出版，上海译文出版社先后出版了但丁、普希金、泰戈尔、艾略特、波德莱尔等人的诗集；去年，世纪文睿和世纪文景公司还先后出版了诺贝尔文学奖获得者、瑞典诗人哈瑞·马丁松和托马斯·特朗斯特罗姆的诗集。

我们想通过我们的努力，在如今这个过于商业化、娱乐化的时代，让诗来继续滋养我们的灵魂。

今天，张如凌女士的两本诗集，散发着真挚、热情、单纯而又美好的情感，无论是对中国那一抹鲜红的刻骨铭心的眷恋，还是对第二故乡法兰西同样蔚蓝深沉的缅怀，她以她的诗歌将曾经的岁月、曾经的情怀串联起了今天，她将中国和法兰西在她的诗歌中对话共语。她让我们在这个杰出的女性身上看到了其柔软、感性和文艺的一面，她也使我们体味到中法文化的细微奥妙。更重要的是，她从中表现了她对内心对精神一直以来的不息追求。这是多么的难得。

　　诗人的心永远年轻。我们衷心祝愿张如凌女士永远保持一颗年轻敏感的心，我们也希望中法文化之树能够常开常青。

认识和解决中国居民收入分配问题

2018 年 6 月 30 日在《中国居民收入分配通论》出版座谈会暨中国的共同富裕之路研讨会上的讲话

首先，祝贺陈宗胜教授及其团队《中国居民收入分配通论：由贫穷迈向共同富裕的中国道路与经验》这部著作的出版，皇皇130万字，扎实而富有创见的理论和实证研究成果，真是可喜可贺。

　　我与宗胜相识于1986年。那一年我去南开大学参加《中青年经济论坛》召开的学术研讨会，在会上结识了一些南开的青年经济学人，宗胜是其中的一位。1990年，宗胜博士论文完成后曾寄我一份，我阅后即约他在此基础上修改成专著出版。1991年3月稿子交来后，我亲自担任责任编辑，当年年底这部题为《经济发展中的收入分配》的专著列入"当代经济学文库"出版。

　　上世纪八九十年代，"当代经济学文库"的每一本书都由我组稿和编辑。因此，对这些书我有很深的印象。对宗胜《经济发展中的收入分配》书稿的第一印象就是扎实，除了章节目录外，还有10多页图和表的目录，这在当年出版的国内经济学著作中并不多见。读完全稿后，更感到是一部理论与实证相结合的、填补空白的学术著作。那个年代，"当代经济学文库"几乎每一本书都填补了中国经济学的理论空白。比如，中国第一本社会主义宏观经济分析的著作，第一本社会主义微观经济分析的著作，第一本研究社会主义通货膨胀问题的著作，第一本研究汇率理论的著作，第一本研究国际收入理论的著作，第一本社会主义宏观金融理论的著作，第一本财政补贴分析的著作，第一本研究社会主义经济资本流动的著作，等等，还可以列举更多。我们还创建了"中国的过渡经济学"。宗胜当年的那部著作，无疑是中国第一本研究公有经济发展中收入分配规律的著作。

在那部著作中，宗胜依据对公有经济实践的细致观察，以实证分析为主，运用现代经济学的分析工具，在作出一系列只同公有经济相联系的假设的前提下，通过建立理论模型，较为详尽地研究了在公有经济中，同时制约经济发展和收入差别的诸种变量，考察了这些变量本身及与收入差别的相互关系和长期变动趋势，评论了库兹涅茨关于私有经济收入差别倒 U 理论，提出了公有经济发展中的收入差别倒 U 假说，并运用中国和东欧国家当时可能得到的统计资料，通过计量分析，验证了理论模型中探讨的变量关系和公有经济收入差别倒 U 假说。实事求是地说，在我们出版的那么多"第一本"填补空白的理论著作中，宗胜的《经济发展中的收入分配》是做得比较好的一种。因此，2013 年下半年，当我决定利用"当代经济学系列丛书"改版的机会，再版一些当年填补理论空白的著作时，最先想到的一批书中就有宗胜的这部著作，并嘱格致出版社的有关同志让宗胜新写一篇反映新时期收入分配情况和理论进展的序言。

令人感到高兴的是，《经济发展中的收入分配》一书出版后，在获得诸多奖项和荣誉后，宗胜并没有像有的作者那样功成名就后便停止或放缓了研究的步伐。2002 年，他与周云波合作出版了《再论改革与发展中的收入分配——中国发生两极分化了吗?》一书，更难能可贵的是，宗胜后来进入政界，高居天津市政府副秘书长要职，但也并没有中断研究，而是发挥行政岗位之便，在新的层面上进一步观察研究中国居民收入分配问题。2009 年我去天津出差，见到了宗胜同志，他还向我讲述了他新的研究成果。

现在，全面展示他在中国收入分配领域 30 年研究成果的新著出版了，能在一个领域专心致志研究 30 年，实不多见。这部 130 万字著作，对改革开放 40 年我国实施的收入分配政策与经济发展战略的效果进行了全面的总结，对我国居民收入差别的程度作了长时段的分析，并对未来的趋势作了科学的预测，还对进入新时代的中国居民的收入差别状况作了总体判断。读完全书，我觉得是不是可以这样认为，如果说20多年前他的处女作《经济发展中的收入分配》中提出的"公有经济收入分配倒U理论"仅仅是一个理论假说的话，现在这部《中国居民收入分配通论：由贫穷迈向共同富裕的中国道路与经验》则使"公有经济收入分配倒U理论"从假说上升到科学。因为这部著作在占有大量数据和调查分析的基础上，从理论与实践、数理与逻辑、发展与改革、轨迹与格局、城镇与乡村、行业与地区、总体与家庭、分配与贫困、初次分配与再分配、现状与趋势、政策与建议等方面，全方位地对中国居民收入分配差别的变动，进行了综合性、全局性的研究和探索，从而很好地证明了"公有经济收入分配倒U理论"，而且其中不乏创见和建议。例如，该书依据测度我国收入差别的各种资料，从多角度证明我国居民收入差别各项指标已于2008年越过最高拐点，全面进入下降通道，而且这种下降趋势是可持续的；并分析了导致我国居民收入差别下降的原因在于公有制及相关制度因素所致，增长与发展带来的涓滴效应，以及一定时期政府推出的各项政策和措施的有效性。又如，该书对我国收入分配横向格局的研究表明，改革初期我国居民收入格局呈"飞碟形"，90 年代后从"飞碟形"转变为"金字塔形"，2000 年后从矮"金字塔形"变为尖锐"金字塔形"，分配格局的这一变动正是"先富后富"理论激励的结果；我国当前的收入分配格局已从"金字塔形"转变为类似"葫芦形"，这既是一个很大的进步，也预示着相当的风险，而其根源在于严重的二元经济结构。再如，为使"葫芦形"格局转变为"橄榄形"，该书提出了强化分配与再分配政策机制，推进城乡均衡发展的具体建议，等等。

这些年围绕中国道路、中国模式、中国经验的理论著述颇多，媒体也作了全面的宣传，但不少著述和宣传难免会给人空洞和说教的感觉，而本书由对贫困迈向共同富裕的中国道路与经验的总结和分析却是建立在充分的理论研究和实证分析的基础上的，从而证明了邓小平关于"一部分人先富裕起来带动全社会实现共同富裕"理论和政策的正确和伟大，也为中国道路、中国模式、中国经验提供了极好的例证。这种认真、科学的治学态度是所有理论工作者应该坚守的原则和底线。

金无足赤，书无完书。本书当然也不例外，还有一些需要进一步讨论的地方，这是这次出版座谈会设计了四个专题来加以讨论的缘由吧。这里，我也提一个问题，参与讨论并求教于宗胜。

书中提到，我国要到 2035 年才能摆脱"中等收入陷阱"。按照世界银行关于高收入经济体的标准是人均年国民收入 12736 美元，而我国在 2016 年人均国民收入为 8260 美元，如果不犯大错的话，按照现有的增长速度，到 2023 年左右我国应该可以达到世界银行定义的高收入经济体的水平。书中关于 2035 年中国才能摆脱"中等收入陷阱"的预测是基于什么样的考虑，是不是认为我国进入高收入阶段后仍有重返中等收入境地的可能，所以需要有十年左右的观察期。

　　另外，对"中等收入陷阱"概念是否合适中国，需要讨论。主流经济学认为，20 世纪 80 年代拉美国家经济起飞后，为赶超欧美国家，政府大力推行进口替代战略，扭曲要素价格，压低资本利益，抬高本国币值，提高关税壁垒，高筑外债，不惜用财力和物力保护本国中意而却违反比较优势的企业，从而导致高物价、高通胀、高外债，经济增长减速，老百姓生活水平下降，贫富差距拉大，陷入"中等收入陷阱"。另一种意见以依附理论为依据，认为拉美国家发展工业化失败后，大都成为全球自由贸易体系下的依附型经济体，经济结构单一，主要依赖资源出口，所以，一旦世界经济出现波动和危机，在美国等发达国家货币、税收等政策调整的冲击下，本国经济很容易受到冲击，陷入停滞和倒退。今年 3、4 月间我去了拉美诸国，听到一些这方面的议论。中国的情况与这些国家有所不同。改革开放以来，我们推行的主要是出口导向战略，并深深地融入到全球分工体系中，同时我们还注意建立相对完整的工业体系，经济结构不断改善，抗外部风险的能力远比拉美国家要强，更何况我们还是一个拥有巨型市场的国家，周旋的空间也大，党的十八届三中全会后又明确了"市场在资源配置上起决定性作用"，这些都使我们有可能摆脱"中等收入陷阱"。林毅夫近年来在新结构经济学方面的努力，就是为了在总结中国经济发展道路的基础上，打破全球化与农附论的悖论，解决发展中国家跨越"中等收入陷阱"的问题，值得重视。另一方面，按照本书的计量分析，我国居民收入差别自2008年起，已处于倒 U 曲线的拐点，之后进入全面下降阶段，由贫穷迈向共同富裕，这样从两极分化的层面看，中国也似乎不太可能陷入"中等收入陷阱"。

我期盼着宗胜在中国收入分配领域继续有新的成果问世。

在历史中汲取教训

原载上海人民出版社微信公众号，2018 年 12 月 11 日

"以史为鉴，可以知兴替。"当前中美关系正处于一个关键的时期，一些新的迹象表明两国之间的冲突存在进一步升级和失控的危险，相互之间的战略猜疑也在加大，因此，如何解决两国之间的分歧和冲突，把控战争的风险，成为了人们既关心且担心的话题。在这样的背景下，美国哈佛大学教授格雷厄姆·艾利森的新著《注定一战：中美能避免修昔底德陷阱吗？》近日由上海人民出版社翻译出版了。这部著作试图通过对修昔底德《伯罗奔尼撒战争史》的解读和近 500 年来发生在大国之间冲突的分析，来提醒中美两国从历史中汲取教训，避免落入"修昔底德陷阱"。

　　2500 年前，古希腊人修昔底德写下了其不朽的名著《伯罗奔尼撒战争史》，讲述了雅典与斯巴达是如何从最初和平地管控双方的战略性竞争，到最后走到毁灭性战争的曲折的历史过程。修昔底德认为，这场战争无法避免的真正原因在于"雅典势力的增长以及因此而引起的斯巴达的恐惧"。2015 年 9 月，艾利森在其发表于《大西洋月刊》的一篇文章中将导致这一战争的根本性原因命名为"修昔底德陷阱"，即当一个崛起大国威胁到守成大国的主导地位时，会引起严重的结构性压力，进而引发大规模的战争。

艾利森在他的这本新书中用很大的篇幅介绍了过去500年，发生在守成大国和崛起大国间的"修昔底德陷阱"及权力更迭，他列举的16个案例中有12个以战争告终，仅有4次幸免，并简要介绍了其中5场战争发生的路径。这是为了从历史的角度来解读中美关系近期发展所作的铺垫。

对于艾利森的"修昔底德陷阱"说有许多批评和不同意见。对此，艾利森在书中附录2中列举了7个"稻草人"，并加以回应。其实，最典型的批评是，在核时代，中美之间的战争会摧毁这两个国家，使人民遭受灭顶之灾，因此两国领导人都不可能愚蠢到通过战争来解决冲突。不过阅读一下《伯罗奔尼撒战争史》，就知道雅典和斯巴达的领导人，如伯里克利和阿基达马斯二世都是智者，都知道并警告战争意味着灾难；但对利益的渴望、对抗的加剧、国内政治矛盾的抬头、荣誉感的发酵、情绪化的狂热，尤其是守成国的恐惧和崛起国的自信，使得双方到后来都认为暴力是伤害最小的选择，于是战争就降临了。任何智者到时都很难抗拒这种逻辑和选择。从艾利森列举的最近500年那12个用战争解决守成大国与崛起大国关系的案例，可以看到历史总是惊人地相似，修昔底德发现的国家竞争关系脉络均表现得很明显，无一例外。"崛起国综合征"与"守成国综合征"的发作导致战争。

本书的核心是讨论中美关系是否已经陷入或能否避免"修昔底德陷阱"，这也是人们最关心的问题。对此艾利森的回答是很谨慎的。他从历史与现实、政治与军事、经济与文化、价值观与传统等多重角度分析了中美关系在经济摩擦、地缘战略、政治分歧等方面存在的严重问题，当然他还是认为这些问题不太可能导致战争，不过他告诫我们"不太可能"与"不可能"之间的差距是非常之小的，通往战争的道路比我们所认为的更加多样。

艾利森认为中美之间的战争是可以避免的。他说，如果两国领导人都能研究历史中成败的经验和教训，那么他们将找到丰富的线索，并能够从中形成一个在不发生战争的状态下满足各国基本利益的战略。幸免于战争的4个案例是因为守成大国和崛起大国都在行动和态度上作出了巨大且痛苦的调整。书中用一章的篇幅介绍了4个案例中的有关国家成功跳出陷阱、通往和平的12个方法。此外，还提供了美国可能的4种战略选择，即：容纳、削弱、通过谈判获得"长和平"、重新定义关系。

全世界都注意到，作为崛起大国的中国极力想避免中美关系陷入"修昔底德陷阱"。2012 年，中国向美国提议，共同发展一种"新型大国关系"，中国和美国将尊重彼此的核心利益，并寻求在新的领域（如网络安全、全球治理）开展合作，以解决全人类面临的共同问题。2015 年 9 月，习近平主席访美时又向奥巴马总统提出中美必须避免陷入"修昔底德陷阱"。不过，后来美国政府，从奥巴马到特朗普并不完全认同中国提出的核心利益，例如中国在南海的主张。美国有些势力甚至以零和心态来看待中美关系。更令人担忧的是，今年以来中美贸易摩擦发展为贸易战，美国视南海争端为中国挑战美国全球军事霸权的焦点，还频繁打"台湾"牌以触碰中国的底线，更多的是在美国国内妖魔化中国的形象，"斯巴达式的恐惧"跃然纸上。中美关系已经陷入某种对抗竞争关系，这种状况估计会是一个长期的过程。

如何使这一局面得以控制而不至于进一步恶化，对中国而言，还是要处理好我们的民族复兴与美国要再次伟大的关系，在明确和维护自身核心利益的同时，尽快找到与美国达成协议、解决争端的平衡点，全力避免走向战争，同时努力寻找中美之间新的合作空间。这里需要大智慧，有所弃才能有所得，大智才能大勇。

想干事、会干事的贺崇寅

2006 年为《贺崇寅纪念集》所写的序文

贺崇寅这个名字，在年轻一辈出版人中可能有些依稀了，他的时代，他的辉煌，已经属于昨日的往事了；但是，我们不应该忘却这位有故事的出版人。贺崇寅是上海出版界的前辈，也是我非常敬重的一位老同志。在与贺崇寅同志的点滴接触和交往中，他厚实的文化底蕴，睿智的出版理念和凌厉的工作作风，都给我留下了很深的印象。正如他的同侪所说的那样，他是一位"有抱负、事业心强的知识型干部"，"很想干事，也很会干事"。

　　贺崇寅同志早年就读于中华职业学校。1940 年，他 17 岁时就加入了中国共产党，长期从事党的地下工作，曾任新四军城市工作部驻上海政治交通员，为党在日伪统治区、国民党统治区的地下斗争作出过重要贡献。上海解放后，先后在上海总工会和上海市委办公厅工作，1957 年调任上海科学技术出版社党组书记、副社长兼副总编辑。上海是中国老出版基地，除了商务、中华、大东、世界、开明等综合性出版机构之外，还有许多科学、技术类出版社。1956 年公私合营时，上海的一二十家私营科技类出版企业合并，组建上海科学技术出版社。贺崇寅同志到任后积极开展调查研究，摸清了上海科技出版的家底、编辑构成、专业分布、资源地图、市场格局，在此基础上提出了"努力提高图书质量，力争第一流"的办社指导思想和"依靠知识分子办社"的工作方针，并用了近两年的时间，制定了上海科学技术出版社成立之初的第一个十年规划，使得该社的选题方向、产品结构显现出系统、大器的气象。上海科学技术出版社很快就成长为在品质、特色和影响力等方面都与国家级专业科技类出版社相提并论、资源与影响力平分秋色的大社、强社。以医药卫生出版物而论，医学界很长一段时期内有北有"人卫"、南有"上科"之说。60 年代，贺崇寅同志领导下的上海科学技术出版社通过系列的好书工程虹吸了一大批一流专家，做到了"一人引出一串（群）人"，"编写班子不散，好书连绵不断"，"两支笔生花"（同一个专家，一支笔写学术专著，一支笔写科普作品）。翻览那个时期的出版物，封面上的每一个名字，都是一位巨匠，一座高山，华罗庚、苏步青、熊庆来、陈省身、杨振宁、李政道、丁肇中、钱学森、卢嘉锡、宋健、陈建功、钱三强、童第周、谈家桢、朱洗、黄克孙、王竹溪、谢少文、吴汝康、贾兰坡、陈世襄等，都曾是上海科学技术出版社的座上宾，书中客。那时上海科技出版社的"稿源之丰富，极一时之盛"，一流的作者又带来系列有影响的学术著作、大型工具书和大众读物，彼此滚动，形成良性的叠加、循环效应。这种循环效应也体现在编辑与作者互动方面，这些鸿篇巨制里也凝聚了大量的编辑工作投入，组稿—交流—修润—提升，编辑含量十分厚实，一轮一轮的好书磨练，在贺崇寅任内，培养了一代"编辑风范"，造就了一批"质量上严格把关、工作上认真负责、学习上力求上进"的编辑业务骨干，至今还在好些作者心中烙下深深的痕迹。

1960 年，上海科技出版社被评为上海文教先进集体，贺崇寅同志作为该社的代表出席了全国文教群英会。1963 年，贺崇寅同志出席了全国科学技术出版工作会议，受到毛泽东主席等中央领导同志的接见。

70 年代末，科技界知识更新速率加快。为追赶世界科技潮流，贺崇寅同志瞄准英国出版的世界著名杂志 *Nature*，创办了中文版《自然杂志》，亲自拟定了"传播世界科技新知识，支持国内科学创见，团结造就科技人才"的办刊宗旨。在传播科学新知与前沿理论上，《自然杂志》为国内科学界所推崇。陈省身、杨振宁、李政道、丁肇中、钱学森、卢嘉锡等人的许多重要观点和专论都在第一时间交给《自然杂志》发表。贺崇寅同志不仅重视学术泰斗的思想与学术成果，还非常关注那些蓄势待发的中青年科学工作者以及他们尚在探索中的新发现，在科技新锐中间寻找好苗子，鼓励他们大胆创作，在《自然杂志》上发表有创意的学术见解。《自然杂志》由此得到了学界和读者的广泛关注与支持，凝聚了一批高水平的作者，形成了自己的品牌特色，获得了很高的声誉。

80 年代，由老领导汪道涵和马飞海两位同志推荐，贺崇寅同志受命筹建上海翻译出版公司（上海远东出版社的前身）。根据汪道涵同志的指示，贺崇寅同志开始积极谋划并尝试创建一家在"董事会领导下总经理负责制"的出版公司。这个想法在改革开放初期是需要一定的胆识和魄力的，尽管后来因为各种原因，这一尝试未能如愿，但贺崇寅同志在组建上海翻译出版公司过程中所表现出来的对出版改革方向和路径的理解，无疑是十分超前的。公司筹建三个月后，为适应形势需要，贺崇寅同志克服种种困难，又创办了以国内外新闻为主要内容的综合性报纸《上海译报》。后来，按照汪道涵等领导同志关于"翻译和编辑各种对我国经济建设和社会发展有积极作用的出版物"和"现在国外好书也多得浩如烟海，连浏览一下都有困难"等指示和意见，贺崇寅同志又连续作战，创办了《上海科技翻译》《创业者》等刊物。这些报刊的创办出版，适应了改革开放的形势需要，可谓正当其时，受到了专家和普通读者的欢迎。

90 年代，贺崇寅同志离而不休，又一次冲刺人生的创业目标，着手创办了上海中华文化研究所，旨在传承与弘扬中华民族的优秀文化传统，在他一辈的老同志中传为佳话。

所有这一切，都体现了贺崇寅同志的本色是一位"具有光荣革命经历与深厚文化底蕴的老前辈"；体现了他"人文立国，科技兴邦"的殷切抱负与追求；体现了他"传科技进步之新知，开社会变革之先声，录人类文明之积淀，树文坛一代之新风"的出版信念。以今天的眼光看来，贺崇寅同志走出的每一步，都有着内在的必然性，他的人生目标始终清晰，脚步始终坚定有力。他的身上所透出的对党的出版事业的前瞻性思考和敬业精神，值得我们这一代以及下一代出版人仰慕与学习。

上海远东出版社即将出版《贺崇寅纪念集》，希望我在书前写几句话，我非常乐意，旨在为更多的年轻一代的出版人和读者走近这位热诚、真诚、忠诚的出版人，这位追求心中目标而矢志不移的老共产党员。本书以贺崇寅同志一生的经历为线索，展现了贺崇寅同志波澜壮阔的人生图景。他的老同学在书中回忆他在中华职业学校和牙医专科学校的平凡往事，他的老战友在书中回忆他在新四军黄花塘城市工作部的战斗经历，他的老同事在书中回忆他在上海总工会工作的温暖情形，他的老部下回忆他在上海科学技术出版社、《自然杂志》及后来创建上海翻译出版公司和《上海译报》时的艰辛跋涉，他的老朋友回忆他在筹建上海中华文化研究所时的执着不舍。这里面有亲人的深情回顾，有同辈人的悉心回忆，有晚辈部下的殷殷追思，也有因为工作关系而结下深厚友谊的朋友们的依依遥念。而这本书给我最深的一个印象就是他"白手起家的创业意识，直面困难的坚强信心，开拓进取的工作作风，事业为重的敬业精神"，这种精神深深地感动了我。我们的出版事业不正是由于有许许多多像贺崇寅这样的出版人的开拓进取、无私奉献，才得以不断发展、欣欣向荣的吗？

如今，我们的时代、社会，我们的出版工作都行进在一条全新的创新与发展的斜坡上。学习和发扬贺崇寅同志这种工作精神，对于我们深化出版改革，开创出版新局面无疑是具有重要的意义的。希望我们的出版人都来读读这本纪念文集，以坚定我们的出版信念，丰富我们的出版智慧。

柳肇瑞：一位认真的出版人

2004 年为柳肇瑞《回忆与思考》一书所撰写的序文

文化是一个民族、一个国家智慧与文明的标志，是维系民族、国家的价值纽带；文化也是一种生存境界，文化底蕴是民族、国家兴盛的重要前提。出版是文化铸造的重要组成部分，出版物则是知识生产与文化传承的重要载体，由此看来，出版人肩负着文化建设的使命。

一个有作为的出版人，在书写知识、价值、历史的同时，也在书写着自己，青灯寂寞，才赢得青史留名，这就是出版活动的魅力所在。中国历史长河里，留驻着那些"出了一些站得住的、在文化学术上有保存价值的书籍"的出版人。像张元济，他的巨大文化身影是"百衲本二十四史"，王云五的文化丰碑是"万有文库"，赵家璧的价值凝结是《中国新文学大系》和"良友文库"。世界文化史也同样如此。当我们今天提及德国出版人翁泽尔德这个名字的时候，不能不崇敬地念及他主持编辑的享誉世界的"苏尔坎普图书系列"。这个系列问世于1963 年，它像彩虹一样照亮了"二战"后很长一段时期思想沉寂、精神彷徨的德国，因此该系列也被后人称为"彩虹系列"。近半个世纪以来，彩虹系列已出版 2300 多种书，其中一套完整地保存在苏尔坎普出版社的地下防弹书库里。有人说，即使其他书籍全遭毁坏，用这个地下室的藏书也能完整地重建德国 20 世纪的思想大厦。翁泽尔德因此被誉为"日不落图书帝国"的缔造者。张元济、翁泽尔德的一生就是为人类文化更美好而在出版领域不懈劳作的一生。当我们把镜头拉近到身边，就会发现，我们的身边也不乏这样辛勤劳作的编织者、耕耘者、创造者。柳肇瑞同志就是其中出色的一位。

我认识柳肇瑞同志是在 1981 年，那年我进学林出版社当编辑，柳肇瑞同志则是学林出版社的主要负责人。说起"学林"的牌子，不能不提到《中国历代服饰》。1981 年的学林出版社还处在初创阶段，上海戏曲学校研究服装史的周汛、高春明等同志想出一部《太平天国服饰》，柳肇瑞等同志觉得单出一本这样的书远不能反映我国悠久的服饰文化传统，于是同作者商量，能否系统整理出一部比较全面反映中华服饰文化的书稿。为了出好这本书，学林出版社的同志不辞辛苦，和作者一起，深入中华文明的发源地，行程数万里，考察文物，收集资料，为这本书后来获得包括莱比锡全世界最佳书籍设计铜奖等多项荣誉打下了坚实基础。

80 年代中期，陕西省博物馆想出一本《唐文化》的大型画册，柳肇瑞同志又敏锐地意识到，唐代是中国古代文明的高峰，抓住这个头或许可以带出中华文化灿烂的文明史。果然，1990 年《隋唐文化》出版后，南京博物院即提出根据自身的馆藏特点编撰一本《六朝文化》的设想，以与《隋唐文化》相衔接。柳肇瑞同志在此基础上，策划了系统反映中华悠久辉煌灿烂文化历史的"中华五千年文化系列"，包括《原始文化》《商周文化》《秦汉文化》《魏晋南北朝文化》《隋唐文化》《宋元文化》《明代文化》和《清代文化》。现在这一系列大部已经完成，成为上海出版物的一个重要成果。

每一位作者都是根据自身的特点与优势，提出自己的选题构想，当这些信息汇集到出版社后，如何更有效地发现、汇聚这些学术研究成果，从而形成出版社的品牌，这里有一个二度创造的问题。柳肇瑞同志在出版实践中所形成从《中国历代服饰》到"中华五千年文化系列"的选题布局，为学林出版社奠定了基本的出书风格和发展路径。学林出版社在他的领导下，出了不少好书，形成了自己的品牌效应。譬如出版胡适的英文博士论文《先秦名学史》的中文版，当年《人民日报》曾以《译者的眼光、出版社的气魄及其他》为题予以高度评价。梁漱溟的《人心与人生》《中国文化要义》，陈从周主编的《中国民居》，吕叔湘的《近代汉语指代词》，陈原的《社会语言学》，陈奇猷的《吕氏春秋校释》等，在 20 世纪 80 年代都产生了很大的影响，也为学林出版社后来的发展奠定了良好的基础。

单个的选题，其原创的价值主要是作者赋予的，而系列套书才能体现出版人的功底；一个好的出版社应该是优秀作品乃至先进文化的倡导者、组织者和推广者。人们说起"万有文库"，总是首先想到商务印书馆，提及"彩虹系列"，都知道这是苏尔坎普的品牌。柳肇瑞同志为摸索、创建学林出版社的品牌，做了大量具体的工作，以至多年以后，当人们谈及《中国历代服饰》和"中华五千年文化系列"的时候，都会念起柳肇瑞同志与学林出版社。

这次，在翻阅柳肇瑞同志这本《回忆与思考》书稿时，我重读了《"亚东版"中国古典小说的诞生》一文。这是他编辑汪原放《回忆亚东图书馆》一书时的编辑手记，当年读过，印象就很深，这次重读，对我的彻悟仍然很大。汪原放的《回忆亚东图书馆》原书稿有一百多万字，其他编辑觉得无从下手工作，柳肇瑞同志就自己利用业余时间，亲自来做责任编辑。全稿通读两遍后，在当时的条件下，他一字一句从中抄写出来近 20 万字，还专门跑上海图书馆和辞海图书馆，寻找亚东图书馆当年重要的出版物，寻访当事人，做了大量平凡琐碎却是必不可少的工作。单是这一点，就很值得我们今天的青年编辑学习和仿效。这也是我写这篇短文，向广大青年出版工作者推荐这本书的原因之一。

我和柳肇瑞同志认识多年，这次读了他的《七十年回忆》一文，对他有了更深的了解。他至今还保留了1948年7月在上海时代书报社买的第一本书《列宁主义问题》，可见柳肇瑞同志是个细心人、有心人；无论是编《中国历代服饰》这样的皇皇巨著，还是编"夜读丛书"这样的小书，柳肇瑞同志均字斟句酌，可见他是个认真的人。做出版就是要首先做个细心人、有心人、认真的人，就像汪原放当年秉烛夜校《水浒》，没有一丝不苟的水磨功夫，是不可能做好任何工作的。从他身上，我理解了什么叫编辑含量，什么是编辑的点石成金价值。

柳肇瑞同志在总结自己的工作时，谦虚地说："在学林出版社，我工作了十五年。这十五年，总体上是心情舒畅的，值得留恋和怀念的，做了一些于社会有益的事，出了一些站得住的、在文化学术上有保存价值的书籍。"能够出一些站得住的、在文化学术上有保存价值的书籍，这其实是一个有文化追求、有历史责任感的出版人孜孜以求的目标，要做到这一点并不容易，柳肇瑞同志一直在这样做。

我走上编辑岗位后的第一位领导就是柳肇瑞同志，柳肇瑞同志的学识和编辑能力给我留下了极其深刻的印象。在我从事编辑工作二十多年所接触的众多编辑人员中很少有人能达到柳肇瑞同志这种境界的。我就是在学林出版社的良好环境和柳肇瑞同志的帮助下，一本书一本书地逐步养成自己良好的编辑习惯和审稿能力的，以致后来能够从事更重要的出版工作。柳肇瑞同志对青年编辑的培养与关心是值得一书的。学林出版社创建后，先后吸收了一些二三十岁的青年编辑。柳肇瑞同志在要求我们做好案头工作的同时，还放手让我们大胆策划选题，这在当时出版界论资排辈、要求青年编辑埋头案头当学徒的时代背景下实在是与众不同的。于是才有了 20 世纪 80 年代中期影响全国青年学人的"青年学者丛书"，那是一套由青年编辑独立完成的、代表中国青年学人最高学术水准的高质量图书系列，参加这套丛书编辑的青年人后来也都走上了出版社的领导岗位。

我们这一代人，亲历了社会转型到社会文化重建的历史跌宕，思想理路、精神版图、工作规范都得益于职业生涯第一步的塑形，柳肇瑞同志就是我职业追求、人生价值、编辑功力的塑形师，如今，我也为人师，但依然忘不了他当年对我的谆谆教诲，也忘不了他对我的无声启悟。

江曾培的"四有"

原载《文汇报》，2012 年 12 月 14 日

江曾培先生生于 1933 年，按上海人做虚不做实的算法，今年该过八十大寿了。上海文艺出版社最近出版了皇皇七卷本《江曾培文集》，算是上海出版界对江曾培先生最好的生日贺礼了。

江曾培先生的职业生涯很丰富，前半部分办报，后半部分做出版，皆成大家，业内翘首；业余时间写杂文散文，佳作迭出，誉满文坛；退而不休，游走网络，作时评如电闪雷鸣，敏锐深刻。有同志说："他的文章具备很难兼得的'四有'：报人的敏锐，作家的风采，智者的深刻，古人的'稽政'情结。"在我的眼里，他还是一位活得有声有色的"四有"老人：做新闻有板眼，做出版有腔调，作文章有味道，作评论有品格。

最早知道江曾培的大名还是在 20 世纪 70 年代末，那时我在上海市出版局资料室工作，办公桌对面坐的是原新民晚报的老报人任祥熊先生，他看我喜欢写文章，告诉我上海文艺出版社的资深编辑江曾培，笔名"晓江"，原是新民晚报的一支笔，有"小林放"之称，从此，我便留意起江曾培先生时常见诸报端的文章来了。到后来，与江曾培先生熟了，每隔一二年就会收到他惠赠的新著，钦佩之心与日俱增，在当今出版界，像江曾培先生这样勤谨而高产的出版人恐怕很难找出第二位了。

匆匆拜读《江曾培文集》，对江先生的文笔与文品留下这样一些深刻的印象。一是江曾培先生的文章大都是短文，浅显而应时，但却是鲁迅所言的匕首和投枪，犀利而睿智，幽默而隽永，近距离观察，远距离思考，挟浩气于雷电，赋理性于良知，拨动心弦，滋润肺腑，提撕灵魂。二是江曾培先生的文学评论不落俗套。文学评论最忌讳穿靴戴帽，廉价赞美，乱涂雪花膏，江曾培先生的文学批评以质朴、真情见长，有几分优点说几分赞许，对作品的缺陷毫不客气，直言相告。在他看来，文学创作如同跳高，评论家一定要坚守跨越的栏高，引领作家不断地超越自己，也超越时代。三是作为文艺理论家，江曾培先生在微型小说大潮涌起之时，屹立潮头，摇旗呐喊，著书立说，不仅对微型小说的兴盛作了理论上的梳理，认为是"顺乎文情，应运而长"，而且还对这一文体的方方面面作了形象的理论概括，如"从小见大，以少胜多"，"纸短情长，言不尽意"，"弦外之音，言外之意"等，以致被认为是中国大陆微型小说文体的倡寻者。四是作为出版家，江曾培先生识高趣远，对新时期以来出版工作有着很多极富思想性的深刻思考，有不少振聋发聩的言论和呼吁，给我印象最深的是，他1990年总结出的编辑工作三十字诀："多层次，高质量；多样化，主旋律；长命书，重积累；双效益，重方向；讲认真，争一流"，以及1994年主持制定的上海文艺出版社企业规范，这些都是他出版工作实践的真切感悟，也融入他弘阔的文化理想，对后人是一面明镜。

《江曾培文集》呈现的一个重要现象是"老来俏"，年过七十退下来后，江曾培先生开始活跃在网络空间，以他那支犀利老辣之笔，解剖世相，弘扬正气，深受网民的尊敬。由此，我又发现另一个生命的密码，思考问题、勤于写作成为江曾培先生长寿健康的重要因素，江曾培先生曾经写道："社会的老龄事业应努力让老年人生命的长度始终拥有生命的质量，不因病残'失能'使生命灰暗无光，而因'健康不失能'始终闪耀着生命之光。"如何做到"健康不失能"呢，江曾培先生晚年生活告诉我们：读书，写作，歌颂光明，针砭时弊是也。

人生八十，耄耋之年，智高而德劭，心宽而寿昌，祝愿江曾培先生思考不竭，文如泉涌，永葆创作活力。

丹青难写是精神

2007 年 11 月 29 日在"真情：赵兰英新闻作品研讨会"上的发言

因为工作的关系，我经常与上海跑出版口的记者接触，在我的印象中，这是一支思想机敏、精业敬业、笔下生辉、文采飞扬的优秀团队，而赵兰英同志则是其中的佼佼者。

我与赵兰英同志相识已有 20 余年了。我至今还记得第一次接受赵兰英同志采访的情形。那是 1985 年，我在学林出版社当编辑，顺应改革开放后新一代学人成长的需要，我们几个青年编辑跳出只关注名家名作的出版套路，策划了一套"青年学者丛书"，为这批时代新锐搭台唱戏。赵兰英同志敏锐地捕捉到新时代沧海桑田，新思想竞相绽放，青年学者迅速崛起，渐次登临学术高台的最新趋势，陪同时任新华社上海分社副社长沈世纬同志到我家里进行专题采访，连珠炮般的问题向我扑来，一谈就是二个多小时，其思路、节奏与我们的策划初衷高度契合，仿佛她就是我们核心策划团队的一分子。从那以后，我们的接触日益增多，共同的价值、理想和对文化境界的执着追求使我们成为朋友。

80 年代中期以来，我的岗位几经变化，出版的舞台也越来越大，亲历了上海出版改革与发展最重要的时期，操盘了一系列重大出版工程，一遇到重大出版工程和重要的改革措施，我总是第一时间想起赵兰英同志，希望她来与我们共同切磋，并做出有分量有深度的报道。在我们职业生涯相伴而行的 20 余年里，我与赵兰英同志有不下 20 次关于大项目、大举措的媒体报道合作，有时是我们发生重大出版事件请她来主持报道工作，有时是她听闻重要的改革信息来做深度挖掘，你来我往，形成高度的默契，彼此相互欣赏，相互敬重。媒体上一看到署名赵兰英的报道与述评，我都会细细品读，反复思考。从赵兰英同志撰写的大量文化新闻与评论中，我欣喜地看到，她始终站立在改革开放的时代潮头，时刻与上海的文化建设者同行同进，对上海的文化体制改革、上海的文化建设工程、上海的文化热点、上海文化人的生活和工作倾注了高度的热忱，并以其生花妙笔，鲜明地刻画出了这些年来上海文化发展的轨迹。古人说"丹青难写是精神"，但赵兰英同志写出了上海文化建设的个性品格，画出了一大批文化人的精神风貌。

　　赵兰英同志作为中央新闻单位驻沪的资深记者，在政治上具有高度的敏感性和不同凡响的研判力，她思考问题的深度与高度均在大多数媒体人之上，因此，我常常以"思想型记者"

来形容她。近年来，上海作为全国文化体制改革的试点地区之一，根据中央和市委的统一部署，各单位积极稳妥地推进各项改革，进行了大量的探索和实践，取得了很多宝贵的经验。赵兰英同志敏锐地观察到上海在文化体制改革方面所做的各种努力，及时深入各个试点单位，深入了解改革前沿的动态，然后作细致的归纳总结，撰就了多篇深度报道。这几年，她先后采写了《推广上海东方书报亭经验，推进出版发行体制改革》《直挂云帆济沧海——上海文化广播影视集团迈步现代集团纪实》《世纪出版：锻造以出版为主体的现代传媒公司》《乘风破浪——上海新华传媒股份有限公司成功上市的实践与意义》《上海文化体制改革：阔步走在大路上》《燃起民族文化的火焰——上海正在亮出文化大都市名片》等长篇通讯，并被国内外多家主要媒体所采用，受到各方面的高度关注，影响广泛。给我留下深刻印象的是，2003年上海世纪出版集团在业务重组、组织再造、资源配置、内容创新等方面取得了明显的进展，赵兰英同志获悉后深入我集团调查研究达一周时间，先后采访了十多位同志，写出了《建立与市场相适应的管理形态》《努力培养文化创新能力》《发展内容产业，培育新增长点》一组上海世纪出版集团向现代出版组织转型的调查报告，刊登在供省部级以上领导参阅的新华社《国内动态清样》上，引起了中央领导同志的重视，吸引了全国出版界同行纷纷前来取经，推动了出版业面上的改革。可以这样说，这些年上海在文化领域各项改革举措的出台和执行，赵兰英同志作为一名新闻记者，皆身与其中，作出了很多的贡献，通过那支遒劲有力的笔，她直接、间接地参与了上海的文化体制改革，促进了上海文化事业的繁荣。

赵兰英同志始终关注上海重大文化工程的进展，用心把握上海文化发展的脉搏。这些年来，上海在中华文化历史领域出版了大批精品力作，而这些重大出版项目又都是国家文化建设的骨干工程，在当代中国出版史上具有标志性的意义。赵兰英同志准确地把握住了上海出版界的这一动态，给予了高度的关注，先后采写了《无愧时代，无愧后人——〈中华文化通志〉编纂出版记》《上海打造"世纪人文系列丛书"，用十年编纂当代"四库全书"》《李济：中国现代科学考古"第一锄"》《国家重点文化工程〈古文字诂林〉编纂记》《上海：汉文字学出版形成系列与规模》《昭昭之明，赫赫之功——〈英汉大词典〉修订出版》等长篇通讯报道，同时她还对白寿彝总主编的12卷22册《中国通史》，对共计12部、由全国多位名家历时数十年撰就的"中国断代史系列"等大型文化工程作了深度报道。在辛勤采写的这些报道中，她通过细致的采访调查，全面地描述了这些文化项目立项、编纂、出版的来龙去脉，深刻解析了它们的文化价值和重要意义，准确地把握了它们与当代中国文化发展和上海文化大都市建设的密切关系。

赵兰英同志坚持透物见人，努力发掘文化出版事业背后各种人物的精彩故事，刻画了一个个可敬的文化人形象。她在关注重大文化出版项目时，不是就事论事进行新闻采写，而是注重描摹一个个重大出版工程背后的那些专家学者、出版人以及编辑的辛勤劳作，将他们在文化建设中作出的巨大贡献介绍给广大的读者。她写百卷本《中华文化通志》的编纂出版，刻画的是萧克将军那种"困难再大也要打胜"的雄心壮志和编辑人员一丝不苟、一字不苟的认真负责精神；她报道《李济文集》的出版，看重的是李济那一代中国知识分子的风范；她那篇关于《古文字诂林》的通讯，关注的是王元化等一大批专家学者弘扬传承中华文化的拳拳爱国之心以及编辑人员十年面壁的孤寂与辛劳；她写《古籍出版回归本业》，再三致意的乃是市场经济条件下古籍出版人专业化、团队化、品牌化建设的发展理念。正是由于用心的发掘，使得赵兰英同志采写的报道有深度和立体感，具有很强的感染力。

赵兰英同志虽为资深记者，但一直保持谦逊、温和的工作作风，高度敬业的工作态度，是一位有个性、有风格的出色的新闻人。在业界，她的谦逊和敬业是人所公认的，也是现在的新闻界不多见的。因为她从来不做肤浅的、浮光掠影式的新闻报道，对于她所关注的人和事，她总是克服各种困难，不辞辛劳，深入一线，全面深入地了解采访对象，反复斟酌剖析，认真发掘其中的报道价值，把要向读者传达的新闻点提炼出来。由于谦逊和敬业，她能将他人无力发掘和把握的新闻写得有声有色，而对于重大问题，她既能举重若轻，又能由浅入深，所以，她采写的各类新闻，具有自己特殊的个性和品格，而所达到的高度和深度，也是他人所无法企及的，可以说，她是当代中国少有的能做深度文化报道的出色新闻人。

对于赵兰英同志在新闻战线长期耕耘所取得的骄人业绩，我由衷地感到钦佩，也衷心希望赵兰英同志一直笔健如椽，写出更多的反映我们时代风采的扛鼎大作，也希望上海的新闻园地里能有更多的赵兰英来接力守望。

他的精神是一笔宝贵财富

原载《出版商务周报》，2006 年 10 月 1 日

8月28日，我收到的第一条手机短信是国家新闻出版总署邬书林副署长于早晨8点05分发来的。短信如下：'王庆同志刚刚因车祸不幸辞世。'我对着这条短信看了半天，不敢相信，也不愿相信。随后嘱秘书去电四川新华发行集团了解情况。没想到厄运确实已经发生在王庆同志身上，心中顿时涌起了一种悲痛而又茫然的伤感，像是失去了什么。

　　我认识王庆同志的时间并不算太长。1997年底我们在四川峨眉山才第一次见面。1997年10月，党的十五大第一次提出了文化体制改革的任务。新闻出版署为了落实十五大的精神，在峨眉山召开了一个小范围的会议，请出版界的一些同志参加讨论深化改革的问题。我与王庆同志均出席了这次会议。初一见面，王庆同志就与我讨论起"发行中盘"的问题。1995年我兼任上海市新闻出版局副局长，分管发行和报刊等工作。我在对发行工作进行研究时，发现中国图书市场进一步发展的瓶颈在于缺乏与现代市场经济相适应的图书发行中盘。由此我在全国书展的高层论坛上发表演讲，呼唤图书市场中盘雄起。后来《中国图书商报》刊发了我的演讲稿，并为此在业内展开了长达三四个月的讨论。这次讨论对推动中国图书发行业的改革和新的市场组织的建设起到了积极的作用。但是实事求是地说，在讨论中不少同志对发行中盘的理解是存在偏差的，只注重建立大的发行业务，而忽视了建立强有力的图书发行中盘应该具备的功能以及需要满足的条件。而王庆同志则慧眼独具，他与我讨论得更多的是图书发行中盘的商务流通功能、物品流通功能、资金流通功能、信息流通功能和经营支持功能；并认识到具备这样的功能必须具有代理众多出版社图书的实力，建立强有力的现代物流系统，构筑充分利用电脑的联机网络，利用大规模运输的能力，以及构建起培育中盘的出版流通体系和制度。与王庆同志的第一次长谈使我有一种强烈的他乡遇知己的感觉。

从这之后，我与王庆同志的接触和交往开始频繁起来。1999 年后，上海世纪出版集团和四川新华发行集团均被列入新闻出版总署出版改革试点单位，2003 年又同时被列为全国文化体制改革试点单位。在中宣部和新闻出版总署召开的各种改革会议上我们经常交流对出版发行改革的看法，王庆同志对出版产业发展的战略思考给了我很多的启发，他对出版发行事业的执着精神更是深深地感动了我。这些年来，我一直关注着四川新华发行集团的改革和发展。我也一直认为，在图书发行体制改革、图书发行产业体系构建、现代物流体系建设、连锁书店经营、现代信息技术的运用等方面，四川新华发行集团是走在全国图书发行业最前列的。

去年国庆期间，应王庆同志的邀请我赴四川对四川新华发行集团进行实地考察，先后参观了刚刚落成的西部出版物物流配送中心，以及"文轩"和"时代新华"两个连锁书店，听了他关于集团改制上市、发展多元产业、延伸产业链、建设文化产业集团的构想。我们还在一起畅谈人力资源管理和建设对现代企业发展的重要性。当我得知四川新华发行集团中层以上的管理人员均参加过 MBA 的培训时，真的体会到王庆同志作为一个现代企业家的过人之处，因为 21 世纪企业建设的核心在于人力资源建设。

在剑门关下，王庆同志指着城楼上"眼底长安"四个大字，向我介绍了他们进军西安、逐鹿中原的宏图大略和具体举措。看着王庆同志跃马扬鞭、指点江山的豪迈气势，我心中不由得感慨起来。四川这样一个内陆省份，其区位在出版发行上并不占优势，王庆同志尚且能有这样的雄心，能打出这样一片天地；如果王庆同志身处北京、上海或东部沿海地区，那将成就多大的事业啊！

王庆同志离我们而去，这对中国的图书发行事业确实是一个损失；但王庆同志留下的对出版事业的执着精神，对出版产业发展的超前认识，对出版事业求实创新、开拓进取的工作态度，以及面对困难百折不挠、矢志不渝的顽强作风，对我们来说是一笔宝贵的财富。愿中国出版业涌现出更多的像王庆同志那样执着进取的出版人。中国的出版事业一定会更美好。

了不起的秦文君

原载《新民晚报》，2013 年 8 月 9 日

儿童文学是一个有着七彩想象的文学世界，儿童文学作家是一群挥舞着艺术魔棒的人，他们为孩子编织斑斓的童趣生活，让童年的梦自由飞翔。秦文君就是一位笔耕不辍的造梦人，她塑造的男生贾里、女生贾梅已经成为当代儿童文学的经典形象，给多少人带来温暖的童年回忆。今年正值"贾里""贾梅"文学形象创生20周年，也是《男生贾里全传》《女生贾梅全传》两书累计发行突破双百万册，值得庆贺，更有必要对于这个当代儿童文学园地里的"常青藤"案例——"贾里、贾梅现象"进行认真的总结，为今后的儿童文学精品创作与童书长效市场拓展提供有益的借鉴。

　　贾里、贾梅是清新、灵隽的文学形象，也是有着浓郁海派风范的都市少年，他们是老师眼里聪慧可人的学童，是同学们耳语呢喃的同桌，是家长心生羡慕的邻家宝贝。他们身上不曾有当下儿童文学中流行的精怪、喧闹的反叛与孽性，也没有穿越灵异空间的身心冒险；但是，他们清新朴实的校园故事，奇芳异秀的家庭趣事，是那么细腻、曲折、温暖、灵秀，让小读者的情感随着贾里、贾梅的心绪飞扬跌宕，这一种"远观无白浪，近察有绿波"的境界，其实需要作家更丰满、厚重的笔力，更多样、诡谲的童趣生活的积累和思考。

200 万册，在现在这个图书生命周期越来越短的市场境遇中算得上是一个了不起的成绩，一个延续了 20 年的长销故事更是难能可贵。牵引这个市场"马拉松"耐力和韧性的，是作者和出版社持续不断的校园阅读动员，是一所接着一所学校的校园文学巡讲之旅，也是孩子们一次次身心酣畅的文学洗礼。如今，第一代的读者早已考入大学，又走上社会，结婚生子，孩子又渐渐长大，迈入学堂，我看到第一代的读者中有不少人把自己珍藏的老版本拿出来，与孩子一起阅读，一起分享，回味与贾里、贾梅同命运的好时光。一本书有了两代人的阅读共享，实在是一份莫大的欣喜，这不仅是作者的荣光，也是出版社的荣光。这一份荣光将镌刻在出版史册里，也映照在大时代的波涛上。

了不起的秦文君，祝愿你在新的时代里能有新的力作问世。

忆庆人

原载《文汇版》，2009 年 7 月 27 日

今年 7 月 3 日，时隔 45 年之后，接到了小学同学姚晓勤的电话，除了问好外，她还向我了解同学、邻居王庆苏的联系方式。我知道远在美国的妹妹小芹与同在美国的庆苏时有联系，于是拨通了小芹的电话，询问庆苏的电话号码和电子邮箱。小芹在电话中劈头第一句就问："王庆人辞世了，庆苏给你发了电子邮件，怎么你没有反应？"这突如其来的噩耗把我震呆了，好长时间说不出话来，悲痛之情油然而生。

　　庆人走了，我始终难以相信。因为，在我的脑海里，满是他充满阳光和活力的身影。

　　庆人长我一岁，1951 年出生。自小庆人就是我的朋友。我们的友情缘自双方的父母。1949 年，新中国成立后，祖国强盛、民族奋发的钟声，唤起同是旅美学者的父辈们报效祖国的赤子之心，他们毅然回国参加社会主义建设，正是这时代的洪流，缔结了两个家庭的情缘，也使得两个少年的成长轨迹汇集在一起。我们两家是 1951 年在大连工学院的校园里结识的，两家的父亲都是学校的教授，母亲也在一个部门工作。1955 年，全国高等院校院系调整，我们两家一起来到上海交通大学，并且成为楼上楼下的邻居。于是，庆人成了我儿时最亲密的伙伴，一起嬉戏，一起欢笑，一起说悄悄话，一同享受着少年淳朴、天真的好时光。少年庆人很有美术天分，课余被父母送去有名的"哈定画室"习画，那栩栩如生的素描和水彩画让人依稀看到庆人将成为未来大画家的美妙前景。少年庆人也很有体育细胞，他曾是上海市徐汇中学足球队的前锋，有多少次我们为他出色的盘球过人和射门技术而喝彩。1965 年，庆人的父亲王希季和母亲聂秀芳（我们称王爸爸、王妈妈）奉调北上，举家搬到了北京。从此，昔日的邻居千里相隔，但是，多年的情谊没有中断，少年的我每次去北京，都无须找旅舍，径直往庆人家里撞，仿佛那就是我的家。

一场"文革"风暴改变了我们这一代人的生活道路，我们都响应号召投身"上山下乡"的大潮，他去了革命圣地延安插队落户，我去了黑龙江生产建设兵团务农，虽然不在一起，但共同的青春境遇让我们彼此之间的友谊越发加深；繁重的肢体劳作之余，最愉快的事情就是写信、读信，尺牍之间，谈古论今，倾诉理想，相互激励，相互抚慰，虽苦犹乐。不久，我们又各自入伍，投身军旅，开启了一段新的人生历程。

70 年代中后期，我们先后离开部队回到地方工作，又各自在北京、上海成家，由于事业心所驱，大家都忙碌于岗位工作，日常的书信往来中断了，但内心都彼此惦记着。我从 1977 年回到上海后就一直在出版系统工作。1995 年 9 月，我率上海出版代表团赴京参加北京国际图书博览会，在上海出版社的展场内，一天突然看见庆人迎面向我走来，彼此的手又紧紧地握在了一起，庆人告诉我，他调到航天部所属的中国宇航出版社工作，除了负责行政工作之外，也编辑些重要的图书，特别是关心封面装帧工作。交谈之中，他对于出版工作的热爱溢于言表。见到庆人，我十分高兴，没想到儿时的伙伴，一同的知青，一同的战士，如今又一起做了出版，一同修筑人类精神生活的高塔，真是一路同行啊！当时，我们尽情叙旧，仿佛少年、青年时代所有的好时光都回来了；我们畅谈出版，探讨出版工作的真谛和肩负的文化责任，依然充满着理想和追求。我还和庆人一同去中关村看望了王爸爸、王妈妈，向两位老人汇报自己的成长之路。

庆人走了，英年早逝，我感到很悲伤。庆苏告诉我，庆人在生命的最后阶段，还从事着环境保护、污水处理等工作，关心着人与自然的和谐发展，这让我感动。我想，人的一生里如果充满着理想的阳光，流淌着亲情、友谊和生命的纯粹，一定是无悔的人生。庆人的人生是无悔的人生。

后生本色是编辑

2018 年为毛志辉《让学术走向大众》一书所撰写的序文

都说后生可畏，80 后的毛志辉事业有成，新书又将面世，可喜可贺。

论年龄，志辉小我近 30 岁，属两代人，但我与他的职业生涯却有着一段愉快的交集。上海世纪出版集团成立后，陆陆续续进了一大批年轻人，他们受过完整的教育，有着硕士、博士的光环，这对我这个没有正规学历的人来说很是羡慕，总想找机会与他们交流，向他们学习。志辉是其中的佼佼者，参加了不少重大图书项目的编辑工作，30 出头，就被评为副编审。我们曾在一起编辑过几本图书，探讨过编辑学者化的一些问题，他给我留下了酷爱读书写作的印象，颇有同道中人的感觉。因此，当志辉打电话给我，执意要我为他的新著作序，我一时不知如何拒绝，只得打破曾经立下的不轻易为人作序的规矩，发出如下一些议论。

40 年前，我刚刚踏入出版行业之时，编辑学者化是一个众人追捧的职业境界，也是上海出版界的传统和积淀。且不说民国出版的景象，商务、中华、大东、世界、开明五大出版机构里聚集了中国近半数的知名学者、作家；新中国成立后，上海出版界依然是群星灿烂，商务、中华北迁，大东、世界、开明易名，并没有稀释沪上出版机构的学术浓度，几乎每一家出版社的总编辑、编辑室主任都是某一专业领域响当当的专家。这一传统一直延续着，当年志辉以中国科学院自然科学史研究所博士之学养来上海人民出版社应聘时，还怀揣几分忐忑，如愿以偿时，心头难抑阵阵快意。投身学术编辑岗位，尽管薪酬不是最优的，但文化能量的集聚，智慧海拔的提升却是最快的；不能简单地将编辑视为养家糊口的谋生技能，编辑作为传播中介，把握着人类精神生活的走向与品质，直接参与社会生活的建构，同时也参与时代文化的塑造，引领文化潮流的走向。

无疑，世界上最伟大的思想都在书本里，今天百分之九十的人类知识和智慧还处在离线状态；人们热捧的微信段子，大多数是信息与感官娱乐的内容，系统知识的内容次之，人类理解的内容少而又少，智慧的内容更是凤毛麟角。人类思想的进化过程，也同样适用于个体学习的递进，从信息到知识，从知识到人类理解，从人类理解到智慧，像一个金字塔，它是一个精神与智力逐步升级的发展过程，我们每个人都在一步一步往上爬，汇总起来便构成历史和我们时代的精神高度。

我想，当年志辉也是怀抱着这样的神圣感、崇高感踏入出版行业的。当然，随着市场化进程的深入，文化魅力至上的学者型编辑也会遭逢内心的纠结，不能只重视学养功底和文字功力，而忽视文化经纪功能；不能只强调精致、从容的文本完善与提升，而忽视市场节奏的配合与呼应；也不能只追求精神相遇与文化传承，而忽视经济效益。从志辉后来策划、编辑的一系列图书看，他完成了这样的"两栖化"转换。如今，志辉跻身金融界，高居管理岗位，回望自己的编辑生涯，不时传递出深情依恋的回眸，犹如爱情世界里的"红玫瑰与白玫瑰"效应，人生的轨迹中既不能缺失精神的发育阶段，也不能缺少财富的积累阶段，相互权衡时，难免有顾此失彼之憾。不过，我常常说，编辑具备了文化、人格、管理三大魅力，就是驾驭古今中外思想流脉的文坛将军，有了好编辑的历练，可以应对人生中任何职位的挑战。

　　记得钟叔河先生说过这样一句话："好编辑是编书编出来的，也是写文章写出来的"，也就是说，好编辑必须两支笔奋战，一支红笔改稿，一支蓝笔写作。志辉的编辑生涯践行了钟先生的期许，收入这本集子中的文章大多是他在编辑岗位上的硕果，他经手编辑的图书几乎每书必评，而且都是洋洋洒洒，下笔千言，文章睿智，文笔优雅，构成与作者、译者之间的心灵沟通、学术交流，当然，对读者来说，则是一次学术普及和市场引导的路演。志辉的学术视野很广，既醉心于科技史、文化史园地的耕耘，也旁及经济学、政治学、心理学、社会学、人物传记，有几篇文章还是与我的著述的唱和之作，因此，我与他不仅是编辑领域的同事，还是思想跌宕、精神跋涉旅途中的文友，相互见证着各自的思想飞飏、精神拔节。我很高兴有这样一位忘年的文友。

好文章的背后是阅读的深度，批评的锐利，好文章一定是反复打磨出来的，批评生活则是在思想论辩的纷争中跳脱出来的。"金无足赤，书无完书。"我读志辉的文字，多多少少有点急就章的感觉，有的文章对问题的探讨不够深入，甚或失之浅显，有的书评与原作者的"和声"不尽协调，甚或有所悖离。对于处于繁忙奔波状态的志辉，文章中有这样一些不足我是理解的。希望迈入中年门槛的志辉在日后的阅读、写作和批评生涯中沉下心来，继续砥砺，写出更多富有思想内涵、见解深刻的文章来。

最后，还想说几句题外话。近日在网上读到台湾某著名出版人关于编辑技艺的讲座，其中说道："一家出版社要令人尊敬，除了要有伟大的作者和伟大的作品之外，最重要的是要有一群伟大的编辑。"这话从强调优秀编辑对出版社的重要性来说，当然不错，但我还是主张对编辑慎用"伟大"一词。伟大的编辑，远的如张元济、陆费逵、邹韬奋等，近的如陈翰伯、陈原、巢峰等，都是时代的产物和弄潮儿，不是单靠提升编辑技艺就能达到的，所以只能是少数个别，不可能有一群。对于今天的编辑来说，重要的是学习前辈的精神，树立起出版的理想，在多出好书的实践中不断提升自己，逐步成为合格的编辑，进而成长为优秀的编辑。从这个意义上说，最近中国编辑学会评选"优秀出版编辑"（10 名），是一项十分重要的工作。

是为序。

充分发挥地方人大作用，
不断提高建设先进文化的能力

2004 年 11 月 7 日在上海市人大常委会座谈会上的发言

党的十六届四中全会通过了《中共中央关于加强党的执政能力建设的决定》，将坚持和完善人民代表大会制度，作为党的执政能力建设的重要任务。学习贯彻十六届四中全会精神，从地方人大的职能和任务出发，必须充分发挥自身作用，坚持党的领导、人民当家作主和依法治国的有机统一，使党的主张通过法定程序成为国家意志，从制度上、法律上保证党的路线方针政策的贯彻实施，从而实现加强党的执政能力建设的任务和要求。十六届四中全会《决定》强调，要不断提高建设社会主义先进文化的能力，将之列为加强党的执政能力建设的主要任务之一，这是我们党深化执政规律认识的重要成果。作为一名出版工作者，我感到市人大在文化建设特别是促进提高党的先进文化建设能力方面应当并且可以发挥重要作用。这些作用主要体现在以下方面：

一、加强对文化发展的立法保障

市人大多年来一贯对本市的精神文明建设十分重视，上海是全国地方性文化立法较为完备的地区。建设社会主义先进文化，必须依靠法制保障，将党的宣传文化政策方针具体化为法律规范，使政府管理有法可依，为文化发展创造良好的法治环境和健康的市场环境。要对本市文化事业发展的政府性投入给予立法保障，通过地方法规，明确政府在文化建设中应当承担的责任，明确本市公益性文化事业的主要范围、重点项目以及政府投入的增长幅度。要制定和完善鼓励优秀精神产品生产的奖励扶持办法，促进本市文化单位内容创新能力的提高。要针对文化体制改革不断深化的形势，制定和完善社会资金投入文化建设的法规。要适应文化产业发展新情况，进一步调整和完善文化市场管理法规，规范文化市场秩序，形成开放竞争、健康有序的文化市场环境。

二、加强对政府文化管理活动的监督检查

作为地方权力机构，人大负有对政府工作进行监督检查的

责任。在文化建设方面的监督检查以往相对较弱，人大工作要体现加强党的执政能力建设和先进文化建设的要求，必须加强对行政部门文化管理活动的监督和对文化管理成效的检查。要加强人大对政府工作中有关文化建设任务落实的监督检查，督促文化行政部门依法认真履行职责，切实完成文化建设特别是文化公益事业发展的任务。要加强对本市国民经济和社会发展计划中文化事业发展规划的审议，确定重大文化建设项目和群众性文化建设项目。要加强对政府文化执法工作的监督，督促规范执法行为，特别要加强对文化行政许可审批的监督检查，为文化企事业单位创造公平竞争的发展环境。

三、加强同文化领域社会团体和行业组织的联系

人大作为人民选举的权力机构，应当密切联系群众，及时全面反映社会各群体和广大市民的意见，代表人民群众的根本利益。随着文化体制改革不断深入，文化领域社会团体和行业组织不断发展，成为文化领域各行业、各层次利益和要求的代表。市人大应当加强与文化社团和行业组织的联系，充分发挥这些社会组织在文化建设方面的作用，采取听证会、委托调

研、组织评议等多种形式，广泛听取意见，提高文化立法和执法监督工作水平。

总之，地方人大要积极适应社会主义市场经济体制环境的要求，努力在建设社会主义先进文化方面有所作为，为加强党对宣传文化工作的领导，提高党在文化建设方面的能力，全面加强党的执政能力建设，作出新的探索。

关于规范上海出版物市场秩序的建议

2006 年 1 月向上海市政协提交的议案

当前，我国出版产业的发展正处于一个关键时期，在影响出版产业发展的各种因素中，出版物销售环节存在的一些突出矛盾亟须引起各界的关注，并采取针对性的措施，逐步化解销售环节中存在的严重问题。

　　当前销售环节的问题主要表现在以下三个方面。

　　一是一些地方的新华书店开始大量占用货款，将图书销货款转作经营资金，用于扩建办公场所、开拓新的网点、给员工发放工资奖金，不少民营书店也是如此，由此造成销售环节大量占用上游出版社的资金，形成层层拖欠。目前，这种现象已经十分普遍，从一般图书逐步蔓延到中小学教材的货款结算，挪用、占用货款者也从各级书店扩大到管理教材发行的政府有关部门，从而造成整个出版物销售环节的货款回笼周期越来越长，从原先的三个月，逐步到六个月、九个月，最长的可达三年、五年，形成长期拖欠现象。再加上现在的图书市场是买方市场，出版社有求于渠道，这更使得销售商有恃无恐。大量拖欠出版社的货款。

其次，更为严重的是，很多地方的新华书店和相当部分的民营书店，由于经营不善，资金链断裂，于是采用倒闭或者注销原有企业的方式，恶意逃债，使出版社的货款追讨无门，出现大量的坏账。如上海前两年倒闭的诚品书店、2005年转让的思考乐书局，就由于经营不善，前者经营者一夜之间蒸发，使出版社的货款元从追讨；后者则由于大股东恶意占用书店的货款，将其挪作他用，同时用书店名义对其借款进行担保，最终由于投资失败，使得书店的资金链彻底断裂，欠下近亿元的债务，其中拖欠出版社的货款达到3000万元。所欠的这些货款均已成为出版社的坏账，给出版社的生产经营带来严重影响。

其三，除了拖欠以外，近年各地新华书店在改革过程中，因为经营水平低下，在整合过程中一方面无理由大量退货，另一方面又向出版社添货，给出版社的生产经营造成严重的混乱，而且，他们还借助所掌握的渠道优势，对出版社进行折扣勒索，否则就将不肯降低发货折扣的出版社强行驱逐出该地的市场。在所退图书中，不仅十多年前发货（早已超期）的图书全退，严重污损的图书也全退，退货无理由、无原则，完全不讲商业诚信和商业道德。

据了解，目前，全国出版行业货款拖欠的程度已超出全国流通行业货款拖欠的平均水平，至于恶意逃债的现象更为严重，也远远超出全国商业零售企业的平均水平。据专业机构统计，在发达市场经济当中，企业间的逾期应收账款发生额约占贸易总额的 0.25%—0.5%；而在我国，这一比率高达 5% 以上，在出版行业则高达 10% 以上。

上述现象的出现与我国现行出版物发行销售模式及结算方式有着密切的关系。这种销售模式及结算方式乃沿用计划经济时代的图书发行方式而来。在计划经济时代，出版社和新华书店均属于国有单位，出版社推出出版物后，全部交给新华书店系统，由其向全国各地发行。新华书店之间按照多年来行之有效的货款承转结算办法结算货款，然后按时向出版社结算货款。由于货款结算及时，且无退货，整个出版的资金链完整有效，资金的流转顺畅，由此保证了出版业的再生产顺利进行。在计划经济时代，市场主体并不是完整的，而且整个运行也完全在一个系统内的国有企业之间流转，故尚不产生明显的资金拖欠问题。

随着我国开始建设社会主义市场经济，出版物销售环节逐步产生严重的诚信和信用危机。因为出版物的发行仍大体延续过去计划经济时代的结算方式：出版社生产出图书后，将产品发送给各地的新华书店或民营书店，由这些销售商来代理出版物的销售，然后定期向出版社结算货款；无法实现销售的，则全部退还出版社。但是由于各环节的市场主体逐步建立，尤其是民营资本大量进入销售环节，继续沿用这种结算方式后，在销售环节开始出现拖欠货款和恶意逃债现象。

20世纪90年代中期，随着新华书店拖欠货款的现象日益显著，对出版业的发展造成严重的危害，为解决图书货款的拖欠问题，1995年，国家新闻出版署制定了《新华书店货款结算暂行规定》(新出计［1995］519号)，经中国人民银行会计司同意，下发各地，要求各地继续沿用新华书店之间的货款承转结算方式，着力解决这一问题。虽然拖欠货款的问题由此一度有所改善，但解决问题的思路还局限于计划经济的发行销售框架内，没有从体制上进行根本性的变革，所以问题只是暂时有所缓解。随着中国出版业的发展和大量的民营书店进入图书销售领域，到21世纪初，这一问题再次爆发出来。

产生这种现象的根本症结在于国内采用的是计划经济时代的出版物销售模式及结算方式，它完全不同于国际上通行的出版物销售模式及结算方式。国际上通行的出版物销售模式及结算方式是：出版社出版图书，销售商（连锁书店或独立书店）根据图书目录下订单，进行订货或者添货，出版社根据订单向销售商发货，销售商收到图书后，即向出版社支付货款，不能拖欠。如果图书无法实现销售，可以退货，但需得到出版社的认可。污损图书不能退货。这种市场规则是由出版社所在的行业协会与销售商所在的行业协会通过谈判建立的。这两个民间的行业协会代表两个方面的市场主体，就双方合作的市场游戏规则进行协商谈判，商定折扣、结算时间、结算方式、费用分摊方式等，从而确定双方均需遵守的规则，约束双方的行为，制约并制裁不诚信或者信用不佳的企业行为。

上海出版物销售环节也存在较为普遍的拖欠货款等问题，尽管在程度上不如全国那么严重。考虑到上海出版物市场在全国具有特殊的地位，长期以来在健全规范出版物市场体系方面一直起着良好的示范作用。故建议市政府主管部门认真研究解决重建上海图书市场范围内出版物销售规则的问题，为全国图书市场这一问题的解决创造经验。

1. 加快行业协会的建设步伐。上海出版业现有的协会大都是群众团体，功能严重欠缺，缺乏权威性。因此，建议尽快成立代表出版社的行业协会和代表销售商的行业协会，赋予一定的权限，使其成为能代表双方行业的独立组织，通过他们协商谈判以确立出版物的发货方式、发货折扣、结算方式、结算时间、费用分摊方式等，重建出版物的市场游戏规则。

2. 尽快建立企业信用评价中介机构以及相应的评价系

统。通过成立专门评价出版社和图书销售企业的信用评价机构，建立相应的评级体系和评价信息发布渠道，收集数据，进行批发商、书店等的资信调查，及时发布销售企业的信用等级，确定销售商的"信用额度"。出版社也可以委托这类中介机构进行销售商的资信调查，中介机构则根据出版社的要求提供其所需的信用信息和信用评价的报告。这将有助于出版社及时规避风险，同时制约销售商的行为，保障行业的秩序。

3. 改革现有的出版物发行与销售方式。通过采用信息技术，建立出版社和书店的网上数据交换渠道，及时沟通信息，为物流、商流、资金流和信息流的顺利流转提供保障。在此基础上，对于发货，逐步采取订货与适度主发相结合的方式，让销售商根据出版社提供的书单筛选所需要出版物的品种和数量，并根据此前销售情况及时进行补货和添货。就书店而言，要实行科学的购销方式，以销定进，努力为图书销售寻找突破口，加强收退货和库存管理，及时承付货款。在销售结算方面，要逐步建立实销实结的出版物发行销售模式，改变采用按照发货时间先后抽单结算的传统结算方式，彻底解决销售商占用出版社资金的问题。在退货方面，除了主发图书外，书店订购的图书原则上不可以退货，如果确实需要退货，一定要先征得出版社的同意；所有因为书店保管不善及读者翻阅造成的污损图书一律由销售商承担损失，由此可以激发书店的责任心，慎重保管和处理其准备上架销售的图书。

关于对本市中小学教辅读物
加强正面引导的建议

2009 年 1 月向上海市政协提交的议案

近年来，随着国家进一步加强素质教育，上海的教育主管部门大力减轻中小学学生的学业负担，采取多种措施治理教辅图书的泛滥，努力祛除应试教育的弊病，使得本市中小学生的身心发展较以往更加全面；同时，政府主管部门严格规范教育收费，尤其是教材由政府采购后，原先在个别地方存在的教育乱收费现象也得到了明显的遏制，整个上海市的中小学教育正进一步走上良性发展的轨道。

但是，当前我国的中小学教育毕竟还处于应试教育的大环境中，家长普遍关注孩子的学习成绩，他们力图通过各种方式，尤其是借助教辅读物，让孩子做大量的课外习题，希望由此让孩子全面深入地掌握知识、提高应试技巧并在应试时取得好的成绩。此种现象，沿袭多年，本无特别之处。但2008年秋季开学后，一个出乎意料的现象引起我们关注，即：在大力倡导素质教育并推行多年的教育减负后，2008年秋季开学后，中小学学生的课外学业负担并未减少，很多学生的学业反而加重，因为家长要他们做更多的教辅习题；同时，在开学前后，我们看到很多学生家长奔波于上海各大书店为孩子选购了大量的教辅读物，既劳神劳心，又增加经济负担；还有一点，本就鱼龙混杂的中小学教辅图书市场更加泛滥、更显混乱。

这一出乎意料现象的出现，表面上看其矛头直指教辅读物，似应群起而声讨教辅之罪，因为如无教辅，则学生学业减轻，家长负担减少，但这并非全是教辅读物的过错。教辅读物是个大概念，包括各种学生用的教育、教学辅导类的读物。现在社会上所指的教辅读物一般为应试类的助学助考读物。由于课时、学科均衡等限制，教材只能解决基本的教学要求，其他方面还需要大量的课外教育内容进行补充。据教育专家统计，学生中大约有 10%—15% 学习有困难，60%—70% 为中等水平，这些学生不同程度地需要课外学习进行补充。目前这种课外学习，很重要的手段之一就是通过做教辅来完成。无论是贯彻教育目标、课程标准，还是应试、助考都离不开课外学习和教辅读物的帮助。尤其是在现在这样一种教育升学体制下，教辅读物有它存在的必然性，如果我们不加区分地把"助长应试教育、加重学生负担"的罪名加在所有教辅读物的头上是失之偏颇的。好的教辅读物应该是能够全面贯彻基础教育的基本精神和教育大纲的基本要求的，能很好地把这些精神和要求落实到每个年级、每个学科中。好的教辅读物编撰意图十分明确，要解决教学中的具体问题，并针对不同的读者对象，因地制宜地提供解决方案。所以它绝不是简单的习题集、练习册。它反对的是粗和滥，倡导的是精和简，使学生在学习中能够举一反三。它恰恰是要把学生从题海中解脱出来，起到积极的减负作用。不少教育专家指出，教辅读物不仅仅指《一课一练》等与课堂教学同步的读物，应该包括所有学生课外读物，选择面应该更加广阔，强调在生活中学、在实践中学，在综合素质上的全面提高，学生课外读物应该为跳出应试教育，加强素质教育发挥积极作用。

而细究 2008 年秋季开学前后所出现的反常现象，其根源实在于教育主管部门在一定程度上忽视了对教辅读物的正面引导，将这一市场需求完全交给市场自身去运作，由此造成了消极的后果。

众所周知，为了给学生"减负"，从 2005 年开始，市教育、出版部门就出台了诸多规定，力图堵住教辅书尤其是应试类教辅书的源头和通道。如：市、区（县）教研员，已命名的特级教师，不得擅自参加以营利为目的、以习题试卷为主的应试类教辅读物的编写，违者将给予通报警告等行政处分；凡参加教材及配套资料编写，参加中考、高考命题和审题的人员，在完成所承担工作后三年内不得擅自参加应试类教辅读物的编写，违者将不得再安排参与教育行政部门和有关职能部门组织的教育咨询、各类社会考试的命题和审题、有关教材及配套资料的编写和审查等工作；各中小学校不得以学校名义组织人员编写应试类教辅读物，严格规定教师不得擅自参加习题集、试卷集等应试类教辅读物的编写工作，一旦发现上述违规现象，家长、学生可拨打市新闻出版局、市教委教研室举报电话。

但是，仅仅依靠在教育系统内发布禁令并不能遏制应试类教辅读物的泛滥，因为教辅书的市场需求客观存在，而参与教辅读物出版的出版社和民营工作室数不胜数。据上海书城的统计，每学年其上柜的教辅书多达六七千个品种，每种科目至少有 10 种以上的习题集和模拟试卷，仅中考试题版本就有几十种，数学一门课程高中范围竟然有近百种教辅书，称教辅书"泛滥"不为过。而每学年在本市各类书店上柜的教辅书中，有 75% 挂着外地出版社的牌子，实际上是由本地书商组织本市人员按本地教材编写的，再以"合作出版"的名义用外地书号出版。

在 2008 年之前，教育部门照顾到中小学生的实际需要，对教辅读物还做一些推荐和引导的工作，虽然市场上教辅泛滥，但问题尚不严重。如在发布教材目录时，同意将本市专业出版社出版的配套教辅书一起登载在由新华书店推荐的教辅读物目录上，方便学校和家长购买，同时其费用也一并解决，部分化解了家长和学生选购教辅的困难，并且一般不再需要他们四处奔波选购教辅。但是在教材实行政府采购免费使用后，教育部门重申各级教研员不得向基层学校推销任何教辅读物，教师不得向学生推销或以各种形式变相推销教辅读物，或指定教辅读物让学生购买，与此同时，也关闭了原来由新华书店推荐的教辅读物目录进入学校这一通道，以学校围墙为界，把教辅读物完全推向市场，教育部门自己放弃了对教辅读物的推荐和引导。

2008 年，正是因为教育部门将教辅读物完全交给市场自己去调节，才使得秋季开学时，家长们为了买教辅书，增加孩子的知识面，提高考试成绩，在各家书店间奔波。但他们往往不知道该买什么样的教辅书。不少家长认为多做习题就能提高水平，于是就采购了一大堆习题集，使学生终日埋头于题海之中。由此造成学生的学业更重，家长的支出增加，而教辅图书市场则更加混乱。

针对上述情况，建议市政府有关部门认真研究，强化对中小学教辅读物市场的监督管理，加强对精品教辅的推荐和引导工作，为家长和学生的学习生活提供便利，将减负工作做得更加扎实、更见成效。

1. 强化对教辅读物市场的监督管理。对于教辅读物，教育部门应有专人负责进行监督管理。首先要加强质量检查，因为当前教辅读物的质量堪忧，2008 年上海市新闻出版局进行了上海出版的教材教辅编校质量检查，一共抽查 28 种书。差错率万分之三以上的占 20% 左右，最高的差错率是万分之五点二。其次要建立教辅读物出版资质准入制。应从编辑力量、从业范围、发行规范等多方面核定出版单位教辅读物的出版资质。凡不符合出版资质基本要求的，其出版物不准进入书店销售，更不得进入校园。其三是要坚决打击教辅读物出版上的买卖书号、一书多号、侵权盗版行为。近年来，一些从未编辑出版过教材、教辅的出版单位纷纷进入教辅出版领域，他们自身没有编辑力量，于是通过买卖书号，交给书商来运作，导致所出版的教辅图书质量低劣，贻害无穷。建议在 2009 年春季开学前进行一次专项整治。

2. 加强对精品教辅读物的推荐和引导工作。家长和学生对于教辅读物的分辨能力毕竟有限，但他们对于教辅读物又确有需求，因此，政府主管部门应该加强对精品教辅读物的推荐和引导工作。为此，政府部门应采取具体措施支持专业的教材出版单位编写出版教辅读物，督促他们认真打磨，细致编校，确保质量一流，不断推出精品。同时，新华书店在教材目录上向学校和家长推荐专业教材出版单位出版的精品教辅的办法仍不失为一个有效的措施，应予保留。当然，这一行为必须处于市政府主管部门的严格管理和具体的指导之下，防止出现鱼龙混杂的情况。

3. 就教辅书费用的收取研究制定出一个方案。由于教材已经由政府统一采购，教辅书的费用收取已成为一个问题，但这是落实推荐和引导工作的重要一环，否则家长和学生四面奔波的问题仍难以解决。

加强对网络文学的引导和监管，
为青少年提供健康的网络环境

2010 年 2 月向上海市政协提交的议案

进入本世纪以来，随着互联网技术的快速普及，网络文学蓬勃发展，方兴未艾。网络文学吸引了千千万万的青年走上文学创作的道路，圆了他们的"作家梦"，也出现了《第一次亲密接触》《告别薇安》《成都，今夜请将我遗忘》《明朝那些事儿》《藏地密码》《大江东去》《宴无好宴》等一些较好的文学作品。但是，时至今日，网络文学已经从过去以青春文学为主要题材和纯文学网站为代表的文学时代，发展到当前以"玄幻文学"为主要题材和商业性网站为代表的娱乐时代，呈现出作品泛滥、泥沙俱下、题材单调、格调低下等明显的问题，亟须引起有关方面的充分重视。

　　文学的价值在于观照和反映社会、人生、人性，优秀的文学作品让人从中获得思想启迪、精神寄托、审美愉悦、情感抚慰，等等。因此，在社会主义社会，文学作品的价值取向是"颂扬真善美，鞭挞假恶丑"。然而，当下的网络文学在很大程度上充斥着"假恶丑"之类的所谓"原创文学"。这些网络文学作品，往往通过主人公荒诞无稽的遭际和经历，表达、传递了对金钱、权力、美色等的极度追求。为了表现这些主题，他们大多采取玄幻、奇幻、穿越、灵异、架空等手法，让作品的主人公天赋异禀，可为常人之不能为，让读者在幻想、妄想中获得对金钱、美色的感官满足。这里不妨列举一些文学网站上强力推荐和点击率最多的小说：《征服天国》《九天真龙传》《近身保镖》《重生之升官发财》《穿越成富婆皇后》《扛上酷总裁》《艳遇之旅》《穿越沦为君的小妾》《圈养绝色相公》《一女与N个男总裁》《妖颜媚世》《紫魔艳帝》《极品小太监》《校花攻略》，等等。这些网络小说可以用"玄幻为表，意淫为骨，间以色情"来概括，其创作的公式是：粗浅的历史知识＋穿越架空＋淫乱的立意＋A片描写，表达的是霸权情结、发财情结、纵欲情结。

这类小说在网络上被叫做"YY小说"和"小白文"。所谓"YY"，就是"意淫"二字的简称，有人认为，作者是为"意淫"而写，读者是为"意淫"而看。所谓"小白文"，意思是作者和内容都是白痴级别的。

去年以来，手机阅读悄然升温，"YY小说"又在手机上大行其道。目前，在手机上，点击最多的是这样一些作品：《超邪魅总裁老公》《坏蛋是怎样炼成的》《欲望沸腾》《酷总裁的舞娘妻》《总裁的野蛮情人》《兽血沸腾》《独宠太子妃》《兽魔之心》，等等，不胜枚举。这些作品当然又都是文学网站所提供的。

问题的严重性在于，网络文学的这种不良倾向并不会自生自灭，它的产生和蔓延有着一定的驱动机制。文学网站按点击页面数向作者付酬的商业模式，加上网站对"YY小说"的"强力推荐"，引导和刺激着网络作者按照他们的要求源源不断地去"原创"那些内容低俗、思想内涵匮乏的作品，以适合一部分读者的口味。现在网络上有这样一种看法，网络文学的大部分已被"YY小说"攻陷了。

据有关方面调查，目前网络文学和手机文学的阅读主体，基本上是没有消费能力的学生和农民工，阅读每千字收费二三分钱的商业模式刚好适应了他们的支付能力，把这两个庞大的社会群体变为了文学阅读人口，但是"YY小说"带给他们的却是多么负面的影响。

在市场经济的大潮中，如何正确处理好经济效益与社会效益的关系，以优秀的作品鼓舞人，一直是文化领域为之努力的工作目标。上海是网络文学的发端地，也是网络文学的出版高地，曾经出版过一些不错的网络文学作品，上海文学网站的营业额要占到全国的十之八九，但是目前网络和手机上的"YY

小说"大多也是由上海的文学网站提供的。对于网络上存在的这种片面追求经济利益，严重违背社会主义核心价值观的文学现象，我们不能视而不见，置若罔闻，建议上海市有关主管部门高度重视此事，切实采取法治与教育并重、限制与过滤并举的方法，加强对网络文学的引导和监管，为青少年提供健康的网络环境。

对非公有出版工作室加强行业管理的建议

2010 年 1 月向上海市政协提交的议案

近年来，随着出版业的逐步产业化和市场化，原有国有出版领域的某些环节逐步向非公有经济开放，出现了一批非公有出版工作室，它们为出版业的大发展大繁荣作出了一定的贡献。这些出版工作室与国有出版单位合作，策划出版了一批畅销图书，近年大众图书市场上热销的文学、生活、健康、职场类图书中由非公有出版工作室策划的占到了一定的比例。

非公有出版工作室在与国有出版单位进行书号合作的基础上，发展出了多种合作模式。有的工作室，出版社占有股份（如人民文学出版社、明天出版社等占有九久读书人的股份），有的工作室被出版集团收购（如万榕公司），有的工作室与出版社成立合资公司并控股该公司（如新经典与北京出版社集团的合资公司），也有的工作室吸引了战略投资者，并以各种方式酝酿上市（如磨铁公司）。

越来越多的非公有出版工作室介入图书策划、组稿、编辑等出版工作，成为国有出版单位的必要补充，进一步满足了人民群众对于图书产品的需求，也有利于出版业的进一步市场化改革，对于推动国有出版企业的改革、做大做强出版产业，是有积极促进作用的。

2009年4月，新闻出版总署发布了《关于进一步推进新闻出版体制改革的指导意见》，对新闻出版体制改革做出了具体的部署。其中，从发展新兴出版生产力的高度，明确提出要"引导非公有出版工作室健康发展"，"积极探索非公有出版工作室参与出版的通道问题"。这是国家出版管理部门对非公有出版工作室在出版产业中的积极作用的正式肯定。

由于我国出版业原有的一系列管理办法主要是在出版业为事业性质、出版主体为国有性质的行业背景下制定、产生的，在越来越多的非公有出版工作室介入出版某些环节和出版市场的新形势下，产生了若干由于管理缺失、管理不力和管理错位而导致的问题。

1.出版业急功近利、出版物低俗化的现象有所加剧。出版业是一个社会性很强的特殊行业，国有出版单位传统上比较注重社会效益，宣传文化领导部门对出版单位强调出版纪律、宏观管理、专业分工和长线规划。非公有出版工作室进入出版领域后，出现了以商业利益为重，社会效益其次，甚至无视社会影响的现象。一些工作室确实策划出版了一系列畅销图书，但是，这些图书的低俗化取向明显；掺杂封建迷信、伪科学的图书（如灵异、穿越、盗墓等题材）以及迎合庸俗价值观的图书不时出现；一些专门面向青少年的图书宣扬的是个人主义、享乐主义、颓废主义的负面价值观。非公有出版工作室很少关注和策划出版弘扬主流文化、主旋律的图书，大部分工作室没有图书出版的长期规划和长期投入，对先进文化、科学精神和学术创新不感兴趣。这样的一个必然后果是，图书传承人类优秀文化成果、弘扬社会主义核心价值观的功能被忽视了，图书的生命周期缩短了，在某种程度上成了"速食品"、娱乐品。

2. 出版工作追求进步的作用和价值削弱了。出版行业和出版工作的重要意义在于，出版工作者通过其判断、选择，将真正具有出版价值的文化、文学、艺术、学术等著作传递给读者，并且通过其编辑加工工作，使得出版物变得更加完善、更加科学、更易于接受，进而赋予出版物更多的思想、文化价值。但是，部分非公有出版工作室对出版物的选取在价值取向上存在偏差，往往以其商业利益作为惟一的考量标准，从而导致对受众的误导。同时，由于非公有出版工作室的从业人员大部分没有经过专业培训，未取得出版职业资格，他们对出版物的编辑、加工能力有限，出版物质量无法得到有效保证。一些工作室还为了节约编辑出版成本，在编辑加工等环节粗制滥造，这样，也大大降低了出版物质量，造成较高比例的不合格图书产品。目前，尤其在网络出版物以及以网络内容为来源的纸质图书出版（如网络小说）方面，存在大量良莠不齐、错漏百出的未进行有效编辑加工的所谓出版物，而这些产品大部分都是由工作室炮制的。

3. 市场秩序混乱、诚信意识淡漠。由于缺失行业管理和发展规划，在利润最大化的驱使下，非公有出版工作室往往采用恶性竞争的办法抢夺短期内商业利益最大的那部分图书产品，从而打乱了原有出版单位的专业分工、长期规划。一些工作室在低成本粗制滥造的基础上，以低定价低折扣与出版单位进行竞争，从而扰乱市场秩序，形成图书质量下滑，导致"劣币驱逐良币"现象的发生。更有甚者，少数工作室以各种形式的盗版行为非法抢夺国有出版单位的版权资源。近年来发生的一系列版权诉讼案件，大部分是由工作室的侵权行为引起的。还有一些工作室不以出版优秀图书产品为目的，醉翁之意不在酒，借着出版的名义搞资本运作，以圈钱为目的，进而也出现了高价无序争夺版权、低折扣倾销产品等违反市场规律的怪现象，破坏了正常的出版生态。

如前所述，现有出版业的若干管理机制和办法是在出版业为一相对封闭的行业、市场主体尚未形成的行业环境下制定的一套管理思路和体系。目前，出版产业化已成必然之势，出版单位正逐步成为市场主体，非公有出版工作室正参与到出版业的发展中来。因而，我们认为，上海市的新闻出版主管部门应根据上海出版市场的现状，重点研究如何转变行业管理职能，尽快整理、修改原有对国有出版单位的行业管理办法，把非公有出版工作室纳入行业管理、行业自律中来，建立出版行业的市场诚信体系。有关建议如下：

1. 建设行业协会，培育市场诚信体系。随着出版业的市场化，政府的行业管理职能将有所转变，行业竞争规则和诚信体系的建立、完善和执行，将更多通过行业自律的方式进行。因此，应强化出版行业协会的建设，协会应团结出版主体，对出版产业的各个环节建立相应的规则、公约等。日前，中国出版协会、中国书刊发行业协会、新华书店协会联合发布的《图书公平交易规则》，就是出版产业下游环节进行诚信建设的一个努力。出版产业上游环节也应有若干规范公平竞争和倡导诚信经营的规则。行业协会应着力保护出版产业的长期、稳定、健康发展，对于那些在行业内不顾基本的市场规律、盲目抢夺资源、扰乱市场秩序、破坏行业生态的恶意竞争行为加强监管力度。

2. 建立工作室的准入门槛和退出机制。应制定一套工作室从事策划、组稿、编辑等出版工作的准入门槛，对工作室的资本、资源、人员等提出基本的行业资质要求。尤其在人员方面，对编辑要有明确的岗位资质要求，并要有一定比例具有高级职称的专业人才。对一些有特殊专业要求的出版方向（如翻译引进类图书、大型工具类图书、医学健康类图书），制定细化的准入门槛。同时制定工作室以及从业人员的退出和禁入机制。

3. 对与工作室合作的国有出版机构建立资格认证制度。从近年的实际情况来看，有较高积极性与工作室合作的出版单位往往自身的创意策划能力和编辑把关能力较弱，这种不平衡的合作关系容易导致出版事故以及买卖书号现象。为了规范工作室的出版行为，杜绝买卖书号等非法行为，应选择有较强出版能力的出版单位为工作室提供出版通道。对合作出版单位制定一系列的资质要求，比如，只有一级、二级出版社才能与工作室进行合作。同时，对合作方式与流程、双方的责权利制定具体的规范。

4. 加强对工作室的行业规划和监管。采取措施吸纳出版工作室加入出版行业协会，通过行业协会的规章来加强对工作室的行业规划和管理，如对工作室出版方向的管理，对工作室短期行为的规范，对工作室制定长期规划和出版长线产品的鼓励。同时，通过行业协会，增强工作室的市场诚信意识。

关于进一步做好上海数字
出版资源建设的建议

2011 年 1 月向上海市政协提交的议案

数字出版已经成为上海出版发展的重要战略，受到市委、市政府的高度重视。数字出版的关键问题之一，是出版资源的数字化建设。拥有海量的、优质的数字化内容资源，是进行数字出版的前提和基础，也是出版企业最核心的竞争力。近年来，我市新闻出版行政主管部门在数字出版方面开展了卓有成效的工作。据悉，最近在市委宣传部大量资金投入的支持下，市新闻出版局计划将我市数万种已经出版的图书转化为特定的电子格式进行存储，这种积极引导、鼓励我市出版企业走数字化道路的努力值得充分肯定。

　　但是，目前市新闻出版局的计划实施方案，是将已出版图书的电子排版文档绝大多数转换为 PDF 格式，少数转换为 EPUB 格式，这在技术路线的选择上值得再做斟酌。为此，拟在介绍 PDF、EPUB、XML 等文档格式特点的基础上，提出上海数字出版资源建设的技术路线建议。

一、PDF 文档的优点与缺点

PDF 文档是美国 Adobe 公司在 20 世纪 90 年代初开发的一种旨在解决电子文档传输的文件格式，主要功能是将文字、图片等排版信息封装在一个文件当中，解决了图书在保存其原有排版样式的前提下能够通过因特网跨平台传输和呈现的问题。它对数字化早期的出版工作起到了重要的作用。

随着数字出版技术的日新月异，PDF 越来越显示出它的缺点和不足。首先，PDF 最主要的优势是可以比较精确地呈现图书的排版格式，在个人电脑等大屏幕阅读终端上，近乎完美地还原出纸质图书的阅读效果；但是，PDF 文档的结构布局无法改变，在移动终端如智能手机、手持阅读器等小屏幕终端上阅读体验很差。其次，PDF 是经过封装的，其内在代码十分复杂，转化为 PDF 文档之后，仅有储存、传输与阅读的价值，不可能成为数字出版可以利用的资源。第三，PDF 易于传播是它的优点，这同时也给版权管理带来了极大的挑战，到目前为止，还没有保护 PDF 文档版权的有效方法，这是由其格式本身决定了的。

二、XML 与 EPUB 的特点

XML 是万维网（www）理事会于 20 世纪末推出的一项计算机语言标准，能够与数据库技术一样方便有效地表示结构化数据，在 IT 领域的应用十分广泛。

出版内容资源数字化的本质是出版物内容的结构化。只有实现了内容的结构化，实现了出版物内容与其样式的分离，才能对出版物的内容进行高效率的管理，从而实现对数字化内容的跨媒体多样式发布，极大地提高内容的生产效率并提升其发布效果，完成传统出版向数字出版的转化。目前国际出版企业均花大力气将其内容资源 XML 化。

XML 文档不是数字产品，它是数字产品的基础。它具有极好的开放性，可以简易地转换为任意的格式（包括 PDF），满足个人电脑、手机、手持阅读器等的需要。它既可以精准地还原图书版式，也可以满足设备或用户的个性需求；它可以按照要求任意定制，不仅能充分满足目前的需求，也为满足未来的需求提供了可能。

EPUB 是国际数字出版论坛提出的一项开放的电子书标准，

它是 XML 文档的一种表现形式，其主要特点是文字内容可以根据阅读设备的特性，以最适于阅读的方式显示。同时，它是开放的标准，不像 PDF 那样基本上属于依赖于一家公司的特定产品。

在国际出版界，欧美重要的出版集团均采用 XML 作为其出版流程的核心，学术出版集团、教育出版集团等多以此为基础做全方位的开发，而以大众图书为主的出版集团则多发布 EPUB 格式的电子书。

三、技术路线建议

综上所述，将图书排版文档转化为 PDF 文档无法达到推进数字出版的目标。这是因为：（1）PDF 文档虽有良好的存储性，但无法作为资源再利用；（2）PDF 文档虽有良好的阅读性，但无法自适应各类电子阅读设备；（3）PDF 文档虽有良好的传播性，但无法解决版权保护问题。而使用 XML 技术可以在保有 PDF 文档上述优点的同时，避免其上述的缺点。

为此建议，应对我市已经出版的图书进行分析，有重要再利用价值的图书，应当将其排版文件转换为 XML 文档；而主要用于流通阅读的图书，应当将其转换为 EPUB 文档，或其他可以根据阅读设备的特性，以最适于阅读的方式显示图书内容的文档格式。

当然，从短期来看，转换为 XML 文档的成本要比转换为 PDF 高，对技术的要求也高，研发的时间也较长；但从长远来看，考虑到资源重用带来的巨大的收益、自适应屏幕的商业优势和版权保护所规避的巨大风险，这无疑是极其合算的。四川出版集团在全国出版界的数字化进程中走得较早，自 2005 年起，他们就把所有的排版文件转换为 PDF 文档存储起来，但在开发新的数字产品时这些文档毫无利用价值，闲置多年，业内称之为"数字化库存"，传为笑柄。上海显然不能重蹈四川的覆辙。

上海世纪出版集团较早认识到数字出版的本质，了解 XML 的特性，意识到根本性的解决方法是在图书制作时就生成一种通用的文件，既可以用于纸质出版，又可以适用于电子书和其他各种媒介的阅读。从 2008 年起，上海世纪出版集团在上海市科委和新闻出版局的支持下，开展了两项有一定前瞻性的科技攻关项目，一项是将已经出版的图书转换为 XML 文档，一项是在出版过程中直接生成 XML 文档。目前这两个项目都取得了较好的进展，建议市政府有关部门全力支持和推进这一项目的完成，并尽早将这一项目的成果在全市推广。

关于大力支持资本"走出去"，
推进海外出版工程的建议

2012 年 1 月向上海市政协提交的议案

"十一五"时期，在党和国家相关扶持政策的鼓励和推动下，我国新闻出版业全面实施"走出去"战略，出版企业"走出去"的热情日益高涨，模式不断创新，渠道也得到相应的拓展，版权输出数量和输出品种都有明显的提高，出版物的实物出口持续增长，数字出版产品和数字版权的输出量大幅增加。近年来，资本"走出去"、出版企业实体"走出去"，已经成为实施"走出去"战略的重点，有些企业在此方面已经做了很好的尝试，并取得了一定的成果。

　　上海的整体情况和全国的发展态势基本吻合。以上海世纪出版集团为例，作为国家文化出口重点企业，近年来集团在"走出去"的各个方面都取得了很好的业绩，多次受到中宣部和新闻出版总署的表彰。同时，考虑到企业自身可持续发展的需要，经过详细的调查研究与论证，近年来我们将"走出去"工作的重点放在搭建海外出版平台，设立出版公司，实现资本"走出去"。基本的战略设想是：尽快把编辑出版、营销发行的战线延伸到境外去，实现海外拓展的离岸出版到在地出版的升级。除积极开展面向港台地区与海外华人社区的中文出版发行业务外，重点突破在美国、欧洲与东南亚等地开展外文出版业务，拓展主流发行渠道，以达到直接面对海外主流社会读者的目的，实现"走出去"工作的突破性进展。目前集团已经在香港成立了世纪传媒有限公司，作为海外中外文图书出版、向港台出口本版书刊及在海外资本运作的平台，收购了香港世纪出版有限公司，与新加坡世界科技出版公司在美国合资建立美国双世出版有限公司（World Century Publishing Corporation），同时还在美国成立了独资的斯帕格出版有限公司（SCPG Publishing Corporation），并已成功开展了出版业务。

党的十七届六中全会提出了建设社会主义文化强国的宏伟目标，对"推动中华文化走向世界"提出了很高的要求。新闻出版总署于今年年初颁发了《关于加快我国新闻出版业走出去的若干意见》，对我国新闻出版业"走出去"的态势与机遇、主要目标和重点任务以及主要措施等方面做了明确的阐述和专门的部署。而上海在推进中华文化"走出去"方面具有得天独厚的地域优势和文化优势，这是在 160 多年来中西文化相互交融和碰撞中所形成的，特别是在出版领域，上海作为中国现代出版的发源地，有着优秀的出版传统和丰厚的出版资源，具备实施资本和企业"走出去"的基本条件。

因此，为了适应新的"走出去"形势，加快上海出版业"走出去"的步伐，特提出以下具体建议：

1. 加大对在海外设立公司的出版企业提供专项资金资助的力度。在海外投资建立出版平台，对于国内出版企业还是一个新鲜事物，我们对海外的图书市场和发行渠道等都处在探索阶段，在摸索的初期阶段很可能会遇到些挫折，而出版企业的性质也很难保证在运行初期就实现盈利。有鉴于此，近年来，上海市对文化企业的"走出去"工作给予了一定的资金奖励和扶持，但主要是对国内企业出口业绩进行奖励，缺乏符合海外所建文化企业初创期需求的政策扶持。虽然目前对在海外投资建立公司的国内母公司有开办费补贴，但也仅限于对海外公司设立前发生的费用补贴，而实际上海外注册公司很方便，并无多少费用，大量投入发生在公司注册后，包括因规避法律和税务风险而必须设立的海外公司的子公司。为此，我们建议上海市出台专门针对海外文化企业的政策，加大对在海外设立公司的出版企业提供专项资金扶持的力度，以鼓励相关企业顺利实现资本"走出去"，成功搭建海外出版平台。

2. 加快制定与从事"走出去"业务的文化企业相适应的外事管理办法。与企业"走出去"、资本"走出去"相对应的问题是企业的人员"走出去"。与出版"走出去"步伐的快速迈进相比，目前在外事和行政管理上还有不很适应的地方，比如目前仍在沿用管理党政机关干部出国的办法管理国有文化企业人员出访，特别是对文化企业市管干部的出访次数还有限制，出国手续的办理也相对繁杂，时间也比较长。对于在海外拥有实际出版业务的企业而言，因为"走出去"事关重大，根据实际需要，有可能企业的领导在一年内需多次出访，这在出访审批上就要耗费大量时间，同时也可能错过商机。因此，建议在外事管理方面，尽快制定对从事"走出去"业务的文化企业相应的管理办法，以有利于相关人员顺利在海外开展业务。

3. 加快制定针对海外公司的干部管理办法。因为按照相关的领导干部管理规定，一般来讲，一位国有企业领导只能兼任一家公司的董事长或董事职务，但因为在海外合资和投资业务极其复杂，出于财务、法律及税务的需要，对于同一经营业务，必须设立不同的公司，这样，国内企业的领导也需要同时兼任海外不同公司的董事长或总裁。因此，建议干部管理方面也能够出台相应的政策，以利于业务的开展。

进一步加强上海市中小学教辅

图书市场监管的建议

2013 年 1 月向上海市人大提交的书面意见

教辅图书是学生深入学习教材的补充，是教材内容的延伸，它在保证学习者知识习得的深度和广度方面具有特殊的辅助作用。一般来讲，中小学生全程的学习时光都有教辅图书陪伴，教辅图书对他们的影响非同一般，优质教辅图书是学生学习和考试的好帮手，而劣质教辅图书不仅会影响到学生的学习成绩，浪费学生的时间、金钱和精力，甚至会影响到他们的未来发展。可见，出版什么样的教辅图书，由谁来出版，绝非小事。搞好中小学生教辅图书的市场监管意义重大。

一、上海市教辅图书市场存在的问题

上海市教辅图书市场存在的问题一直备受各界关注，尤其是每逢中小学新学期开学前，学生和家长集中购买教辅书的时段，这些问题更是人们议论和媒体批评的焦点。归结起来，有如下几个方面：

一是品种泛滥，内容重复严重。到书店买过教辅书的人大都有过"乱花渐欲迷人眼"的感受。据调查，仅上海书城同期销售的教辅书就有近三万个品种。面对数量如此庞大的教辅书，学生和家长常常会陷入选择困境。而同一种教材配多种教辅书，甚至一种教材配几十种教辅书，更是让购书者无所适从。仔细比对和研究后，人们还会发现其中鱼龙混杂、良莠不齐，不乏粗制滥造、随意拼凑、相互抄袭之作。

二是教辅图书定价及营销手段不规范。一些出版单位和民营文化机构为了扩大销售，一直采取"高定价、低折扣"的手段，通过大量让利给中间商或收买某些特定人员等不正当手段，以达到营利目的。这种经营手段不仅使许多劣质教辅图书流入市场和学校，加重学生的经济负担和课业负担，甚至干扰学校正常的教学活动，同时乜使专业出版社的优质教辅图书无法到达学生手中。

三是教辅图书出版的侵权现象非常普遍，教材原创出版社陷入被侵权的困境。《中华人民共和国著作权法》《出版管理条例》《音像制品管理条例》等相关法律法规规定，根据他人享有著作权、专有出版权的教材编写教辅图书，必须取得著作权人和教材原创出版社的授权，否则将构成侵权。但据有关方面调查，全国500多家出版社中有八成以上涉足教辅图书出版，其中不少为无教材教辅出版资质的出版社。这些无教材教辅出版资质的出版社和部分民营文化机构，为了追求经济利益，不顾教材教辅出版的专业性和严肃性，未经授权擅自出版配套教辅图书，并辅之以不正当竞争手段开展营销，结果造成教辅图书市场出现劣币驱逐良币、坏书驱逐好书的乱象。

上海教辅图书市场存在的主要问题，如果不采取行动加以规范和净化，任由这种情况泛滥，其结果不仅会损害学生及家长的切身利益，也会损害专业出版社及著作权人的正当权益，不利于经济、社会和文化的良性发展。

二、外省市对教辅图书市场管理的做法

教辅图书市场存在混乱现象是个全国性的问题。为了整顿这一乱象，自 2011 年 8 月至 2012 年 4 月，国家发改委、新闻出版总署、教育部、纠风办接连下发了《关于进一步加强中小学教辅材料出版发行管理的通知》（ 新出政发［ 2011 ］12号 ）、《关于加强中小学教辅材料使用管理工作的通知》（ 教基二［ 2012 ］1号 ）、《关于加强中小学教辅材料价格监管的通知》（ 发改价格［ 2012 ］975 号 ）三个对教辅图书进行严格监管的

文件，力图大力整顿全国教辅图书混乱的市场，从严规范教辅图书出版行为。文件下发以来，全国不少省市根据其精神，采取了有效措施，对教辅市场加强了监管。而此前，外省市教辅图书市场的混乱情况比上海更为严重，有的省份因为铺天盖地的劣质教辅图书非法涌入课堂，曾经引起学生极大的愤慨，甚至出现了学生集体把教辅图书扔出教学楼、当众撕毁和焚烧进行发泄的事件。但是经过监管、整治和规范，外省市教辅图书市场的这种混乱状况逐步得到了缓解，一定程度上解决了教辅品种杂乱及良莠不齐的问题，减少了家长的选择困惑和经济压力，同时也维护和保证了教材出版单位的合法权益。尽管上海市的教材编写和使用情况、教辅材料的发行情况等与外地有所不同，但外省市对进入市场教辅图书监管的经验，比如规定由出版教材的专业出版社出版配套教辅图书，非原创教材出版社出版与教材配套的教辅图书要取得相应授权等，对上海市进行教辅图书市场监管或有借鉴意义。

三、对上海市加强教辅图书市场监管的建议

为了构建健康良性的上海市教辅图书市场，本市新闻出版

管理部门有必要拿出具体的、实质性的监管措施，来遏制目前的混乱局面，并依法规范教辅图书的出版行为，为不同层次的学生获得优质的教辅图书提供保障。根据国家相关的文件精神，本市的具体情况，并借鉴外省市的做法，现提出如下建议：

1. 加强对中小学教辅图书出版资质的监管。建议新闻出版管理部门严格按照新闻出版总署《关于进一步加强中小学教辅材料出版发行管理的通知》的精神，核定出版单位中小学教辅材料出版资质，并形成监管机制。出版单位出版中小学教辅材料必须符合资质要求，不具备中小学教辅材料出版资质的出版单位，一律不得安排中小学教辅材料选题，不得出版中小学教辅材料。同时，要求教材编写单位或专业出版社组织专家团队编写高水平、高质量、题目数量及难易程度适应学生需求的教辅图书。

2. 尊重教材原创出版社的权益。建议新闻出版管理部门根据有关法律法规，加强对侵害原创出版社权益行为的监管。非教材出版单位出版与教材相配套的教辅必须取得教材原创出版社的授权（外地已采取此办法）。教辅和教材的关系，就是演绎作品和原作品的关系，其中包含严格的授权规则。在教辅图书出版中，严格授权制既可以避免侵权，尊重和保护教材原创出版社的权益，又可以保证教辅图书出版的准入门槛，将劣质教辅图书的出版扼杀在源头。

3. 建立本市教辅图书质量检查机制。建议新闻出版管理部门在每年春、秋两季，中小学新学期开学前，对上海市场上的中小学教辅书进行专项检查。一方面重点检查内容质量和编校质量，对内容粗制滥造、抄袭拼凑、编校质量不合格等不符合质量规定和标准的教辅图书，责令停止发行，召回产品；另一方面检查出版教辅图书的单位是否具有相应的出版资质，是否侵权。对出版不合格教辅图书和构成无资质违规出版及侵权的出版单位或机构给予相应处罚。检查结果应向社会公布。

4. 加强中小学教辅图书价格和发行的管理。建议新闻出版管理部门，严格监管教辅图书的定价和折扣，规范发行行为，禁止有些出版单位和民营文化机构采取"高定价、低折扣"等不正当手段推销中小学教辅图书，加大对侵权盗版和非法发行中小学教辅案件的查办力度，以确保中小学教辅图书市场健康有序发展。

关于适度提高上海市中小学教材定价的建议

2014 年 1 月向上海市人大提交的书面意见

2006 年 5 月，为进一步加强中小学教材价格管理，减轻学生家长经济负担，国家发改委和新闻出版总署发出了《关于进一步加强中小学教材价格管理等有关事项的通知》(发改价格〔2006〕816 号)。《通知》指出，根据教材正文印张生产成本变化情况，决定降低教材正文印张基准价格，取消价格上浮政策。《通知》要求各省、自治区、直辖市价格主管部门会同新闻出版行政部门在此基准价格下浮 5% 的浮动幅度内，制定本地区教材印张单价。同时，对于教材用纸、封面、插页和配套光盘都规定了基准价格，要求只能下浮，不能上调。《通知》发布的当年秋季，全国中小学教材价格平均降低 11%，部分地区教材价格平均降幅超过 15%。《通知》发布之后不到一年，由于多种原因，纸张价格快速上涨，使得中小学教材的生产成本大幅增加，而教材的基准价格已经确定，不能更动，这就让部分出版企业尤其是中小学教材规模不大地区的教材出版企业难以承受。为了缓解教材经营压力，维持出版业正常发展，保证课前到书任务的完成，2007 年 4 月，国家发改委发出了《关于青海等地区中小学教材价格问题的通知》（发改价格［2007］803 号），决定："鉴于青海省、宁夏回族自治区、天津市、北京市在校义务教育中小学生人数偏少，教材出版成本相对较高，决定从 2007 年秋季学期起，可在国家规定的中小学教材印张基准价基础上，按照上浮幅度不超过 5%、上浮后本地区教材出版发行成本费用利润率不超过 5% 的原则，制定教材正文印张价格。"《通知》的发布，对这些地区中小学教材的正常有序出版起到了很好的保障作用，也维护了这些地区出版业的正常发展。上海的中小学教材出版与北京、天津等地区的情况类似，在教材成本上涨的重压下，教材出版企业也遭遇同样的困难，但一直未能像北京、天津等地区那样适度上浮中小学教材印张基准价。

自 2006 年秋季，教材出版执行［2006］816 号文件规定的基准价格至今已有八年。八年来，上海居民消费价格指数（CPI）逐年上涨；印刷装订原材料、汽油等燃料价格的上涨，导致教材印制、运输成本大幅度增加；同时，印刷企业和出版企业的用人成本大幅增加；尤其是国家新近出台了《教科书法定许可使用作品支付报酬办法》（中华人民共和国国家版权局、中华人民共和国国家发展和改革委员会令第 10

号），大大提高了教材出版的稿酬标准。在教材定价严格控制的情况下，教材出版成本的大幅提高，必将导致教材出版面临新的困难，这对教材的出版质量和长期建设将会产生不利的影响。现将近年来，导致教材生产成本增加的有关情况介绍如下：

1. 全国及上海居民消费价格指数（CPI）涨幅较大。根据国家统计局和上海市统计局公布的数据（表1），截至2012年底，上海的CPI较2006年增长了21.2%。CPI的逐年上涨，对印刷生产原材料的价格和教材印制的成本上涨会产生影响。

表1　全国及上海CPI数据

年　份	全国CPI（以上年价格为100）	上海CPI（以上年价格为100）	上海CPI（以1978年价格为100）
2006年	101.5	101.2	574.5
2007年	104.8	103.2	592.6
2008年	105.9	105.8	626.8
2009年	99.3	99.6	624.3
2010年	103.3	103.1	643.6
2011年	105.4	105.2	677.0
2012年	108.0	102.8	696.2

*数据来源：国家统计局和上海统计局官方网站。

2. 绿色印刷引发教材印制成本增加。为保护青少年儿童身体健康，转变印刷业发展方式，2012 年 4 月，新闻出版总署、教育部、环境保护部联合下发《关于中小学教科书实施绿色印刷的通知》（新出联〔2012〕11 号）。《通知》要求，从 2012 年秋季学期开始，"各地使用的绿色印刷中小学教科书数量应占到本地中小学教科书使用总量的 30%；再经过一至二年，基本实现全国中小学教科书绿色印刷全覆盖"。贯彻《通知》精神，上海从 2012 年秋季学期起，开始试点教材绿色印刷。2013 年 5 月，上海市教育委员会、上海市新闻出版局联合下发了《关于开展本市中小学（幼儿园）教材绿色印刷工作的通知》，要求"从 2013 年秋季学期起，本市基础教育各学段（包括幼儿园、小学、初中和高中）所有教材全部实施绿色印刷"。绿色印刷采用的所有原材料必须选用绿色达标材料。绿色达标材料的价格比普通印刷材料价格增长许多，据教材印刷实际统计：以环保大豆油墨与普通油墨相比，环保油墨每公斤 174 元，普通油墨每公斤 107 元，差价为 67 元。以每公斤一组四色油墨可以印刷 4 令纸计算，平均每色令增加 4.18 元。环保胶水每公斤 30 元，普通胶水每公斤 24.5 元，差价 5.5 元。配套的橡皮布、润版液、预涂膜采用绿色达标产品，成本也大幅增加。

经测算，所有印装采用绿色环保材料后，原材料成本增幅约 15%，造成教材印制成本相应上涨。从 2013 年秋季起，上海所有教材都采用绿色印刷，由此增加的材料成本经上海市新闻出版局、上海市教育委员会共同商议，报上海市政府审批，采用了政府补贴的方式解决。2013 年秋季教材补贴金额为 600 万元。

另外，为确保教材符合环保要求，在教材印制前，要对每种原材料（油墨、热熔胶、喷粉、上光油、预涂膜等）进行环保检测，每家印刷厂用于原材料检测的费用约 3 万元。教材印制完成后，成书也必须送专业检测部门进行环保检测，检测费用为 2000 元至 3000 元 / 种（次）。

3．印订成本也有增长。2012 年 10 月，上海出版经营管理协会、上海市印刷行业协会联合制定了新的《上海书刊印刷工价表》，该工价表在 2005 年 12 月老工价的基础上，所有项目普遍上涨了 10%，装订等辅助工价上涨了 50%，配套工价上涨了 100%。

4．人员工资增幅较大。根据上海市人力资源和社会保障局官方网站数据（表 2），2012 年与 2006 年相比，上海市最低工资标准增长了 93.3%，上海市社会平均工资增长了 93.8%。出版社和印刷企业的员工工资近年来相应增长，造成教材印制的管理成本提高。

表2　上海市人员工资数据

年　份	上海市最低月工资标准	上海社会平均月工资
2006 年	750	2235
2007 年	840	2464
2008 年	960	2892
2009 年	960	3292
2010 年	1120	3566
2011 年	1280	3896
2012 年	1450	4331

＊数据来源：上海市人力资源和社会保障局官方网站。

5．稿费也有大幅增长。

（1）2013 年 9 月 2 日《教科书法定许可使用作品支付报酬办法》经国家版权局通过，并经国家发展和改革委员会同意正式公布，自 2013 年 12 月 1 日起施行。该办法规定：

第四条　教科书汇编者支付报酬的标准如下：

（一）文字作品：每千字 300 元，不足千字的按千字计算；

（二）音乐作品：每首 300 元；

（三）美术作品、摄影作品：每幅 200 元，用于封面或者封底的，每幅 400 元；

（四）在与音乐教科书配套的录音制品教科书中使用的已有录音制品：每首 50 元。

第六条　教科书出版发行存续期间，教科书汇编者应当按照本办法每年向著作权人支付一次报酬。

（2）2013 年 9 月，国家版权局公布了《使用文字作品支付报酬办法（修订征求意见稿）》，规定原创作品稿费：每千字 100 元至 500 元。出版社目前执行的是国家版权局 1999 年 4 月发布的《出版文字作品报酬规定》：原创作品稿费每千字 30 元至 100 元。

根据上述两项规定，教科书稿酬将成倍增长，且每年均需支付。上海市中小学（幼儿园）课程改革第二期工程新一轮教材修订工作已正式启动，并已于 2013 年完成了绝大多数学科课程标准的修订，将于 2013 年 12 月起启动各基础型学科教材的修改完善工作，所涉基础型学科共约 36 门（其中小学 8 门；初中 16 门；高中 12 门）。出版社由此面对的稿酬大幅上升的压力可以预见。

基于上述五个因素，我们对上海此次教材的修订成本、生产成本等进行了测算，具体情况如下：

根据语文教材（一纲一本）报订册数统计，上海地区九年义务教育阶段学生人数合计约 136 万，平均每年级 15 万人，有些教材是"一纲多本"教材，教材的平均印数不足 10 万册 / 本。

此次教材修订涉及的出版费用主要有三项：教材修订启动经费；稿费；编辑费用、出版费用、印制费用、管理成本等。

现以 10 印张，正 16 开，正文采用 80 克双胶纸正反四色印刷，封面采用 157 克铜版纸单面四色印刷，覆膜，印数 10 万册（每印张 1.5 万字），以文字为主的教科书为例测算：

定价为 9.36 元 / 册，总码洋为 93.6 万元，国家规定的教科书结算折扣为 72%。

（1）稿费按 300 元 / 千字计算，每年支出稿酬 4.5 万元，约占总码洋的 4.8%。

（2）印制成本约占 50%（其中因绿色环保印制，印制成本约提高 5%）。

（3）出版社的管理成本约占 15%。

（4）教材修改启动经费平均 10 万元 / 本，约占总码洋的 10.68%。

上述前三项成本合计约占总码洋的 69.8%，为教材存续期间每年要发生的成本。印数在 3000 册以下的教材，成本占比会更高，甚至反超定价。

教材修订年度，四项成本合计占总码洋的 80.48%。如遇教材重新编写或开发新教材，成本会更高。

基于上述测算数据，按现有上海中小学教材定价标准，以发行折扣72%计算，如无政府补贴，绝大多数上海教材的出版都将处于亏损状态。这种状况持续下去，势必影响出版企业通过增加投入来提高教材的质量和水平，开发新的有利于中小学生学习的读物，加大对教师培训的力度，进而还会对中小学教育健康发展造成损害。

综上所述，提出以下三点建议：

1. 适度提高上海中小学教材价格。考虑上海教材出版面临的如下情况：平均到每个年级学生人数少，教材的平均印数低；自二期课改以来，出版单位在教材编写、送审、试验阶段投入了大量的人力、物力及财力，且需对教材不断进行修订和完善，因此教材的建设成本高，实际利润空间很小；近年来人力成本、稿费成本以及因绿色印刷导致的印制成本等的大幅上涨（尽管市政府针对绿色印刷导致的成本上涨对印刷企业有所补贴，但并非长久之计）；2007年国家发文允许北京、天津等地区可以在国家规定的中小学教材印张基准价基础上上浮5%的政策，上海又没能享受；因此，建议适度提高中小学教材价格，以有利于出版企业通过增加投入努力提高教材质量，进而有利于广大中小学生受到良好的教育，也有利于出版业的健康发展。

2. 中小学教材价格的确定应该与成本挂钩。正如国家发改委和新闻出版总署在《关于进一步加强中小学教材价格管理等有关事项的通知》（发改价格［2006］816号）中所指出的，教材的价格应该根据教材正文印张生产成本变化等情况而定。在市场经济条件下，形势变化较快，教材价格不应一成不变，关键还是要在确保教材正常有序出版、保障教材出版企业有合理利润的前提下，根据教材的成本变动情况，适时调整价格，从而做到在不同阶段有升有降。

3. 由上海市发改委、物价局、新闻出版局共同研究制定政策，上报中央有关部委批准，尽快解决目前上海中小学教材价格适度上浮的问题，同时逐步形成今后中小学教材价格按照成本变化而浮动的政策性指导意见。

附　录

《中国图书业经济分析》序

巢 峰

原载《中国图书业经济分析》，学林出版社 1990 年版本文作者系《辞海》常务副主编。

我怀着极大的兴趣，拜读了《中国图书业经济分析》的清样。

　　1983 年，在第一届全国出版年会上，我发表了《出版物的特殊性》。这篇文章的副题是《出版经济学绪论》。顾名思义，我是打算写一本出版经济学的。此后，我虽然发表了几篇有关出版经济学的文章，但由于主观上缺乏进取，客观上事务太多，至今仍然拿不出一本《出版经济学》。看到《中国图书业经济分析》，深感本书的研究课题与本人志向有异曲同工之处，同声相应，同气相求，我对本书产生极大兴趣，自然是在情理之中的。

　　我以为中国的出版事业，在第一届全国出版年会之前，基本上只有实践，而无理论。即或有出版理论研究，大多也停留在经验性总结和数据归类的阶段，谈不上从感性上升为理性，从而在认识上产生飞跃。没有实践的理论，是空洞的理论；而没有理论的实践，则是带有盲目性的实践。举例来说，从现象上看，我们都知道"出书难，卖书难，买书难"，但如果不作理论研究，知其然而不知其所以然，就很难回答为什么会产生这"三难"，从而，也很难拿出根治"三难"的办法和措施。

所幸的是在第一届全国出版年会之后，出版理论研究有了重大发展。有关出版学、编辑学、出版经济学、出版经营管理、图书发行学、出版伦理等方面的论文、专著，如同雨后春笋，出现一片繁荣景象。《中国图书业经济分析》又为出版研究的百花园增添了一枝光彩夺目的鲜花，它大大提高了出版界的思想境界和理论素养。这对出版事业的发展，必将产生重大的、深远的影响。

《中国图书业经济分析》提出了许多真知灼见。只要有心于出版事业的工作者，都不能不为之刮目，进而加以思考，或者同意，或者否定，或者发挥。一门成熟的理论，就是在这样相互启发、相互切磋、相互推动下发展起来的。发人之未发，谓之首发。首发是开拓，是创新。现在我们就来看看本书一些带有开拓和创新的论点：

一、中国图书市场，已从 1985 年前的卖方市场转入到 1986 年开始的买方市场。作者从纸张、印刷能力、出版社的增加和库存状况，论证了生产供给已从过去的不足转向宽松和有余；而另一方面，消费者对出版物的需求却相对减少。除课本外的一般出版物，属于超必需品，需求弹性较大，当人均收入下降时，首先就会减少对图书的需求。这几年通货膨胀，造成实际人均收入的减少，最终导致图书市场由卖方市场变为买方市场。

二、新中国成立后，关于图书价格管制，开始于1956年按印数分类定价。由于这一定价不计成本，不问需求，在客观上只有利于大印数出版物的出版，而为小印数出版物设置了障碍。即印数越小，成本越高，则利润越低或赤字越大；印数越大，成本越低，则利润越多。成本与利润由于印数不同形成"剪刀效应"。

作者分析了1984年以前价格管制之所以比较成功，而1985年之后则难于维持的原因：1984年前的出版社实际上是行政实体，不存在独立的利益，无法排他性地占有提高书价所形成的那部分收益，因而它不存在突破价格管制的动机。而80年代后，尤其是1984年后，出版社逐渐由生产型向生产经营型转变，有了自己的独立的利益，并开始关心图书的销售收入，从而使原来支持分类价格管制的最重要基础动摇起来。与此同时，国家按计划价格分配纸张的办法，逐步直至最终取消；而图书市场从1985年之前卖方市场转变为1986年后的买方市场，平均印数从20余万册跌到数万册。凡此种种，几乎使对小印数图书价格管制的先决条件全部丧失，从而不得不放弃对小印数图书的价格管制。即印数在 5000 册以下的图书按成本定价。印数在 5000 册以上图书的定价，也只控制最高限价。作者认为，小印数图书市场的发展，是出版业走向成熟的标志，并建议进一步放松对小印数图书的价格管制，直至全面放开图书定价。

三、中国图书业的竞争行为是很不成熟的，是一种短期的、初级水平的竞争。这种竞争的核心问题是，出版社不愿或不能巩固现有品种已占据的市场，不愿对潜在市场进行开发投资，不愿对未来获利项目投资，以致为了对付未来的高风险，而不得不把希望寄托在短期甚至瞬时的流量上。只满足于品种的竞争，或者争出好销的产品，最多注意到选题的重复可能会影响自己所出品种的印数，而忽略了图书质量的竞争。

四、中国图书市场有一种悖理现象，即一方面从现象上看，供大于求，库存剧增，订数锐减。以此推理，本应导致图书品种减少和价格下跌。而另一方面，从实际情况来看，却存在着图书品种连年增加、图书价格居高不下的反常现象。产生这种现象的原因就在于图书的产品差异特别明显。我们走进商品市场，极少看到有哪种商品的产品差异可与图书相比较。正是这种差异为图书品种的增长提供了足够的发展空间，同时，它也成为维持图书价格系数的一根支柱。

五、从对中国图书市场分析中，可以看到新华书店已经成为中国图书业进一步发展的瓶颈。现在新华书店的订数，完全不能反映市场的真实情况。对于新华书店内决定印数的众多发行人员来说，在买方市场的条件下，唯一有把握的就是少订或不订，这样就可以避免积压和亏损。新华书店保守的订数造成出书难和卖书难，而其推销不力，售缺不添又形成买书难。之所以如此，原因有二：一是收益与风险不对称；二是出书品种增长过快，导致每种图书的平均印数下降。就售缺图书不添而言，更重要的还在于新华书店职工收入与其经营成果没有密切的联系。这种体制本身，就缺乏一种压力和动力。

六、在出版发行体制中，我们可以看到一种不合理的现象：图书出版后，一旦被送进新华书店仓库，出版社就再也不关心这部分图书的市场问题了。在这一图书销售过程中，我们看不到任何图书推销宣传活动。出版社认为，其给予新华书店的 33% 折扣中，已经包含了书店进行推销宣传活动的报酬；而新华书店实际上根本不可能利用这一收益从事推销。因为任何一家基层店为其经销的某种图书进行推销宣传，所能期望得到的销售增加都是不可靠的。其他基层店如果也经销这种图书的话，显然也可以从中得到好处。这就意味着进行推销活动的新华书店，不能排他性地将其推销活动所增加的销售收入归于己有。于是，极大部分图书是处于有出书而无宣传的状态。

七、为什么中国的出版社和书店都不愿意开发图书市场呢？关键在于现有图书出版与发行合约未能提供对双方有利的风险分担办法。开发市场，既有收益，又有风险，不解决收益和风险的合理分担，就不可能开发潜在的图书市场。把风险完全压在新华书店的身上，出版社承担过少的风险，或者完全不承担风险，订数就会永远萎缩下去。

八、图书销售代理制，是深化竞争可供选择的方向。销售代理制有两项基本内容：一是代理机构可以通过多种形式与出版社达成销售风险分担办法；二是代理机构从分担风险中所获得的利益必须具有排他性，即出版社必须赋予某一销售代理机构在某一地区销售的专卖权。

九、完全竞争市场的存在，需要满足一定的条件，其中一条便是信息完备。在书荒条件下，图书搜寻信息费用是由读者承担的。但在图书市场转为买方市场后，读者越来越不愿意支付信息费用，而图书供给方又没有及时填补这一空白，致使图书信息封闭。出书品种虽然大幅度增长，但读者仍然很难买到自己所需要的图书。信息渠道不畅，使现实的图书市场变成潜在的图书市场。图书信息搜寻费用，由需求方承担转为供给方承担，是由卖方市场转向买方市场这一客观现实决定的。供给方如果不能适应这一必然趋势，就无法摆脱被动局面，走出图书市场萎缩的恶性循环圈。

十、长期以来，新华书店一直享有着对课本、月历、年画等的发行垄断权。这些产品俗称旱涝保收。它一方面使利润水平相对较低的基层书店有了基本的利润保证；另一方面又使许多基层书店舒适地往上一躺，不能刻意进取和创新。作者建议，必须用釜底抽薪的办法，把书店发动起来。所谓釜底抽薪，即降低课本、月历、年画等的批零差价，同时将省下来的这笔差价，建立图书推销基金，以取一举两得之效。

以上十条，不过是我个人觉得值得称道的论点，并不等于就是本书的客观概括。由于个人水平的局限，挂一漏万，轻重倒置者，在所难免。而我认为值得称道的观点，也并不等于我完全赞同的观点。我之所以认为这些观点值得称道，主要在于它们具有新意；有新意的东西即使不成熟，也比俯拾别人的余唾高明百倍。

综观全书，我觉得有以下几个特点：

第一，有材料，有观点，观点与材料密切结合。本书旁征博引，资料丰富，尤其是占有大量数据，然后去伪存真，去粗取精，由此及彼，由表及里，从中得出科学结论。使人看了以后，深觉言之成理，持之有故，具有充分的说服力。例如，作出中国图书市场从 1985 年前的卖方市场到 1986 年开始转变为买方市场的判断，作者用了二十几张表，上千个数据，才取得这一结论。从中不难看出定量分析与定性分析的关系：定性分析必须以定量分析为前提；定量分析则必须以定性分析为归宿。孙子云："一曰度，二曰量，三曰数，四曰称，五曰胜。"此处的度、量、数、称，都含有定量分析的意思。没有量的分析的结论，常有无源之水、无本之木的感觉，很难说有科学的根据。

第二，摆现象，谈本质，从现象深入本质。本书的一个可贵之处，就是既从实际出发，把现有图书市场的矛盾现象，揭示在读者面前，又不仅仅停留在现象阶段，而是透过现象，提高到理论的高度，深入本质，提出带有规律性的问题。如前所述，作者既摆了出书难、卖书难、买书难的三难现象，指出新华书店征订数日益萎缩的状况，但又避免了经验性的描述和探讨，提出了一个深层次的原因：图书出版与发行之间的合约关系——图书包销制度不合理，具体表现为收益与风险不对称，致使新华书店承担了过多过大的风险。作者进而提出了一个数学模式：$R = r \cdot t - l(1 - t) > 0$。按这一模式，在图书包销制度下，新华书店至少要有八五成以上的销售把握，才会订购新书，否则就很可能一本不订。如果出版社分担新华书店的一半风险，只要有七五成的销售把握，书店就会进货；如果出版社分担 80% 的风险，则只要有 50% 的把握，书店就会进货。这种建立在理论指导和数学模型上的分析，显然是很有价值的。

第三，用经济理论研究出版产业，既是出版学著作，也是经济学著作。本书较好地把微观经济学、产业组织经济学、信息经济学以及现代产权理论等，有机地运用到出版行业分析中去，填补了我国出版经济分析的空白。本书具有鲜明的经济学特色，它不仅是一本出版学著作，而且也是一本经济学著作。在运用现代经济学方法分析我国的出版运行机制时，本书十分重视规范分析和实证研究的结合，从而提出了一些很有价值的理论观点和政策建议。例如，《中国图书价格管制：从严紧趋向宽松》一章，不是从概念到概念进行抽象的理论推演，而是从历史和现实结合的角度，抓住小印数图书这个不显眼的问题，把分析的重点放在图书定价制度及其变迁的机制上。又如，在分析中国图书市场日趋激烈的竞争过程时，本书作者在娴熟地运用现代垄断竞争理论的同时，通过设计理论模型和处理统计数据，描述了中国图书市场竞争的缺陷及其症结。

出版从无学到有学，有一个建立和发展过程。在这个过程中，必须大量引进哲学、经济学以及其他学科的理论，结合实际，融会贯通，进行出版学的理论建设。如前所述，本书的出版，无疑在推动出版学的研究和发展方面，具有重要作用。与此同时，本书所揭示的图书市场的种种矛盾，以及对现行出版、发行体制所提出的建设性改进意见，对于宏观决策，也有重要参考价值。

金无足赤，书无完书。本书与任何好书一样，既有它的优点和侧重面，也有它的缺点和不足之处。中国的图书业在经济体制改革前后，基本上是生产型经济，几乎谈不上经营之道。从事出版的工作者，普遍缺乏商品观点、价值观点、市场观点。最近五六年来，情况逐步变化，出版社普遍从生产型变为生产经营型，商品和市场意识大大加强，这方面的理论研究也有了开展。但像本书这样全面深入解剖图书市场的作品，是绝无仅有的。这可以说是本书的优点和侧重面。但是，经济是生产、分配、交换和消费再生产四个环节的综合。生产、分配、交换和消费，相互作用，相互影响。分配、交换和消费对于生产无疑会产生巨大作用，但决定性因素仍是生产。《中国图书业经济分析》并不是完全不谈生产，而是以流通为本位，从这一本位出发涉及生产，因此，它对图书生产的分析可以说是附带的，不成系统的。这可以说是本书的不足之处。

我国图书市场存在的现象和矛盾，并不都是流通环节自身或出版社与新华书店相互关系上的种种问题造成的，在相当程度上也是生产领域包括分配体制上的不合理所造成的。社会主义经济，是有计划的商品经济，尤其是出版事业，所有生产单位的设置，几乎无一例外，都是国家有计划配置形成的。按照常理，出版社的配置应当以社会需要和市场需要为前提，而不能以部门和首长的意志为转移。我国出版社1977年只有114家，到了1989年猛增到536家。十几年时间，出版社增长了370%，翻了几番。而增长最快的几年，恰好是图书市场已经逐渐由卖方市场向买方市场过渡或已成为买方市场的几年。可见，我国出版社的配置是带有很大盲目性的。

　　出版社一旦成立，就要生存，就要出书。于是若干年来，在全国出版社之间就形成一个出版品种的大竞赛。最近十年时间，差不多每年要增加5000种。品种的增加就意味着平均印数的减少，这样就出现了出版恶性剪刀差。剪刀差的一极，是图书品种的直线上升，另一极则是平均印数的直线下降。1989年的品种数是1979年的435.4%；而1989年的平均印数则是1979年的33%。平均印数下降，使许多印数太少的书不能保本。虽说5000册以下的书可按成本定价，但如果真正付诸实行，有些书，特别是印数较少的大书，书价奇高，大大超过读者承受能力，会使本来很少的印数变得更少，其结果与不按成本定价一样，仍然无法保本。这不能不说也是出书难、卖书难和买书难的原因之一。

读者购买力在一定条件下是一个既定的量。如果这个量是6000万册，每年出版1万种书，那么，每种就是6000册；每年出版6万种书，每种就是1000册。这就是说，无论出版多少品种，读者只能购买6000万册书，品种多，平均印数就少；品种少，平均印数就多。虽然在现实生活中每种书的发行量是千差万别的，但它不改变这一规律的趋势。所以说，这几年图书市场滞胀，从一定意义上讲，就是图书品种失控的直接结果。

既然"出书难"，怎么出书品种又连年大幅度上升，连年创造新纪录呢？可见，"出书难"一说，并不准确，准确地讲，出书既难又不难。说它难，是指学术著作、读者面较狭的工具书和其他书的出版；说它不难，是指那些粗制滥造但却能迎合读者低级趣味的书的出版。前一二年黄色书刊大泛滥，就是出书不难的证明。另外一种情况，协作出版，风行全国。所谓协作出版，即由作者（或作者单位）自负盈亏，每出一本书，作者必须给出版社一定的管理费与编辑费。出版社为了生存，常为质量较差的书大开绿灯。大批淫秽黄色图书就是这样出笼的，即使不是黄色淫秽图书，大多也是降格以求的准出版物。不仅如此，由于它要向作者收取费用，又成为以书谋私的手段，使编辑的优良传统受到破坏，图书总体质量的下降，把正常的图书市场搞得天下大乱。事实证明，淫秽书泛滥对正常的图书市场有巨大的破坏力；而那些准出版物，只能加剧图书市场的滞胀。

国家出版社，不在图书质量上竞争，而竞相出版格调低下或降格以求的图书，是这几年带有普遍性的现象。这是什么原因呢？

就现行党和国家的出版政策而论，一方面强调出版必须为人民服务，为社会主义服务，必须坚持社会效益第一；另一方面，在出版经济体制上又完全搬用工业系统的模式，用一个利润指标承包。出版社的工资、福利、奖金以及基本建设等，几乎都取决于承包任务的完成以及利润的多少。一个出版社利润越多，奖金、福利、基本建设等就可以越高越多；反之就越低越少，甚至连工资都难以维持，于是经济效益的导向作用就愈益明显。

这种矛盾，就如同康德所说的二律背反现象：正题：社会效益第一，经济效益必须服从社会效益；反题：经济效益第一，社会效益必须以经济效益为前提。即政策导向与机制导向

（经营管理体制）背道而驰，有对立而无统一。

要获得商品利润，首先就要使商品得以销售；但要使商品卖得出去，又必须保证商品有一定质量。因此，利润指标管得住物质产品的质量，却管不住精神产品的思想性和艺术性。出版物既是物质产品，又是精神产品。它作为物质产品，由于利润指标的制约，就必须保证有相应水平的纸张、印刷和装帧设计；但作为精神产品，就完全不受利润指标的制约。书籍内在质量的好坏，与利润的多少，几乎没有什么必然关系。用单纯的利润指标承包，在某种情况下，甚至会诱发承包人牺牲出版物的思想性，以完成或超额完成利润承包任务。即使某些出版社由于领导人素质较高，可以抗拒这一诱惑，但这一机制的导向力和诱惑力总是存在的。从总体来看，长远来看，这一导向力和诱惑力是不可抗拒的。

我的一孔之见，未必正确。但就我国图书业经济分析来说，如果既找出流通和消费领域的关键，又找出生产和分配领域的问题，也许会更能使研究课题深化。

出版理论的长河，与其他理论领域一样，是永无止境的。丰硕的成果，只属于锐意进取、永无止境的人们！

《WTO 与中国出版》序一

巢　峰

原载《WTO 与中国出版》，广西师范大学出版社 2000 年版本文作者系《辞海》常务副主编。

经济全球化，是一个漫长的历史过程。从它的萌芽时代算起，可以追溯到 19 世纪末 20 世纪初，即国际垄断组织的出现。列宁在 1916 年写《帝国主义是资本主义的最高阶段》时就已提到。早在 1884 年，英、比、德三国的钢轨制造厂，就作出组织国际卡特尔的尝试，不久解体，1904 年恢复。此后，法、美、奥地利、西班牙等国陆续加入。1897 年德国参加的国际卡特尔近 40 个，到 1910 年就已经有 100 个了。由此可见一斑。但是，第二次世界大战前，由于广大亚非拉地区仍处于殖民地、半殖民地状态，经济极度落后，跨国经济组织仅仅局限于帝国主义间的垄断与竞争的范围，因此还谈不上真正的经济全球化。

二战后，随着帝国主义殖民体系的瓦解，亚非拉国家相继独立，并陆续进入世界经济一体化的行列，从而，世界贸易日益扩大。1997 年世界贸易总额为 1950 年的 97 倍。跨国公司迅猛发展，数以万计，全球生产总值的半数控制在它们的手中，经济全球化已经成为现实。

为了规范关税与贸易准则，以适应经济发展的需要，1947年10月30日，有23个国家代表在日内瓦签署了关税及贸易总协定。此后各国和各地区纷纷加入。到1994年，参加该协定的国家和地区多达125个。为了进一步完善世界贸易准则，促进各国市场开放，调解贸易纠纷，实行全球范围内贸易投资自由化，以促进全球范围内的资源利用，保护和维护环境，等等，1995年1月1日，被称为"经济联合国"的世界贸易组织，在关税及贸易总协定（乌拉圭多边谈判回合）的基础上产生了。由此可见，WTO是经济全球化进程中的必然产物。

WTO目前已经有135个成员，却没有中国。而中国作为发展中国家中最大的国家，世界离不开中国，中国的经济建设和发展，也离不开世界。参加WTO，不仅是大势所趋，而且也反映了改革开放以来中国国力明显增强，显示了它在经济全球化中的重要地位。

但是，由于长期以来我国一直在关税及贸易总协定缔约国和世界贸易组织之外，我国企业对世界贸易准则十分生疏，尤其对WTO中与出版有关的准则，不是一无所知，也是一知半解。我国参加WTO近在眼前，但我们对这方面的研究以及提出相应对策者，少而又少。许多出版界人士为此焦急不安，

"狼来了"的呼声多有所闻。在此情况下，陈昕同志的《中国出版业应积极迎接加入 WTO 后的挑战》一文，不仅使人耳目一新，而且开拓了我国出版业继往开来的新思路。该文不仅论述了加入 WTO 是我国对外开放基本国策的延续，WTO 的基本精神，中美双边协议中与中国出版有关的内容，80 年代以来我国出版领域对外开放的基本情况以及存在的问题，而且特别重要的是提出"抓住机遇，主动应对，争取中国出版业的发展上一个新台阶"的战略对策。在该文中，作者指出我国参加 WTO 后出版业面临的四大冲击、八大机遇、七大措施。用作者结论性语言，即"加入 WTO，对中国出版业来说是利大于弊"，"对于党对出版这一意识形态阵地的管理来说，更多的是挑战，而对于出版产业的发展来说则更多的是机遇"。

无疑，改革开放以来，我国出版业有了巨大发展。但从改革与开放两者来看，后者的成果远不如前者显著。实事求是而论，我国出版业远未融入全球经济。参加 WTO 给我们带来新的课题，即在四个坚持的前提下，如何逐步加大开放的力度，如何实现中国出版经济的全球化，陈昕同志对此提出了独到见解。

这本书还收有作者几篇文章：《日本出版流通体系考察》《中国出版业发展的三个阶段与新的出版组织的培育》《欧洲出

版集团考察》《论组建出版集团的若干问题》。这从另一个侧面说明陈昕同志对 WTO 和我国出版改革的研究，是从调查和实践中逐步总结升华的。记得蒋学模同志给一本书的评语是"有实事求是之意，无哗众取宠之心"。我想，这句话用在这本书上也是恰当的。

《WTO 与中国出版》序二

刘硕良

原载《WTO 与中国出版》，广西师范大学出版社 2000 年版

离开漓江出版社到局里来编《出版广角》，对中国出版业的整体状况和各路领军人物有了更多的关注。办刊抓稿件，很大程度是抓人抓作者，个中道理，和出书、办出版社是一样的。随着出版改革的深入和出版经济的发展，我国出版界对出版理论和实际认真进行钻研的专业人才正在不断涌现出来。陈昕同志就是其中的一位佼佼者。近几年来，我注意到他每年都有一两篇有关出版全局性问题的重头文章在京沪报刊上发表，作为一家行业性杂志的编辑，抓不到这样的好稿件，总感到是一种失职和遗憾。因此，我和编辑部同仁一直注意和陈昕同志保持联系，除跟踪反映他领导的上海人民出版社和上海世纪出版集团的重大活动外，还多次向他约稿，他都欣然应允，只是日常事务繁杂，真正抽空坐下来写文章并不容易。1999 年 11 月 15 日中美达成有关协议后，中国加入 WTO 的进程加快，我再次约请陈昕就中国"入世"与中国出版撰写专论。经过 2 月、5 月、6 月——主要利用长假日和双休日奋战，陈昕终于完成了《中国出版业应积极迎接加入 WTO 后的挑战》。

加入 WTO 对我国出版业到底有何影响？我们该怎样应对入世后的新形势？一段时间里成了出版界的热门话题。从我所见到的公开发表的言论和文章来看，陈昕这篇 2 万字长文是第一篇比较客观、比较系统、比较全面地作出科学分析的专论。他首先从全球经济一体化的背景和我国经济现状与走势，肯定我国加入 WTO 乃势所必然，然后具体到加入 WTO 对我国出版业的影响，从利弊两方面作了深入的比较和分析；在弊的方面，概括为四大冲击；在利的方面，概括为八大机遇。两相比较，利大于弊。"弊"主要表现为在短期内会对出版业产生某些冲击。"利"则不仅体现在短期内也会对中国出版市场起到好的推动作用，而且更体现在有利于中国出版业的长期发展上。总的来说，"加入 WTO，对于党对出版这一意识形态阵地的管理来说，更多的是挑战，而对于出版产业的发展来说则更多的是机遇"。

加入 WTO，实质在于更好地开放。陈昕对 20 世纪 80 年代以来我国出版领域对外开放的基本情况和存在的问题作了扼要的回顾和梳理，在此基础上，提出中国出版业应抓住机遇，主动应对，积极迎接加入 WTO 后的挑战。有关的举措，他谈了七条，每一条都有鲜明的现实针对性和可行性，既可供决策机构参考，也可供广大业内人士思索。

为了进一步扩大和传播这篇文章的影响，我建议陈昕出一个单行本，同时收入他写的其他有关我国对外开放与出版改革的文章。论集编好后，广西师范大学出版社社长肖启明同志慨然允诺以尽快的速度出版。这就是现在呈现在读者面前的这本《WTO 与中国出版》。

综观全书各篇，我觉得体现了作者几个较好的品格：

一是视野开阔，思想解放，站在时代发展的潮头，从世界出版格局与走势来观察中国出版，眼界宽广，立足点高，能在根本问题和全局问题上给人以启发。

二是紧密联系出版实际提出问题，寻找对策，现实感强，指导性强。如对"入世"后中国出版业应采取的七大举措和组建集团的十项原则，都不是泛泛之谈，而能抓住要害，切中时弊。

三是独立思考，勇于创新。如认为加入 WTO，在整体上对我国有利，不赞成一些人的错误看法和表达，同时又注意到它对我国出版业冲击的一面，主张采取积极的态度，主动应对，迎接挑战，并从七个方面提出了对策思路，在认识和操作意义上都有新意和实际价值。

四是持论先进而又比较全面，对繁荣与管理、发展与导向、改革与继承等矛盾关系，把握得比较好，既高举改革、开放与发展的大旗，又保持清醒的头脑，对前进中的问题特别是事关政治方向的原则问题，不头脑发热，失之偏颇。

当然，这些文章写得有分量，有水平，同作者个人的经历和素养是分不开的。作者学经济学出身，曾重点从事经济类图书编辑出版工作，并有在香港三联书店工作的经历，有较好的外语素养，能直接接触国外第一手资料和第一流人物，对世界形势有较真切的了解，对一般经济学和出版经济学有专门的研究，加之，他始终有一个重要的舞台和岗位来进行实际操作与探索。这些良好的素质和条件为论集的成功提供了根本的保证，也特别引起我们的钦羡与学习之情。或者换一个角度看，并不是所有的出版人都有陈昕这般的素养和条件，因而他的实践与研究、思考所得便自然能给广大出版工作者带来诸多的启迪和助益。

出版产业研究的重要成果

——《中国出版产业论稿》序

刘 杲

原载《中国出版产业论稿》，复旦大学出版社 2006 年版；《编辑之友》，2008 年第 6 期本文作者系原新闻出版署副署长、中国编辑学会原会长。

我和陈昕同志有点文字因缘。1996年11月，北京奥林匹克出版社出版了"中青年编辑论丛"，收了9位中青年编辑的自选文集，其中就有陈昕同志的《编匠心集》。中国编辑学会积极支持这件事。学会的同志分工审稿，分给我审稿的正好是陈昕同志的《编匠心集》。丛书出版后，我以《读〈编匠心集〉》为题，在《中国图书评论》杂志上发表了我对书稿的肯定意见。此前在丛书的总序中我是这样写的："10多年前，中国进入改革开放和社会主义现代化建设的新时期。一批批青年同志陆续进入出版界，踏上编辑工作岗位。他们是新时期出版事业改革和发展的参与者，是伴随着这段历史逐渐成长起来的新的一代。……伟大的时代孕育和造就了出版界新的一代。……我们以十分喜悦的心情，欢迎出版界新的一代。"又过了10年。今天，我们非常高兴地看到，新时期出版界的新一代，已经成为出版界的栋梁。在他们中间，陈昕同志无疑是佼佼者之一。

陈昕同志的《中国出版产业论稿》(以下简称《论稿》)也

是文集，不是专著，但是它比较系统地深入地研究了出版产业改革和发展面临的重大问题。可以说，《论稿》是当今出版产业研究的一项重要成果。10 年前我在《读〈编匠心集〉》中写过："这些年来，我深感需要加强对出版业的经济学的研究。出版业既是精神文明建设的重要部门，又是国民经济的重要产业。对这一点现在没有争议了。因此需要研究出版业改革和发展的经济学的依据，这是在社会主义市场经济条件下推动出版业改革和发展的必不可少的重要的条件。问题是目前能做这种研究的人不多。像陈昕同志这样既熟悉出版、又具有经济学素养、还是热心人，十分难得。"过了 10 年，《论稿》的内容表明，陈昕同志再接再厉取得了新的成果，没有辜负大家的期望。

我之所以特别看重陈昕同志对出版产业的经济学研究，是因为要做好出版产业必须严格按经济规律办事。严格按经济规律办事，是理性的科学的态度，是成功之路。加强对出版产业的经济学研究，是在出版产业的发展中严格按经济规律办事的前提。现在全国轰轰烈烈发展出版产业，可是如何从经济学上加深对出版产业的理解，进而自觉坚持严格按经济规律办事，不少同志的准备明显不足。认识上有误区，实践上有盲目性，自然都不利于出版产业的健康发展。

对出版产业的经济学研究，首先是研究普遍性。这非常重要。因为出版产业也是产业，具有与其他产业相同的共性。普遍经济规律，对所有产业是适用的，对出版产业也是适用的。比如，价值规律、市场经济规律。其次是研究特殊性。这尤其重要。其中研究出版产业不同于其他产业的特殊性，难度最大。《论稿》上篇《中国出版产业发展阶段研究（1978—2005）》，是本书重要的长篇论文。这篇论文第二章《中国图书出版产业经济学分析》，是论文主要部分"展开叙述的基础"。在这章的"图书商品性质的经济学分析"一节中，给出了若干命题："图书是一种文化商品"、"图书商品有显著的差异化"（"图书商品的差异化根源于图书的文化属性"、"图书商品的差异化为图书种类的增加提供了足够的空间"）、"图书属于较弱的超必需品"（超必需品"反映的是人类较高层次的需求"）、"图书商品具有正的外部性"（"外部性为正，意味着他人或社会的福利有了增加，但行为人或厂商却没有得到补偿，比如发明、公共绿地、教育，等等"）。在"中国图书出版产业特性的经济学分析"一节中，也给出了若干命题："人均国民收入水平对图书市场需求的影响"、"收入结构及人口结构对图书市场需求的影响"、"图书出版产业具有显著的规模经济特性"、"图书出版产业有较高的集中度"、"图书出版产业的数字化发展趋势"。这篇论文第三章《中国图书出版产业发展阶段性分析》开头就说："本章对中国图书出版产业在改革开放后的发展历程作实证考察，并以第二章得出的一些基本结论为分析工具，对不同阶段的内在成因作经济学分析。"陈昕同志特别重视对出版产业的经济学分析。不仅这篇重要论文如此，《论稿》全书都是如此。这是《论稿》的特点和优点。陈昕同志的结论是不是都正确大家还可以讨论，但是他重视经济学分析的科学态度毫无疑问是值得提倡的。

《论稿》不是坐在书斋里从书本到书本，而是以饱满的热情和勇气面对出版产业的现实。正因为这样，《论稿》有多处闪光的亮点，在初次发表时就引起了广泛关注。比如，关于"中国图书市场从卖方市场转向买方市场"的论述。这对于认识和把握市场竞争态势的变化，从而积极地理性地投入市场竞争、推动市场走向成熟，是极为重要的。比如，关于组建出版集团的论述。明确提出"要从产业发展的角度来看待出版集团的组建问题"，进而提出"符合精神文明建设要求、适应社会主义市场经济发展"的一系列原则性意见，有很强的针对性。比如，关于建立强有力图书发行中盘的论述。"建立与现代市场经济相适应的图书发行中盘"，是关系图书流通产业现代化的一个重大问题。比如，关于抓紧建设中国出版业的现代物流体系的论述。这个对全国来说具有很大前瞻性的论述，"是以上海世纪出版集团目前的实践为蓝本展开的"。比如，关于出版产业数字化发展趋势的论述。加强数字化建设，开发数字化产品，跟上数字融合步伐，是出版产业建设中非常重要的一个方面。这些只是举例。《论稿》提出的许多重要问题，有陈昕同志的深入研究和独到见解，因而得到越来越多的认同。

要说《论稿》闪光的亮点，不能不特别提到关于出版应当勇敢承担文化建设重任的论述。陈昕同志熟悉经济、关注经济、会办经济。他却大声疾呼出版要"勇敢承担文化建设重任"。他不是离开经济谈文化，而是结合经济谈文化，结合出版产业经济的发展谈出版产业承担的文化建设的职责。这是很可宝贵的。

1994 年他写道："在新的历史条件下，在建立社会主义市场经济的过程中，如何出版一些高质量的、代表国家水准的大型社会科学学术著作，是摆在我们面前的一项重要任务。""中国的出版家们，让我们在建立与社会主义市场经济相适应的出版新体制的过程中，逆市场的'短视'而动，坚持不懈、持之以恒地出版好社会科学学术著作，以迎接 21 世纪中国文化建设高潮的到来。"这番议论很有远见。

2002 年他写道："如果我们依然顺从于市场'短视'的本

性，不从长远发展的高度来看待文化创新对于产业发展的重要性，不花大力气来培养整个民族文化创新的能力，那么就不仅是文化产业长期发展乏力的问题……更严重的是，我们中华民族也可能因此而无法真正立足于世界民族之林——文化毕竟是一个民族的身份证，没有这个身份证，我们如何通行于世界各地？""我们强调培养民族文化的创新能力，并不意味着不需要遵循产业发展的规律，也不意味着要把文化创新的成果仅仅置于书斋；恰恰相反，当我们从产业发展的角度来看待文化创新能力的培养时，当我们把原创文化的成果纳入产业发展的轨道时，那么涌现出的将是何等壮观的生产力啊。"这番议论很有气派。

2005 年他写道："在市场经济的条件下，一般说来企业的目标可以表述为利润的最大化；但是出版企业作为一种特殊的企业，它的目标是二元的；出版企业当然也要创造利润，但更重要的是要向广大人民群众提供丰富多彩的图书，出版企业的利润追求应该通过提供更多更好的图书产品来真正加以实现。""在出版改革过程中，我们往往容易出现两类偏差，一是片面追逐利润而出版了一些格调低下或违反四项基本原则的图书，忘记了出版企业作为一种特殊的企业它所承担的坚持先进文化前进方向的责任。二是片面追逐利润，离开了内容提供和生产的业务领域，热衷于进入股市、楼市、旅游等其他非文化出版产业，忘记了出版企业承担的文化建设的重任。因此，出版单位在由事业转制为企业的过程中，如何解决好坚持先进文化的前进方向，出版更多更好的精神产品，是一项急需解决的重要问题。"这番议论切中时弊。

在《论稿》之外还有陈昕同志的答记者问可以参照。2006年2月，他在接受《中国图书商报》记者采访时说："我一直在讲一种世纪出版集团的核心价值观：成为中国人的文化脊梁。现在我不能说已经成为文化脊梁，但我们正在努力成为中国人的文化脊梁。"此前他在接受《新民晚报》记者采访时说："出版单位承担着传播先进文化和发展文化产业的职责，世纪集团把自己的使命定为：通过我们的选择，提供能够创造或增加价值的内容和阅读体验；通过我们的整理，传播人类文明的优秀成果；通过我们的服务，与读者形成良性互动，从而努力成为一代又一代中国人的文化脊梁。"可见文化建设这个主题，在陈昕同志的出版理念中，占有特别重要的位置。他的这个观点，前后一贯，旗帜鲜明。现在的出版界，有力争成为"文化脊梁"的有志之士，也有小平同志批评的那种"混迹于"出版界的"唯利是图的商人"。大家都面临着是与非、荣与辱的重大抉择。

《论稿》的问世触动了我。我想借此机会重复我的多次呼吁：高度重视出版产业的理论研究，高度重视出版学和出版经济学的研究。这是出版产业发展的迫切需要。只有不断提高理论水平，才有可能使出版产业的发展上升到自觉的层面。出版学和出版经济学的走向成熟，是出版产业走向成熟的重要条件和重要标志。

出版人论出版的佳构

——《中国出版产业论稿》序

贺圣遂

原载《中国出版产业论稿》，复旦大学出版社 2006 年版本文作者系复旦大学出版社原社长。

陈昕同志历年所著有关出版研究的文章约有百万字之钜，他从中选出一部分编为《中国出版产业论稿》，交由复旦大学出版社印行，并嘱我为之写一篇序。其实此书已有出版界前辈刘杲同志的序，以年辈与身份而言他的确是一位合适的作序人；我则不然，从哪一方面说都不合惯例。而之所以"知难而进"，因为有两条可说的理由：往年陈昕同志曾有邀我加入世纪出版集团的动议，事虽不果，心意可感，这是私谊；复旦出版社打算从本书开头，组织出版一系列本行业人士研究讨论出版事业的著作，我忝为主事人，有些想法可以借此机会略加表白，这是公义。至于浅陋之言少说为妙，却又顾不到那么周全了。

　　在一个社会的总体结构中，出版业具有某种特殊性。它既是一种产业，又是一项文化事业；它以产业的经济活力，支撑起自身所承担的文化功能。一个出版从业人如果仅仅以利润最大化为止足，则无论怎样成功，也绝不可能在本行业中受到广泛的尊重。因为出版的内容始终关乎文化的建设与文明的传承，发现、收集、整理、引入、传播人类文明发展史上于当代及后世有益的信息，始终是优秀的出版人投入这一事业的根本动机。而反过来说，如果不能够从商品特征上理解图书，循依产业的规则组织出版，则基本的运作都难以维持，一切宏大的计划徒然束之高阁，文化功能的实现也就成了空话。所以，一个优秀的出版从业人，总是在文化承担与经济运营这两方面都具备足够的能力。

出版业在社会发生重大变革的时期尤其具有特殊的敏感性。19世纪中叶以来，中国面临亘古未有的大变局，在艰难的环境里、巨大的压力下，国人努力"走出中世纪"、"走向世界"（这里借用两种书名）。而具有现代意义的中国出版业从其诞生开始，就成为催化社会进步的重要力量。从译介西方著作引入先进思想，编印新式课本昌明现代教育，到汇辑古典名著清理传统文化，正如王建辉同志在《出版与近代文明》一书中所强调的那样，"近代出版在经济发展和思想文化各个层面如社会参与、价值表达、思想传播、知识扩散、文化阐发等诸多方面，都成为近代文明的重要载体"。而优秀的出版人如商务印书馆的早期主持者张元济，中华书局的创始人陆费逵，都是以成功的产业经营，使出版机构成为沟通学术界、思想界与社会大众的枢纽，成为文化的集散中心。

自 20 世纪 70 年代末以来，中国社会进入了一个新的重大变革时期，它的历史意义恐怕怎样评价都不算高。在这一进程中，出版界同样以积极的姿态参与了历史的运行，对于新的中国蓝图的不断展开，甚至常常是起着先导的作用。而一代新的出版工作者也就在这特殊的时代中获得展示他们的意志和智慧的机会。刘杲同志说陈昕乃是今日出版界的栋梁之材中的"佼佼者"，我想同行中对此大多是愿意认可的。

如果用军队中培育将帅的情形作比喻，陈昕同志的一个突出之处是在出版行业中具有完整的履历：他从普通编辑、编辑室主任做起，而后在上海和香港的几家著名出版机构辗转担任副总编辑、总编辑、社长等领导职务，做过上海市新闻出版局副局长，并于 1999 年负责组建了中国第一家出版集团——上海世纪出版集团。他熟悉中国出版界的所有层面，深切了解这一行业的快乐与艰辛，弊端与希望。在这一方面，同行中确实是罕有其配。

陈昕同志对出版事业的热情和超常的工作精力，恐怕也是常人难以企及的——至少我自己是如此。领寻着规模宏大的出版机构，他的眼光总是盯着发达国家，把了解这个行业最前沿的情况和发展大趋势作为自己的必修课，因此出国调研、考察是经常有的事情。但和一般人出国考察总要顺带观光不同，陈昕把所有时间都用在工作上。《人民日报》曾有一篇报道，引用了上海书店出版社副总编辑李远涛跟随陈昕去美国后的感想，说是"每天两个出版机构，再加上要准备大量材料，喘不过气"；"满脑子都是访问、会谈和一堆堆数字，对美国的感觉却模模糊糊"。我还听说过一桩趣闻：陈昕率团访美，回国那天一盘算，离上飞机还有个把小时的多余时间，于是领着众人又参观了一家就近的书店。当然不仅是出国考察，差不多在任何情况下，陈昕都喜欢以紧张的节奏来工作，"消闲"二字与他全然无干。我想他也不是准备当劳模的，这就是他的风格乃至生活习惯——与人之常情有违，怕也难免。

出版界有以从事实务为主的，也有偏重于理论研究的。前一种类型的人往往不太重视理论，眼光不能放得很远；后一种类型的人往往对实际操作知之不深不细，所论或有迂曲。以我自己的经验，觉得在出版业中负一点责任的人，应该将两方面的知识结合起来才好。而正是在这一点上，我对陈昕尤为佩服。他既是一个实践经验丰富的出版家，又是一位学者。早在1979 年，陈昕就写出了《社会主义全民所有制内部存在商品生产》这篇内容超前的论文，投到当时的《社会科学》杂志。此后在从事出版业的 20 佘年中，他撰写了 100 多篇论文和多部专著，着重用经济学的方法研究出版，因此获得一个"出版经济学家"的雅号，这在中国出版界是很少见的。陈昕的主要论文已经收录在本书中，它的学术价值，刘杲同志在他为本书所作的序中也有较全面的评价，我就不必多说了。我只是想强调一点：陈昕同志的研究，一方面是理论性很强，视野很广阔，从图书的商品性质、出版业的产业特点，到中国图书市场的变化与前景、中外图书出版的比较，都有堪称系统的分析；另一方面，它又不同于"学院派"的书斋里的学问，它有丰富的实践经验作基础，始终扣紧当下出版业运作和发展的实际问题，宏大的设想总是和十分具体的操作设计相联系。作为同行，读起来尤其觉得亲切。

要我另外再谈一点读后感的话，那就是常常会想起《老子》所说的"强行者有志"。

出版一向被认为是"为他人作嫁衣裳"的行当；出版人自己写书，特别是关于出版的书，颇为少见。而改革开放以来，中国的出版事业发生了深刻的变化，出版社不再是简单地按照现行政策或领导意图编印图书的机构，它正努力成为文化创新活动的主导者和组织者，成为在市场的基础上以长远眼光推动民族文化发展的重要力量。这方面有许多经验教训有待总结，有不少问题需要探究。因此，出版一批有价值的"出版人谈出版"的著作，恐怕是有必要的。这不仅有益于同行间彼此沟通、取长补短，说到底出版乃是全社会的重要事业，它也是整个社会关注的对象。在计划编这套书时，想到陈昕同志在很多情况下都是领头的，这一次仍请他领头。

以书价破题促改革

——《中国图书定价制度研究》序

宋木文

原载《中国图书定价制度研究》，生活·读书·新知三联书店 2011 年版本文作者系原新闻出版署署长、中国出版工作者协会原主席。

近日，收到陈昕同志来信和他的新作《中国图书定价制度研究》书稿，希望我能为之作序。他说："您是 1984 年以来中国图书定价制度改革方案的制订者和参与者，我在研究图书定价制度时曾反复拜读了您在《亲历出版三十年》中有关书价改革的文章，受益良多。因此，我想请您为我这本小书撰写序言，谈谈新时期以来书价改革的过程及其对中国出版业快速发展的意义，以便让更多的同志了解中国书价制度建设的重要性。"

　　我时年八十又一，家人和友人都约束我不要过度劳累，一般情况下，不要再做为书作序写跋这样的事了，但陈昕不同，他是出版界少有的用经济学理论和方法研究出版问题的学者和重要出版实体的主要负责人，而在拜读书稿全文之后，又觉得有实质性内容可写，不作这个序倒是有些对不住陈昕的创见和厚望了。

从开篇与结尾看陈昕的科学治学精神

读完书稿后，我觉得有必要先对开篇与结尾说一些话。

陈昕是以对"自上个世纪 80 年代中后期中国图书价格管理体制改革之后，图书价格的不断攀升一直成为人们热议的话题"的关注与研究开篇的，进而又通过对图书定价的多侧面多层次的经济学分析，解剖了图书定价问题所反映的制度性弊端，既为新一轮书价改革发出呼唤，又为深入进行出版体制改革破题。

陈著上篇对图书定价做了经济学分析。他指出，图书是以内容为王的信息产品，是低价格弹性和高收入弹性的商品，具有较强的垄断性。他认为，图书市场存在一定的垄断性，容易出现生产过剩，三级价格歧视和跨期价格递减是图书市场的基本定价机制。他对图书商品经济属性和图书市场特征的这些分析，对我们了解图书价格的特性和走向、提出相应的对策、增强驾驭书价的自觉性，有理论指导实践的现实意义，值得重视。

在下篇，陈昕以开阔的视野和重要出版单位改革带头人的实践体会，对中国图书价格制度的建立和演变的历史进程做了回顾，对近几年书价不断走高的状况及其制度性根源做了剖析，对今后深化出版体制改革提出了政策性建议。

这些经济学分析使我受益匪浅。我更敬佩陈昕对书价研究的科学态度和治学精神。陈昕在书稿结尾处特别注明，此书 2008 年 5 月至 2009 年 2 月写出第一稿，又从 2009 年 4 月至 2010 年 11 月经六次修改而定稿，还附注撰稿的参考文献 40 篇。这表明，陈昕的这部专著是经过充分准备、广泛阅读、深入研究、多次修改而完成的。这更是值得学习和肯定的。

中国图书定价制度从"计划体制"向"市场体制"的转变

陈昕说得好："社会主义市场经济改革决定了图书定价制度的市场化取向。在研究图书定价制度的市场化改革问题时，我们不仅要重视图书定价的计划经济模式向市场化模式转变的历史过程，而且更应该注重市场因素对图书价格影响的实证分析。"

陈昕把新中国成立以来图书定价制度的演变划分为五个阶

段。对于陈昕所说新中国成立初期出版社自我定价和上世纪50年代中期到80年代中期的价格管制，我没有参与，不知其详情。我参与制订方案并监督执行的是1984年到1993年的书价改革，通称1984年、1988年和1993年的三次书价改革，也就是陈昕所说的"计划与市场过渡时期"和"正式进入市场化阶段"的开端之年的书价改革，这之后我就不在政府任职了。现在回忆起来，我没有那么高的自觉性，理性地提出要由计划经济向市场经济过渡，只是顺着潮流探路走。在上游产品大幅涨价、图书定价过低的情势下，要为出版社求得生存谋得发展；而当时实行的定价制度又管得过严过细过死，需要简化，让出版社便于执行并有一定的灵活性（实际上是给予一定的生存发展空间）。这样便出台了1984年由38类划分为社会科学和自然科学两大类、由12个档次改变为只分上下限的调价方案。这是对新中国成立后长期实行的定价办法即陈昕所说"价格管制"的突破。1988年的那次印量在3000册以下学术著作按成本定价的改革，更是被逼无奈之下，我才跑到中国科学院所属科学出版社做调研，拟方案。此次改革为当时受价格管制影响最大、出版社亏损最多、出版最难而读者特别是科研和教学人员又最为需要因而呼声最高的学术著作谋得一线生机。后来也证明，这次改革拯救了学术著作出版，也为国家科学、教育、文化事业发展大计助了一臂之力。学术著作定价放开，对出版物价格改革的全局有重要影响。1993 年 4 月的第三次书价改革在 1984 年、1988 年两次改革所定原则的基础上，进一步明确图书定价既要面向市场又要区别对待，实行三类管理：第一类，对教科书，实行国家定价，分中央与地方两级管理；第二类，对党和国家重要文献，由出版社按微利原则定价，报国家主管机关备案；第三类，对其他图书，也是图书的大多数，由出版单位根据生产成本和市场需求自主定价，国家实行宏观调控，以保持书价相对稳定。要求各单位切实搞好成本核算、降低成本消耗、建立以盈补亏的出版机制，鼓励学术著作和重点图书的出版，力求做到社会效益和经济效益的统一。这样，除教科书外，一般图书的定价，基本上完全放开，由市场进行调节了。

2008 年 3 月，我在《出版发行研究》上发表《改革开放后的三次书价改革》一文，对 1984 年至 1993 年的书价改革做了评价："我国书价体制改革是同我国经济体制改革和市场经济发展同步的，有力地推动了书价管理体制由适应计划经济向适应市场经济的转变，逐步确立了中国特色社会主义图书价格体系的基本框架。"这是对那段时间有媒体突出地报道说，改革开放 30 年了，我国书价制度未做改革，仍然实行 1956 年的"计划模式"的回答。

中国图书固定价格制度的演变与虚高特征

陈昕对中国图书定价制度历史演变进行考察后说，中国图书价格市场化后最初实行的仍然是固定价格制度。

陈昕对反映中国国情的固定价格制度状况进行多侧面的实证分析后得出结论：改革开放以来中国图书价格不断走高，并且是以超过整体消费品价格上涨的速度在不断走高。他认为这种价格不断走高符合图书高收入弹性、低价格弹性和垄断性的经济属性；符合图书多品种、小印数的特征，并在一定程度上助推价格上涨的发展趋势；符合出版与发行关系上风险主要集中在出版社并易于助推书价上涨的这种风险分担机制的实际。但是，现行图书定价制度的缺陷导致图书的实际销售价格远远低于名义价格，前者一般是后者的80％左右，而其中的专业类图书又常以高定价大折扣造成高定价卖不了高价，这使中国书价由不断走高变成不断虚高。

陈昕指出，无论同其他商品比，还是与外国图书比，中国书价都谈不上昂贵，在某些领域，比如专业图书，甚至还偏低。但图书是一种准公共产品，价格攀升更容易引发人们强烈的不满情绪。他对中国人口读书状况做了分析后认为，中国广大读书人口收入偏低，他们如果买不起书，会成为制约中国未来发展的一大隐忧。这个警告是值得重视的。

陈昕对中国图书价格虚高的生存环境、内在原因特别是制度因素做出了分析，并且提出了政策性建议。

他从竞争策略、竞争模式、竞争结果三个方面，对各种虚高状态所做的分析表明：如果图书市场充斥着大量的内容低俗、抄袭、模仿、粗制滥造甚至无病呻吟之作，打价格战就会成为占领零售市场的重要手段，而热衷于做"大书""伪书""跟风书""特价书""项目书""一号多书"，必将带来无序和过度竞争，久治不愈，愈演愈烈，还会成为书业常态和顽疾，造成生产过剩，库存急剧大量增加。2007年全国图书库存金额达到565亿元，是1988年的26倍，超出了一般公认的警戒水平。这使我想起深得陈昕敬重、被陈昕称为出版界前辈的巢峰兄，曾对"出版滞胀现象"所提出的警示。

陈昕认为，像中国这样超规模的生产过剩必然反映出中国图书出版产业存在一些根本性的体制问题。

改革出版的行政性壁垒的建议

　　陈昕认为，中国对出版社一直实行生死两难的行政性准入与退出壁垒，扰乱了产业内正常的优胜劣汰机制。多年来，又实行书号由国家最高出版行政当局统一配发，书号代表国家赋予的出版权利，是图书实现利润的前提。出版社就尽一切可能用足书号，运营效率低的出版社通过"寻租"、凭借倒卖书号而获得"生存"能力，从而不必退出市场。这是造成图书品种猛增、低质书泛滥，乃至生产过剩的制度性原因。我记得，30 年前，因印刷生产能力不足等原因，曾出现出书"一版定终身"的情况，使读者买不到所需要的图书，想不到今天又出现陈昕所指的长版书越来越少的新的"一版定终身"。陈昕认为，有了这种短期行为，不顾品牌和长远发展的"竭泽而渔"，出版社产品质量下降就自然不可避免。陈昕说得好，这种低质图书唯一的竞争手段是价格战，其产生的"劣币驱逐良币"效应，对图书出版产业造成的损害，是非常大的。前不久我看到《人民日报》（2010 年 12 月 13 日）发表长篇的记者观察《书价竞折腰，馅饼还是陷阱》，讲价格战又在升级，呼吁"出版秩序需要构建"。

　　陈昕建议改革政府管理体制，按照社会主义市场经济的要求对政府的功能进行调整，厘清政府与出版的关系，改变政府行政行为对出版业的过度干预。陈昕建议：（1）允许国有、民营甚至外资企业有条件地进入出版行业；（2）努力建立和发挥行业协会的作用，逐步把政府的部分职能转移到行业协会；（3）进一步破除区域行政壁垒，做大做强中盘。我也认为，如果多年形成的部门所有、地区分割和行政权力不适当干预的情况不改变，当今转企改制中人们高调唱和的重塑市场主体也难以规范行世。

呼唤新一轮的图书定价制度改革

　　陈昕认为，现行出版与发行领域的非正常激励机制助推了图书价格的"虚高"。其一，风险分担不均。现行退货制度使出版风险几乎全由出版社承担，出版社常以高定价规避风险。其二，恶性竞争与价格战。随着销售渠道竞争的日趋激烈，零售方的利润在大幅降低，从而形成向上游"倒逼"的机制，出版社不得不提高图书定价以给发行和零售商更大的折扣，而能拿到更高折扣的零售商又会率先进行新一轮的价格战，由此形成恶性循环。其三，中国图书市场一直实施转售价格维持制（固定价格体系），但一段时间以来这一制度并没有被严格遵守，特别是近年来网上书店和部分实体书店的折扣行为，使得中国图书市场的固定价格制名存实亡，处于既非"固定价格"又非"自由价格"的"名义价格体系"。尽快规范图书定价方式，整肃市场秩序，在业内已达成高度共识。2010 年 1 月，中国出版工作者协会、中国书刊发行业协会和新华书店协会在联合发布的《图书公平交易规则》中规定了"限折令"，算是对这一共识的首次表达，但由于遭受国家权威机关的调查和业内一些零售商的反对，此举却在公布后夭折了。可见，规范定价方式的艰难。

陈昕呼唤新一轮图书定价制度改革。他建议，政府出版行政主管部门在广泛听取业内各方面意见的基础上，尽快推出一部规范出版定价方式的条例，使得图书定价有明确的法规可以遵守和参照。他还建议对出版物价格按公共产品属性较强出版物与一般出版物的区分实行分类管理，并在一定条件和范围内实行自由定价，以消除市场失衡。

2010 年 11 月 1 日，台湾出版界老朋友郝明义先生写信给我，说他"一直关心图书市场打折销售的影响，以及其可能衍生的问题。因此日前写了一篇文章《现阶段我们需要图书定价销售制的理由》，发表于《中国图书商报》"。我注意到，陈昕撰写书价新著时，已把郝明义的这篇文章列入参考文献。我也认为，郝先生的意见是值得重视的。

我的一点进言

近几年来进行的出版改革，以出版单位转企、改制、重组、上市为主要内容。改革不会停留于此。改革必将进一步触及更深层次的矛盾，由主要解决逐个出版单位的体制问题向解决涵盖出版全局的体制问题发展，进一步解放和发展出版生产力。正是在这个时候，陈昕发表专著，进言献计，以书价破题，促进改革。陈昕的建议有的涉及重大敏感问题，比如改变出版社准入和退出制度，有条件地、适时地允许民企外资参与出版，如果实行，需要周密论证、选择时机并履行决策程序。陈昕建议规范图书定价方式，建立有利于提高图书质量和出版发行两环节合理分担风险的运行机制，进行新一轮的书价改革，当属当前应兴应革之事。但书价改革的社会敏感度比较高，始于 1984 年的书价制度改革是报请中央批准而后施行的，

2010 年 1 月中国版协等颁发的《图书公平交易规则》中的"限折令"中途夭折有教训，新一轮的书价制度改革先得到"尚方宝剑"再启动，可能更好些。

　　陈昕这部著作，是专题研究，是对书价及其相关问题做面面观式纵横研究，没有对出版全局形势做总体评估。这更便于解放思想，深入思考与研究问题，比起凡文必谈形势大好那种回避矛盾的文风好得多。而且从陈昕的分析中，我似乎看到了社会转型期在改革中发生的那些问题带有某种必然性、不可避免性，是一定会来的。对此，正确的态度应该是，不是期盼其"不来"，而是对"要来"保持清醒。现在，弘扬主旋律、大力抓精品的声音不绝于耳，不能说不强不高，并有防范治理不良图书的措施跟着做，但那些低俗、违规之作仍在泛滥，这便是那种必然性的折射和反映。说到底，出版的根本任务是以高质量的主旋律产品、高质量的品牌和精品之作、高质量的学术著作和通俗读物占领图书市场。比起转企改制做强做大的高调与强势来，我们对自己担负意识形态建设重任的注意力是否也应更大更强些？我看是需要的。在市场经济条件下，资本的导向往往比文化的导向更强大。如果文化担当的声音弱了，措施软了，也有可能偏离正确轨道。解决这方面的问题，明确指导思想和加强规划是重要的（其中大师的出现、大作的问世，还有其不可规划性），而建立和完善管理制度和激励机制，使出版的思想文化属性更充分地彰显出来，更有其现实的紧迫性。这也要经过坚持不懈地长期努力并取得丰厚积累才能达到。

这算是我借助陈昕专著问世所作的一次进言吧。

《出版经济学文稿》序

巢　峰

原载《出版经济学文稿》，中华书局 2014 年版本文作者系《辞海》常务副主编。

1990 年我曾为陈昕《中国图书业经济分析》作序，指出我在 1983 年第一届全国出版年会上发表的《出版物的特殊性——出版经济学绪论》一文，意在撰写一部《出版经济学》。在中国，把"出版"与"经济"连在一起，并使之成为"出版经济学"的发明者是谁，我没有作过考察，或许是我，也未可知。一晃，30 年过去了，这期间，我虽然写过一些出版或经济方面的论文，但始终没有著成《出版经济学》。

我的同志和亲密朋友陈昕，虽然年龄和辈分小我一代，但他热爱出版工作，同时也热爱经济学。他在上海三联书店、香港三联书店、上海人民出版社曾经担任总编辑和社长，后任上海世纪出版集团的总裁。在他领导下的企业和事业单位，大大小小近百。他的责任之重，业务之广，交际之多，事务之忙，困难之大是可想而知的。但他对于重要书稿，就我所了解的《辞海》的重要条目来说，涉及领袖人物、党史、外交、宗教、"文革"等敏感问题的条目，一概亲自审阅，决不做不看不审、签名发稿的领导人。听陈昕说过,他每年都审稿一二十种。

令人难以置信的是,他的任务如此之重,头绪如此之多,工作如此之忙,但却能在千头万绪之中,举重若轻,抓住重点,带动一般,有条不紊地完成任务。

更令人难以置信的是,他在百忙之中,从未放弃读书和写作,其实他的工作,有相当部分就是审读稿件和组织策划图书;然而,他在工作之余,仍在读书或写作。他对工作和学习的勤奋,可敬可佩!

他最早研究出版经济学的著作《中国图书业经济分析》是1990年出版的,经过20多年,即2014年,发展成为《出版经济学文稿》,由此可见一斑。有志者,事竟成。我相信几年之后陈昕会将此书发展成为成熟的《出版经济学》。

《出版经济学文稿》第一篇分为四章,第一章《中国图书出版业:从卖方市场转向买方市场》,着重对中国图书市场的现状、特点、性质以及未来的走向等,作比较深刻的分析和研究。1986年中国图书市场从卖方市场转变为买方市场的观点,是他的一大贡献。第二章《中国图书价格管制:从严紧趋向宽松》、第三章《中国图书市场:短期竞争的展开与长期竞争的不足》、第四章《中国图书出版业:信息搜寻费用的转移与潜在图书市场的发展》,分别研究了出版业的一些基本问题,提出了一些重要的判断，并形成了一个较完整的体系，从中我们看到了出版经济学的雏形。

本书第二篇把中国图书出版业的发展分成三个阶段：1978年至1985年是第一阶段，即大增长或超常规增长阶段；1986年至1994年为第二阶段，即调整与徘徊阶段，高速增长不复存在，创平均增长率最低水平；1995年至今为第三阶段，即新的增长阶段，结束了长达九年的调整和徘徊，图书品种、数量、定价、总金额和质量等指标都迅速攀升。陈昕关于中国图书出版业三阶段论的研究曾在业内受到广泛的好评，业内媒体《中国图书商报》曾以大幅版面连载此文。

本书的第三篇指出，中国图书市场存在着多需要解决的问题，如竞争无序，商业诚信缺失，短期行为加剧，缺乏创新精神，营销理念落后，手段单一，出版结构不够合理等，而产生这些问题的原因则是行政性垄断而使竞争不充分，如成立出版社的行政审批制，使出版社严重不足；书号的配给制；审批的政府机关与出版社有千丝万缕的联系，决定出版单位的领导人是行政行为而非市场行为。而行政审批制、书号配给制和行政关联的三种因素交织，则是中国图书出版业具有垄断特征的根源。据此，作者提出我国当前的出版模式和增长方式亟待转型。

我完全同意本书的观点。我还认为：说中国的图书出版体制，是纯粹的市场经济体制，是不完全准确的。我国家具、自行车、缝纫机、搪瓷杯、冰箱等轻工业市场，或许可以称之为市场经济，但图书、电影、电视等领域的情况却有所不同，一句话，即除了向政府工商行政管理部门申请外，事前还必须向政府其他有关主管部门提出申请并经批准成立的企业，都不能说是百分之百的市场经济。而在出版社，即使获准成立后也并不具有百分之百的出版权。许多书，如党的领导人传记、"文革"选题、中国共产党的党史选题、涉外问题、涉台问题等等，都必须专题备案。

　　出书要有书号，但现在书号已成为某些出版社的谋生手段，买卖书号的现象时有发生。当前，什么家谱、族谱、姓谱以及等而下之的似黄非黄、似黑非黑和宣传封建迷信的出版物，都有出现或增多的趋势，而它们大多是买卖书号的出版物。书号，本是加强管理、控制出书、保证质量的一项措施，没有想到却成了一些出版社和投机商经营出版物的一种筹码和手段，非但不能保证优化选题和图书质量，反而使低质出版物泛滥成灾。

　　在我国，出版物和许多精神产品，向来强调把社会效益放在首位，实行社会效益与经济效益相结合。然而现在在出版企业中，常常把两者颠倒过来，经济导向第一，已经成为一种趋势。中国辞书学会成立后，我或我与他人曾经在辞书领域两次发动过扫黄打非，每次都有几十家媒体介入，颇有正面效果。但10年、20年一过，沉渣泛起，劣质、低质辞书再次泛滥成灾。

我借为陈昕大作《出版经济学文稿》作序的机会，抒发心中的苦闷，算是借题发挥。我仍然坚持我的观点："见钱不见书的出版者，是劣等的出版者，见书不见人的出版者是平庸的出版者；而以提高人的素质和加强社风建设为治社之本，以出好书为强社之路的出版者，才是具有远见卓识的出版者。"我殷切希望出版行政管理部门，加强队伍建设，建设一支过硬的出版队伍。不仅严格依法行政，扫黄打非，而且还应采取切实措施，堵塞买卖书号和出版伪劣、低质产品的漏洞。如此，则中国出版幸甚，中国文化幸甚！

走进边际成本为零的社会

——《数字网络环境下传统出版社的转型发展》序

张　军

原载《数字网络环境下传统出版社的转型发展》，格致出版社 2015 年版本文作者系复旦大学经济学院院长。

陈昕先生是中国出版界的大人物。上世纪 80 年代初中期，他不仅在学林出版社为当时的新生代经济学家出版过一些优秀的著作，而且还在 30 年前一手组建上海三联书店并策划主编了"当代经济学系列丛书"，从此开启了中国经济学的上海三联学派。当今中国最有影响力的那批经济学家，最初的研究作品几乎全部是在上海三联书店的这个系列中出版的。陈昕不仅成为了中国经济学家的朋友，也站在了经济学家的行列。他对经济学有超然的直觉，善于发现有前途的研究题目并能对一些重大的理论问题发表有深度的见解。这是他 30 年前就能把最优秀的经济学著作选入其出版系列并能早于他人看到中国经济学研究范式转型之必然的原因。

　　陈昕不仅是著名的出版人，也是著名的学者和作者。除了经济学之外，他的研究涉猎范围很广。我也很喜欢他发表的那些书评和短论文章，包括那些人文气息很浓的文章。更为难得的是，他作为行内人士，还专门从事着出版行业的研究。上世纪 90 年代初，他就出版过《中国图书业经济分析》，赢得行内外的好评。在他主事上海三联书店、香港三联书店、上海人民出版社和上海世纪出版集团期间，更是发表大量有深度的文章，我很高兴看到这些文章的一部分已经收入了这本著作，从中可以看到陈昕作为一线出版人的观察与思考，从他的分析中更能体现他作为学者的功力。与此同时，陈昕对互联网和数字化时代的到来早有警觉，许多年前就关注和思考互联网对出版行业的影响程度和影响方式。这本书的主要内容就是探讨互联网与数字化时代的到来将如何影响图书出版行业的未来。

在这本书里，陈昕发展了一个基本的概念框架，在这个框架里，他巧妙地在图书出版行业里引入了互联网和数字化时代生产方式的一个最主要特征，也就是生产的"边际成本趋于零"。在经济学上，边际成本是指在支付固定成本之后每多生产一单位的产品或服务所需要增加的成本。显然，边际成本趋于零或者为零并不是说产品的生产或服务的提供可以不需要成本。相反，生产需要巨大的固定成本投入才能使得边际成本趋于零。2014 年 10 月，我与《零边际成本社会》一书的作者杰里米·里夫金先生对话时，里夫金先生特别提到这个问题，因为很多读者总是把零边际成本理解为零成本。实际上，零成本的生产和供给是不可能的，但多生产或多提供一个单位的产品与服务而并不增加总的成本，确实是可能的。里夫金在《零边际成本社会》中不断提及的在网上下载音乐就是边际成本为零的例子。而且里夫金认为，边际成本趋于零是市场交易经济模式向他所定义的"协同分享模式"转变的触发条件。而在陈昕看来，边际成本趋于零也是图书出版行业的传统模式向数字化模式转变的触发条件。

给出这样一个判断是不容易的，因为我们之前的世界是建立在边际成本大于零并且趋于递增的条件之下的。我们迄今为止观察到的经济和社会现象均能用边际成本递增来解释。而一旦边际成本为零，除了极端的公共品的提供之外，经济学家看到的就会是逻辑上的一个悖论。比如说，在市场经济模式里，提供产品或服务的边际成本是递增的，因而，可以供给的市场存在着边界，不能任意扩大，而在零边际成本经济模式里，这个边际成本不仅在递减，而且趋向于零。这意味着，供给的边界就不存在了，一个企业可以覆盖的市场规模在理论上说可以大到无边。更致命的是零边际成本对"效率"概念的颠覆。拉里·萨默斯和他的同事在 2001 年曾经写过一篇论文，讨论了这个问题。这篇论文题为《信息时代的经济政策》。他们在论文里说，互联网会改变整个经济世界，但有一个问题，经济效率的根本原则是要价格等于边际成本，但是互联网中数字化的方式会使得边际成本降为零。如果信息产品以零边际成本在市场上销售，那依赖销售收入抵消支出而获得利润的公司就无法创造并且生产出这些产品了。这就是一个逻辑上的悖论。那么，这个悖论有没有解呢？

里夫金给出了一个自己的解，那就是他说的"替代"，即我们的经济正在以协同共享式的模式替代资本主义的市场经济。里夫金在与我的对话中是这样说的：

"我们可以看到第三次工业革命开始，通信、能源、交通方式都在朝着新的方向聚拢，通信网络、能源网络、物流互联网等共同组成了统一的互联网平台，这也就是'物联网'（internet of things）。物联网所要做的就是在整个经济中传送信息，连接农田、工厂等，我们从道路系统、家庭、零售商店等处获取信息，并且通过智能设备持续发送数据。那么这些能够做什么呢？如果每一个人都连接到互联网或者物联网中，那么无数的人将通过网络把自己的经济活动传递出去，这将导致从未在历史上发生过的巨大变革，我们不由自主地被引向了同一道门。现在所有的人都知道将会发生的事情：一些人希望生产私人样式的产品，那么他们可以直接通过智能手机和手提电脑接入互联网，在价值链的各个环节按自己的个性化要求进行定制。因此，他们每个人都可以组织自己的价值链，通过互联网来敲定数据，这样能够极大地提高生产率，将边际成本减少到接近零，每个人都开始生产并分享各种商品和服务，这就形成了以零边际成本为基础的协同分享式经济。现在有人对我说，这是不是科幻小说里发生的场景？我想不是，整个互联网产业的基本算法建立了大概14年，我们有数以亿计可以接触到互联网的年轻人。这数以亿计的年轻人都在生产和分享音乐，他们自己录制短片放在 YouTube 上，自己写新闻、书籍发布在社交媒体上，甚至以接近零的边际成本来制作自己的电子书。人们变成了产消者（prosumor）。分享变得很普遍，一旦他们生产了视频、新闻等之后，发送给一个人还是10亿人花费的成本都是一样的，也就是说边际成本接近于零。而与此相对应的传统产业已经走了14年的下坡路，部分20世纪时的企业巨头们现在摇摇欲坠，尤其是唱片产业衰退严重，传统的报纸和杂志出版社面临倒闭，因为 YouTube 等网络平台的出现，电视的市场在逐渐萎缩，同样萎缩的还有书籍出版业。甚至大学也面临同样的问题，在过去两年中，在全球与600万学生在网上点击观看了在线的大学课程，这些课程都来自最好的教授和大学，中国的大学也正在参与。制作一门课程视频大概需要花费5000美元，而将这些课程发送给一个学生还是10亿个学生其成本都接近于零。如此多的学生能够在网络上免费获取课程，在线的边际成本接近零，而且他们正在获得大学的学分。而我工作的大学里的学生每年则要为由相同的教授开设的相同的课程支付 60000 美元，这是不对的。所有的产业都完全被零边际成本影响到了。你看，整个一代人都在经历从市场购买到通过共享经济获取娱乐、信息和知识的转型过程，或许其他的产业还认为他们很安全，他们认为会有一面防火墙阻挡零边际成本从虚拟世界向实体世界蔓延。这是错误的。我在这本书中的观点则是，由于物联网的存在，这面防火墙已经被推倒了。物联网上的通信是数字化的，这意味着每个人都被连接到了物联网上，在家中或办公室中生产绿色的电力，如利用太阳能、风能发电，能源互联网可以零边际成本地传送电能。而几乎同样零边际成本的由新能源驱动的电动车也将很快面世，并自带道路系统的 GPS 导航，而且几年后这些电动车将是用再生材料 3D 打印的。大约 10 年后，驾驶这些电动车的人工成本也将是微不足道的。因此，我们开始观察到，目前不仅仅有市场化运作的通信、娱乐和知识的传播，也有成千上万人协同分享式的。年轻的一代现在用 3D 打印软件或制造实体产品，10 年后，可能小孩就可以使用 3D 打印机了。"

这的确是一个新的数字化的大时代。这个时代的来临，很多传统行业必然面临转型，一些行业肯定会被这个时代的到来所抛弃，别无选择。陈昕在这本书中着力分析的图书出版行业也一样，唯一的生存方式就是走进零边际成本社会。在边际成本趋于零的触发条件下，陈昕提出的图书出版行业要适应性地改变和延伸出版行业价值链，出版商的视野需要从边际成本为固定值的图书市场转型到边际成本趋于零的阅读市场（我相信，在移动互联网和数字化时代，阅读市场对出版行业是一个全新而重要的概念），这与里夫金的"协同分享模式"可谓同出一辙。

因此，如果读者能够阅读里夫金的《零边际成本社会》在先，而后再重读陈昕先生的这本著作，其价值在边际上将大增。

是为序。

高擎火把照亮历史与现实

于友先

原载《中国出版传媒商报》，2017 年 8 月 15 日

———————————————
本文作者系原新闻出版署署长、中国出版工作者协会原主席。

陈昕在中国出版界是个热爱出版的出版家、认真做出版的出版家，是懂得出版理论的出版家，而且是有理论体系的出版家，特别是对出版经济理论有研究的出版家。我对陈昕《高擎火把的人》《书之重，评之轻》《出版经济学研究》这三部书感到很亲切。这三部书是陈昕从事出版业40年努力探索成果的精华，是出版生涯的三部曲，也是我国新闻出版改革的篇章。在我任国家新闻出版署署长期间，陈昕主事的上海人民出版社出版了一大批具有广泛社会影响力的图书，不少图书获得了国家级的奖项，是读者最喜欢的出版社。这三部书的出版，是对陈昕多年来工作的肯定，也是陈昕努力打造我国出版业有影响力品牌化出版社的力证，更是他对出版业的贡献。

《高擎火把的人》形象地表达了出版人的责任

　　《高擎火把的人》是陈昕在国内和世界各地发表的60余

篇学术演讲的结集。因为是演讲，思想不受拘束，口语化的表达让人有亲切感，"高擎火把"形象地说明了出版人的责任。我感觉陈昕出版《高擎火把的人》主要表述出版人的两大责任。一曰照亮现实，即他认为出版是人类最神圣、最美好的职业，出版人就是一批高擎火把的人，他们直接参与了社会精神生活的建构。二曰照亮历史，即他认为出版是历史长河与时代风云的镜子和明灯，映照着人类精神生活的波澜壮阔，回首观潮，总是心生豪迈和虔敬。这两大责任实际就是一个"照亮"，就是"火把"，出版者不发光，就没有完成出版的责任。陈昕把出版人与人类追求精神文化的关系很好地联系起来。

作为"高擎火把"的出版人，他认为要有开启推动文化建设的抱负和危机意识。出版人，更多是文化人，光有经济头脑，没有文化的追求和抱负是不行的。一个出版人不懂市场运作的话，也是有缺陷的。好的出版人，应该集文化的责任、抱负、能力和商业运作智慧于一身。我们的编辑应该像我们前辈那样成为新一代文化大厦的建设者，要追随时代的脚步，最后凝结为"努力成为一代又一代中国人的文化脊梁"。

《书之重，评之轻》凸显学术价值和思想意义

　　《书之重，评之轻》是陈昕在各个时期撰写的书评的结集。陈昕的书评针对图书核心观点作客观谨慎的评价，凸显所评图书的学术价值和思想意义，联系与之相关的领域和问题进行深入探讨，提出自己的观点和见解。其书评多为自己编辑或策划的图书而写，有感而发，不是无病呻吟。这本书评选的 25 篇文章大多数是经济学著作，大部分是他亲自担任编辑。他作为编辑，读每一部书稿都认真撰写审读意见，一般都要写上几千字，除了介绍书稿成稿过程外，还详细地评价这部书稿的创新之处、值得改进的地方，并谈一些自己的思考和意见。在此基础上写成的书评，理论意义可想而知。再者，陈昕书评具有独特风格，夹叙夹议，亲切自然，仿佛在讲出版故事。一般先叙述与作者的相识过程、友谊交往，再讲图书选题的萌发、出版过程，然后再对图书作出评价，不让人感到该书是空穴来风。

　　最难能可贵的是，陈昕书评在说实话，这一点很重要，我们现在一般人写书评只说优点，不说缺点，而陈昕的书评在肯定优点、价值的同时，也客观地指出需要改进的地方，比如他

曾指出新结构经济学有待进一步拓展和完善的地方。

《出版经济学研究》构建了中国出版经济学理论体系

《出版经济学研究》构建了中国出版经济学的理论体系，我对这本书非常看重，很感兴趣。因为我认为现在中国出版界对出版经济理论认真研究的为数不多，研究出成果的也为数不多。

陈昕在出版业几十年当中，除了做出版生产和管理工作之外，还作了大量的出版研究。他用经济学的方法研究出版，并且把眼光盯着发达国家出版行业最前沿的情况和发展大趋势，来思考建构中国的出版经济学体系。书中全面分析了中国出版业的现状，提出了许多观点、对策和建议，具有较强的可操作性。

进入 21 世纪以后，中国出版业的变革在集团化建设的基础上向前推进，一些新层次的问题逐步显现，如何对待当前中国出版业的现状以及变革过程中出现的各类问题，并采取切实有效的措施加以解决，成为我们业内普遍关心的事情，出版产业研究也提到日程上来。出版产业是整个国民经济体系的重要组成部分，把出版产品和出版服务视作经营性行为，并按照一般的经济规律加以运作，是题中应有之义。但是出版产业也具有一定的特殊性，表现为出版活动和产品具有意识形态的特点，正是由于这一点，我们把相当一部分出版产品和出版服务视作带有公共产品性质的商品。

陈昕在《出版经济学研究》中，用独到的方法解答了出版产业的一些重要问题。首先，把经济学中的价格弹性、收入弹性、集中度、外部性、规模经济以及供求分析等概念和理论，用来分析图书商品和图书出版产业的基本特征；二是运用现代经济学的理论和方法来论证中国出版产业发展中的重大问题，提出了一系列新的观点，并加以验证；三是运用历史分析方法，对中国出版产业的发展历程作了较为全面的描述；四是运用抽象演绎法从数字技术的一般特性、中国文化体制改革的基本方向、中国宏观经济发展的基本趋势、产业融合的主要影响等出发，对中国出版产业发展的内在逻辑和演化路径进行理论推演，分析中国出版产业未来发展的前景。陈昕的出版理论标志了当代中国出版产业研究的高度。

陈昕对中国图书定价制度的经济学分析也很有特色。他对中国图书定价制度历史演变进行考察后认为，中国图书定价市场化后最初实行的仍然是固定价格制度，图书价格以超过整体消费品上涨的速度在不断提高，出现虚高的情况。陈昕从竞争策略、竞争模式、竞争结果这三个方面，对中国图书价格虚高的生存环境、内在原因特别是制度因素作出了分析，并且提出了政策性建议。陈昕建议改革政府管理体制，按照社会主义市场经济的要求对政府的功能进行调整，厘清政府与出版的关系，改变政府行政行为对出版业的过度干预。他还建议对出版物价格按公共产品属性较强的出版物与一般的出版物来加以区分，在一定条件和范围内进行自由定价，以消除市场的失衡。

陈昕还在书中运用边际成本的理论，来论证传统出版和数字出版的融合，并向数字出版转型的必要性。他分析了在数字网络环境下，边际成本趋近于零，是出版向数字化模式转变的条件；数字出版的边际成本趋近于零，而传统出版的边际成本是一个大于零的固定值，导致传统出版未来在很大程度上会被数字出版所替代。出版人在实践中已经感觉到未来出版业发展的网络化、数字化趋势，但是在理论上还未能很好地加以证明。陈昕的论证填补了这一空白，而他对传统出版业转型的建议，相信不久的将来能够成为现实。

后　记

2015 年 1 月 4 日，我在退出上海世纪出版集团领导岗位的告别讲话中说道："退休以后，我还会以另一种方式、我喜欢的方式，继续为我热爱的出版事业奉献光和热，因为这是我生命的价值。我开始读自己喜欢读的书，写自己的书了。"

就"写自己的书"而言，我先是制订了 4 本书的写作计划，以后又将其扩充为 10 卷本，其中一个重要的方面是整理出版近 40 年出版工作留下的一些文字。不知不觉，4 年多下来先后有 6 种 7 卷本的著述问世，除 1 种是新著外，其他 5 种都是旧著重新整理或修订后出版的。这些著述冠名为"陈昕作品"，以学术著作、演讲录、书评选、随笔选等分门别类出版。不过，我的那些旧文字中仍有一部分因为各种各样的原因无法归于上述门类。敝帚自珍，何况这些文字或多或少记录了那个年代出版改革和发展的一些往事，反映了我对出版工作的认识轨迹，于是就有了《出版留痕》这本集子的出版。

本书共收文章 43 篇，分为出版观、出版研究、出版改革、编辑工作、出版人物、人大政协提案几个部分。其中三分之一的文章过去没有发表过，有 4 篇是最近两年新写的。这次结集出版，我对全书作了些文字上的修饰和订正。

本书附录收了巢峰、宋木文、刘杲、于友先、刘硕良、贺圣遂、张军等前辈和同仁，为本人以往著述所写的序文和书评，在此表示诚挚的谢意。

感谢文化名家暨"四个一批"人才工作领导小组办公室资助了本书的出版。感谢原国家新闻出版广电总局副局长吴尚之、中国传媒大学教授李频、百道网董事长程三国为本书作序。感谢上海人民出版社社长王为松、编审虞信棠和责任编辑陈佳妮为本书出版所付出的辛勤劳动。

接下来的几年，我将转入回忆录、自传和读书随感的撰写。写作对我来说未有穷期。

陈　昕

2019 年 1 月 26 日

陈昕作品

出版经济学研究

高擎火把的人——陈昕出版演讲录（上）

高擎火把的人——陈昕出版演讲录（下）

出版忆往——陈昕出版随笔选

书之重，评之轻——陈昕书评选

出版留痕

消费经济学批判（与袁培树合著）

出息——我的出版人生（上），待出

出息——我的出版人生（下），待出

图书在版编目(CIP)数据

出版留痕/陈昕著. —上海:上海人民出版社,
2019
ISBN 978-7-208-15430-8

Ⅰ.①出… Ⅱ.①陈… Ⅲ.①出版工作-中国-文集
Ⅳ.①G239.2-53

中国版本图书馆 CIP 数据核字(2018)第 212922 号

责任编辑　陈佳妮
封面装帧　胡　斌　刘健敏

出版留痕

陈　昕　著

出　　版　上海人&大版社
　　　　　　(200001　上海福建中路 193 号)
发　　行　上海人民出版社发行中心
印　　刷　上海中华商务联合印刷有限公司
开　　本　720×1000　1/16
印　　张　35.75
插　　页　7
字　　数　304,000
版　　次　2019 年 3 月第 1 版
印　　次　2019 年 3 月第 1 次印刷
ISBN 978-7-208-15430-8/G・1929
定　　价　128.00 元